예술을 통한 신학

예술로 표현되는 성육신

제레미 벡비 편집 | 최정숙 옮김

기독교문서선교회

기독교문서선교회(Christian Literature Center: 약칭 CLC)는 1941년 영국 콜체스터에서 켄 아담스에 의해 시작되었으며 국제 본부는 미국의 필라델피아에 있습니다.

국제 CLC는 59개 나라에서 180개의 본부를 두고, 약 650여 명의 선교사들이 이동도서차량 40대를 이용하여 문서 보급에 힘쓰고 있으며 이메일 주문을 통해 130여 국으로 책을 공급하고 있습니다.

한국 CLC는 청교도적 복음주의 신학과 신앙서적을 출판하는 문서선교기관으로서, 한 영혼이라도 구원되길 소망하면서 주님이 오시는 그날까지 최선을 다할 것입니다.

Beholding the Glory:
Incarnation through the Arts

Edited by
Jeremy Begbie

Translated by
Jung Sook Choi

Copyright © 2001 by Jeremy Begbie
Originally published in English under the title as
Beholding the Glory: Incarnation through the Arts
by Baker Academic
Translated and used by the permission of
Baker Academic, a division of Baker Publishing Group,
P.O. Box 6287, Grand Rapids, MI 49516-6287, USA.

All rights reserved.

Korean Edition
Copyright © 2017 by Christian Literature Center
Seoul, Korea

추천사 1

임성빈 박사
장로회신학대학교 기독교 윤리학 교수

　21세기 한국 교회의 과제는 무엇일까?
　복음전파 2세기를 맞은 한국 교회의 과제는 무엇보다 신앙의 뿌리를 깊이 내리는 일이다. 교회의 교회됨은 신앙에 달려있기 때문이다. 그런 의미에서 신앙은 뿌리와 같다. 그러나 뿌리는 그 생명력으로 줄기를 땅 위로 뻗어 올려야 한다. 신앙인에게 줄기는 곧 삶이다. 진정한 신앙인이라면, 신앙의 뿌리가 깊어진다면, 그만큼 삶도 올곧게 뻗어 나가야 할 것이다. 신앙이 있다고 하면서 삶이 왜곡되어 있다면 그만큼 그 신앙은 미숙하거나 뒤틀린 것이다. 뿌리 깊은 신앙과 올곧은 삶은 열매를 맺게 된다. 그 열매가 곧 문화이다.
　『예술을 통한 신학』(*Beholding the Glory: Incarnation through the Arts*)이 우리에게 필요한 이유는 예술이 문화와 삶을 폭넓고 깊게 다루고 있기 때문이다. 또한 그 예술을 통하여 우리는 하나님의 피조된 세계의 실체를 더욱 깊이 가늠할 수 있기 때문이다.
　본서가 한국 교회에 유익한 이유는 신앙인으로서 우리의 얄팍한 신앙의 영역을 넓혀줄 수 있는 통찰력을 제공하기 때문이다.

본서는 하나님이 교회 안에만 계시는 분이 아니며, 그분의 세계는 신앙인들만의 삶에 제한되는 것이 아님을 새삼 일깨워준다. 따라서 우리가 하나님을 알아가는 길, 즉 신앙과 신학은 언어와 문학, 춤과 노래, 미술 등의 예술 영역과 동역(同役)할 때, 더욱 효과적이라는 사실을 분명하게 보여준다.

21세기 한국 교회는 예배당 중심에서 하나님 나라 중심으로, 주일 중심에서 일상 중심으로, 입술과 머리로 하는 신앙과 신학에서 온몸으로 예배하는 영성과 삶으로 변혁되어야 한다. 이러한 과제를 일상의 영역에 대한 예술적 통찰력과 상상력과 표현을 통하여 구체적으로 일깨워주고 도전해준다는 점에서 본서를 기쁜 마음으로 한국 교회에 추천한다.

추천사 2

니콜라스 월터스토르프(Nicholas Wolterstorff) 박사
미국 Yale University 교수

본서는 성육신과 예술의 관계를 연구하고, 상상하고, 토론한 자료의 모음집이다. 책장을 넘길 때마다 만화경처럼 색다른 광경이 등장한다.

◆ ◆ ◆

윌리엄 A. 더네스(William A. Dyness) 박사
미국 Fuller Theological Seminary 교수

예술가는 발과 손으로, 심지어 눈과 귀로도 신학을 한다. 본서에 실린 글들은 이렇게 다른 신학 방식을 아름답게 고찰한 기록이다. 이 글들은 예술을 사랑하고 그리스도를 따르려는 모든 사람, 특히 신학을 집중적으로 '연구'하는 사람들에게 유용할 것이다.

데이비드 F. 포드(David F. Ford) 박사
영국 University of Cambridge 흠정 교수

제레미 벡비를 비롯한 본서의 모든 기고자들은 자기 색깔이 선명한 두 가지, 곧 성육신과 예술을 조화시키고 각각에 대한 신선한 관점을 제시한다.

◆ ◆ ◆

로저 런딘(Rodger Lundin) 박사
미국 Wheaton College 교수

본서는 예술에 대한 통속적인 사고 방식을 적극 수정한다.

◆ ◆ ◆

수전 하왓치(Susan Howatch)
『스타브릿지』(*Starbridge*) 시리즈 작가

신학과 예술의 관계라는 뜨거운 신학 주제를 훌륭하게 다룬 본서는 저명한 기고자들을 동원하여 다면적으로 주제를 조명한다. 본서는 예수 그리스도 안에 드러난 진리를 조명할 뿐 아니라, 이 진리를 참으로 인상적이고 흥미로운 여러 방법으로 탐험하는 예술가들의 활기찬 창조성을 집중 조명한다. 읽을 가치가 있는 본서는 예술을 통해 신학을 하는 중요성을 깊이 깨닫게 한다.

목차

추천사 1 (**임성빈** 박사 / 장로회신학대학교 기독교 윤리학 교수)   5
추천사 2 (**니콜라스 월터스토르프** 박사 외 4인)   7
작품 목록   10
기고자 명단   11
편집자 서문 (**제레미 벡비** 박사 / 미국 듀크대학교 연구 교수)   15

제1장. 예술을 통하여:
진리를 듣고 보고 만지기   21

제2장. 문학을 통하여:
그리스도와 언어의 구원   56

제3장. 시를 통하여:
개체성과 관심으로의 초대   85

제4장. 춤을 통하여:
온전히 인간이신, 온전히 살아계신   112

제5장. 성상(Icons)을 통하여:
말씀과 이미지가 함께   139

제6장. 조각을 통하여:
물질의 의미는 무엇인가?   161

제7장. 대중 음악을 통하여:
"온전히 거룩한"   189

제8장. 음악을 통하여:
소리의 합성   220

더 읽어 볼 자료   246
색인   249
작품   257

작품 목록

1. **성삼위일체**(The Holy Trinity), 루브레프(Rublev). · · · · · · · · · · 258
   - 소장: 트레티아코프갤러리(Tretiakov Gallery, Moscow).
   - 사진: 브릿지맨아트도서관(Bridgeman Art Library, London).

2. **그리스도의 탄생**(The Nativity of Christ), 15세기 노브고로드학파(Novgorod School). · · 259
   - 사진: 크리스티스(Christie's, New York).

3. **예수님과 나의 투쟁**(My Struggles with Jesus), 킴 딩글(Kim Dingle), 1995. · · 260
   - 소재: 밀랍, 면, 모헤어, 가죽, 유화 물감, 유리, 플라스틱.
   - 소장: 아티스트앤블룸포갤러리(The Artist and Blum & Poe Gallery, LA).

4. **칠하지 않은 조각**(Unpainted Sculpture), 찰스 레이(Charles Ray), 1997. · · · 261
   - 소재: 유리섬유, 물감.
   - 소장: 리젠프로젝츠갤러리(Regen Projects Gallery, LA).

5. **서양 문명**(Western Civ.), 린 올드리치(Lynn Aldrich), 1995. · · · · · · · · · 262
   - 소재: 종이접시, 아교풀.
   - 소장: 아티스트앤산드로니레이갤러리(The Artist and Sandroni Rey Gallery, Venice).

6. **파도**(Breaker), 린 올드리치(Lynn Aldrich), 1999. · · · · · · · · · · · · 263
   - 소재: 강철, 유리섬유, 정원용 호스.
   - 소장: 아티스트앤산드로니레이갤러리(The Artist and Sandroni Rey Gallery, Venice).

기고자 명단

· **린 올드리치**(Lynn Aldrich)는 조각가로서 로스앤젤레스에 거주하며 활동한다. 캘리포니아 주 파사디나(Pasadena) 소재의 "디자인아트센터칼리지"(The Art Center College of Design)에서 예술사, 이론, 스튜디오 강의를 맡아 가르치고 있다. 미국, 독일, 이탈리아, 네덜란드 전역에서 전시된 그의 작품은 현대 예술과 신학을 널리 알리는 기회가 되었다. 그의 조각품들은 "로스앤젤레스주립미술관"(Los Angeles County Museum Art)과 로스앤젤레스에 있는 "현대미술관"(Museum of Contemporary Art)에 소장되어 있다.

· **제레미 벡비**(Jeremy Begbie)는 케임브리지대학교 리들리홀(Ridley Hall, Cambridge)의 부학장과 신학부 산하에 있는 "고등종교 및 신학연구센터"(The Centre for Advanced Religious and Theological Studies)의 연구 프로젝트인 "예술을 통한 신학"(Theology Through the Arts)의 디렉터였다. 그는 에딘버러대학교(The University of Edinburgh)에서 음악과 철학을, 아버딘대학교(The University of Aberdeen)와 케임브리지대학교에서 신학을 공부했고, 리들리홀에서 조직신학을 가르쳤다. 그는 전문 교육을 받은 음악인이며, 피아노와 오보에 연주

자로, 지휘자로 다양한 분야에서 활동했다. 그 밖에 잉글랜드 국교회(Anglican)의 "교리위원회"에서 섬기고 있으며 저서로는 『하나님의 목적을 위한 음악』(*Music in God's Purpose*)과 『창조의 찬양 선포하기: 예술 신학을 향하여』(*Voicing Creation's Praise: Towards a Theology of The Arts*)가 있다. 그는 영국과 미국 그리고 캐나다에서 가르쳤다.

· **그레이엄 크레이**(Graham Cray)는 케임브리지대학교 리들리홀의 학장으로 학부와 대학원에서 신학 및 교양 과목을 가르치고 있다. 뉴욕에 소재한 "세인트미카엘-르-벨프리"(St. Michael-le-Belfrey)의 교구 목사를 역임한 그는 "그린벨트 예술축제"(Greenbelt Arts Festival)를 개최했으며, 기독교 신앙과 대중 문화 관계에 특별한 관심이 있다. 그가 발표한 여러 논문과 책에 기고한 글을 보면, 『관계적 사회 세우기』(*Building a Relational Society*)에 실린 "복음과 내일의 문화"(The Gospel and Tomorrow's Culture)와 "포스트모더니즘: 위기의 상호사회"(Postmodernism: Mutual Society in Crisis)를 비롯하여 "후기-복음주의 논쟁"(The Post-Evangelical Debate), "포스트모던 문화와 청년 제자도"(Postmodern Culture and Youth Discipleship), "성찬과 포스트모던 세계"(The Eucharist and the Postmodern World) 등이 있다.

· **짐 포레스트**(Jim Forest)는 작가와 강사로, 특별 교사로 일한다. 러시아 정교회 회원인 그의 저서를 보면 『성상과 함께 기도하기』(*Praying With Icons*), 『팔복의 사다리』(*Ladder of the Beatitudes*), 토마스 머튼(Thomas Merton)과 도로시 데이(Dorothy Day)의 전기에 관한 책들이 있다. 또한 그는 "정교회평화협의회"(Orthodox Peace Fellowship)의

총무와 그 협의회에서 발간하는 「영적 교재」(*In Communion*) 지(誌)의 편집장으로 활동하고 있다.

· **말콤 귀트**(Malcolm Guite)는 케임브리지 소재 앵글리아폴리테크닉대학교(Anglia Polytechnic University) 교목으로 학부와 대학원에서 문학을, "케임브리지신학연합회"(Cambridge Theological Federation)에서 교리와 목회학을 가르치고 있다. 그는 케임브리지대학교 펨브룩칼리지(Pembroke College, Cambridge)에서 영문학을 공부하고 더럼대학교(Durham University)에서 박사 논문을 썼다. 그는 옥스퍼드(Oxford)와 윈체스터(Winchester)에서 17세기 문학과 신학에 관한 세미나와 학회를 주도했으며, 잉글랜드 국교회와 연합개혁교회(United Reformed Church)에서 평생 목회 교육을 담당했다.

귀트의 저서로는 17세기 문학을 다룬 학구적 논문과 목회 경험에 대한 신학적 성찰을 다룬 글이 있으며, 현재 준비 중인 『믿음, 소망 그리고 시: 영시의 변화 연구』(*Faith, Hope and Poetry: a Study of Transfiguration in English Poetry*)의 출판을 앞두고 있다.

· **트레버 하트**(Trevor Hart)는 세인트앤드류스대학교(University of St. Andrews) 소속 세인트메리스칼리지(St. Mary's College)의 신학 교수이다. 아버딘대학교에서 조직신학을 가르치기도 했던 그는 박사 과정에서 기독교 초대 교부들의 신학을 연구했다. 그의 강의는 영국과 미국에서 광범위하게 이루어졌으며, 최근에는 신학과 상상력의 관계에 대한 특별한 관심을 나타냈다. 그의 저서로는 『신앙적 사고』(*Faith Thinking*), 『칼 바르트에 관하여』(*Regarding Karl Barth*), 그리고

『하나님의 편재』(*God Will be All in All*)에 기고한 "하나님 나라 상상"(Imagination of the Kingdom of God)이 있다. 또한 리차드 보쿰(Richard Bauckham)과 공저한『버리지 않는 희망』(*Hope Against Hope*)이 있다.

· **앤드류 램지**(Andrew Ramsey)는 시인이면서 잉글랜드 국교회의 사제로 서품받았다. 숙련된 그의 노래, 스케치, 시(詩)는 "에딘버러 프린지축제"(Edinburgh Fringe Festival)와 BBC 라디오를 포함하여 다양한 환경에서 공연되었다. 그의 첫 시집『질주』(*Homing In*)는 1998년 파터나스터 출판사(Paternoster Press)를 통해 출판되었다.

· **사라 새비지**(Sara Savage)는 "케임브리지신학연합회"에서 심리학과 사회학을 가르치면서 케임브리지대학교의 "고등종교 및 신학연구센터"에서 연구 교수로 일하고 있다. 새비지는 오랜 동안 기독교 댄스 단체와 여러 곳을 순회하면서 공연했으며, 현재는 댄스 그룹 "아이콘"(Icon)의 디렉터로 활동 중이다.

편집자 서문

제레미 벡비(Jeremy Begbie) 박사
미국 Duke University, Thomas A. Langford 연구 교수

처음으로 새로운 언어를 배울 때, 우리는 세상에 관한 많은 것들이 있음을 발견하게 된다. 우리가 아무리 힘겹게 새 단어들을 기억하는 방식을 찾아내도, 그 동일한 방식으로 사물을 인식하지는 못한다. 어느 에스키모가 "눈"(snow)을 내게 설명하려고 여러 다양한 방식으로 그 뜻을 표현한다면, "눈"에 대한 나의 인식은 내가 알던 이전보다 훨씬 더 풍부해질 것이다. 이렇듯 새로운 언어 "안으로 들어가는 것"은 내가 깨닫고 더 잘 이해하게 된다는 것을 의미한다.

우리가 예술 "안에 들어가" 그 "안"에서 기독교 복음을 탐구할 때 이 같은 일들이 일어난다고 본서의 기고자들은 생각한다. 우리의 지각과 이해가 풍부해지고, 우리는 더 많은 것을 발견하게 된다는 것이다.

돌담에 이미지를 새기고, 합주곡에서 느끼는 기쁨에 취하고, 정해진 양식에 꼭 들어맞는 낱말을 찾고 또 찾는 등, 예술을 창조하고 음미하려는 욕구는 보편적인 것처럼 보인다. 그리고 이런 행위가 흔히 재미와 장식의 수단이며 우리 자신을 표현하는 수단으로 볼 수 있으나, 대부분 사람들에게는 그 이상의 의미를 가진다. 또한 이런 행위는 우리가 사는 세상을 독특한 방식으로 드러내고 밝히 열어 보일 수 있다. 다른 말로 표현하자면, 이런 행위는 **발견**의 수단이 될 수 있다는 것이다. 반 고흐(Van Gogh)의 풍경화와 실내화, 뒤러(Dürer)의 인체 상세도, 바하(Bach)가 분석한 음악의 내적 특성만 생각해보더라도 우리는 이것을 깨달을 수 있다.

또한 우리는 윌리엄 워즈워스(William Wordsworth)의 『서정민요집』(*Lyrical Ballads*)에 주석을 붙인 S. T. 콜러리지(S. T. Coleridge)의 평가를 떠올릴 필요가 있다. 콜러리지는 『서정민요집』이 "습관적으로 무기력함에 빠져있는 마음을 깨워, 우리 앞에 놓인 사랑스럽고 경이로운 세상에 주목하게 하려는"[1] 목적을 성취했다고 말한다.

존 매쿼리(John Macquarrie) 역시 예술을 "드러난 어떤 것"으로 보고 이렇게 말한다.

> 드러난 것은 항상 거기에 있었으나, 우리의 단조로운 일상의 경험 속에서 묻혀 버렸다. 예술가의 감성은 이것을 조명해서, 우리로 하여금 사물들을 처음으로 인식할 수 있게 한다.[2]

기독교 신앙을 발견하고 "조명"해야 하는 순간에, 애석하게도 교회는 예술을 종종 한쪽으로 방치했다. 분명, 예술은 기독교의 역사

---

1 *Biographia Literaria*, II (Princeton: Princeton University Press, 1983), 7.
2 *In Search of Humanity* (London: SCM, 1982), 195.

속에서 엄청난 역할을 했으며, 수 세기 동안 강력한 신학적 해석자로서 인식되었다. 하지만 여기에서 내가 말하는 "더 깊은 지혜를 추구하는 신앙"의 관점에서, 지난 2-3세기 동안 예술 활동은 거의 용납되지 않았다. 전체적으로 신학은 일종의 지성주의에 현혹되어 있었다. 지성주의는 지성이 인간의 다른 부분들과 분리되어 추상적 상위 관념의 수준에서 매우 제한된 수단으로 활동해야 한다는 견해이다.

이런 입장은 우리로 하여금 신학이 현대 유럽 철학과 같이, 대학에서 학문에 몸담고 있는 고도의 전문가들의 손을 통해서만 연구될 수 있다는 추측을 낳게 한다. 물론 이런 연구 방식의 결과로 인해 유익함이 있었다는 것을 부인하지는 않는다.

그러나 "생태학"(ecology: 생물 간의 관계를 연구하는 학문—역주)적 관점에서 신학을 이해할 때, 본서는 예술적 행위와 그 사고 방식이 하나님의 지혜를 학습하고 표현할 수 있는 모든 방식에서 얼마나 독특하고 필수적인 역할을 하는지 보여주려고 시도한다. 이는 예술이 권위 있고 잘 검증된 신학 탐구 방식을 대신해야 한다는 주장이 아니라, 다만 예술이 더 친숙한 탐구 방식과 교감할 수 있는 적절한 위상에 있음을 말하려는 것이다.

지난 수년간 영광스럽게도 나는 많은 신학대학의 교수들과 현역으로 활동 중인 예술가들을 초청하여 집중적인 대화를 나눌 수 있었으며, 참여자 모두에게 예외 없이 도움이 되었다.

그때, 우리 관심은 "예술을 통한 신학"이라고 부를 수 있는 주제에 모아졌다. 이는 예술이 성경의 주된 증거와 풍부한 기독교 전통을 활용하여 그들만의 작업을 할 수 있도록 자리를 내어줌을 뜻한다. 이것는 신학적으로 낯선 주제가 드러나는 것이고, 친숙한 논제가 새로운 토론의 방식으로 협의되는 것이며, 모호한 문제가 분명해지는 것이고, 진실 왜곡이 방지되거나 심지어 수정됨을 뜻한다. 시머스 히니(Seamus Heaney)의 표현대로, 이는 "우리가 결코 들어보지 못할 것이라 생각했던 음악"을 듣는 것과 같으며, 또한 우리 인간을 구성하는 몸, 의지, 감성적 삶 등의 지적 능력을 연결하는 예술의 엄청난 통합 능력으로부터 유익을 얻는다는 것을 의미한다.

신학과 예술의 이런 맞물린 관계는 분명 새로운 것은 아니다. 최근 남아프리카를 방문하면서, 예술이 여러 문화에서 신학 현장을 떠난 적이 없다는 생각을 하게 되었다. 그러나 모더니즘과 포스트모더니즘의 시대를 지나는 서양에서 이런 관계는 잘 나타나지 않는다. 하지만 이런 관계는 중요할뿐더러 시급히 요청된다. 여러 문화 이론이 말하는 것처럼, 향후 수십 년간 우리가 세상을 배우는 방식에서 예술은 항상 적극적인 역할을 하게 될 것이다.

한때 자연과학 분야에서 나온 거창한 몇몇 주장에 환멸을 느끼고 예술과 상상의 세계에서 새로운 의미를 추구하는 사람들이 많았다. 갈수록 제도적 교회로부터 소외되고, 갈수록 기독교 신앙에 무지해지고 있는 사회에서 "한때 전파된" 신앙을 어떻게 다시 전파할 것인가 하는 도전에 직면한 서양 교회에서, 예술의 잠재력을 과소평가하는 것은 기이하고 심지어 무책임한 일이 될 것이다.

조각가 헨리 무어(Henry Moore)는 한 목회자로부터 성모자(Madonna and Child) 상(像)을 조각하는 과정을 질문 받았다. 이에 무어는, "우리 예술가들은 (오직) 예술을 통해서 당신들의 신학을 이해할 수 있다고 생각합니다"³라고 답했다. 직업적인 예술가든 아니든, 오늘날 많은 사람이 무어처럼 대답할 것이다.

본서가 중점을 두는 한 가지 주제는 하나님이 우리와 하나가 되시려고 나사렛 예수로 오셨다는, 전통적으로 "성육신"(Incarnation)이라 부르는 충격적인 주장이다. 본서의 기고자들은 육신이 되신 말씀의 "영광"(요 1:14)을 다양한 예술 형태를 통해 "바라보려고" 한다. 트레버 하트(Trevor Hart) 박사의 도입부를 시작으로, 기고자들은 그들만의 예술 형태가 특별한 힘을 발휘하여, "우리와 함께하시는 하나님"의 기적을 새롭고도 쉽게 느끼고 즐길 수 있게 한다.

하트 박사가 지적하듯이, 본서에는 성육신의 신비가 잘 해명될 수 있거나 "미학," 즉 "예술"과 같은 높은 원리에 적용될 수 있다는 전제는 없다. 다만, 예술을 통해 그 신비의 경이와 특이함이 더 충분히 드러날 수 있다는 가정이 있을 뿐이다.

기고자들은 여러 다른 배경에서 글을 쓰고 있다. 이 중에는 학자, 현재 활동 중인 전문 예술가, 작가, 교사, 사역 중인 성직자가 있으며, 한 가지 이상의 범주에 속한 사람도 있다. 그들이 속한 교파와 전통 또한 그리스 정교회, 장로교, 잉글랜드 국교회(성공회), 복음주의, 은사주의 등으로 각기 다르다. 그들의 글 쓰는 방식도 서로 다르며, 모든 점에서 의견이 일치되지도 않는다. 나는 이런 다양성을 통일시키려 하지 않았다. 오히려, 오늘날 신학에 그런 다양성이 자리잡고 있음을 보이려는 것에 본서의 부분적인 강조점이 있다.

본서가 종합적이라고 주장하지 않겠다. 범위도 대체로 20세기

---

3 Walter Hussey, *Patron of Art* (London: We1denfeld and Nicholson, 1985), 24.

예술로 한정했다. 여기에 고대 전통에 속하는 성상(icon)을 포함한 주된 이유는, 최근 수십 년간 성상이 큰 인기를 누렸기 때문이다. 몇몇 예술 형태는 거의 다루지 않기로 했는데, 예를 들어, 성상 전통을 벗어난 회화나 영화에는 지면을 할애하지 않았다. 고려하지 않은 성육신의 중요한 차원도 있고, 주제도 한정되어 있다. 바라기는 일반적인 역사의 한 시대에 집중하여, 일부 예술의 일부 측면에서 성육신의 일부 모습을 드러내도록 하는 것이다. 이에 자극받아 더 깊은 논의에 이르는 사람들이 많아지기를 기대한다.

신학 용어는 신중을 기하여 최소로 사용했다. 다른 것에 비해 다소 어려운 글도 있으나, 정식으로 신학 훈련을 받지 않은 사람들이라도 대체로 쉽게 이해할 수 있기를 바란다.

본서는 케임브리지대학교의 "고등종교 및 신학연구센터"(The Centre for Advanced Religious and Theological Studies)에서 진행한 "영광을 보라"(Beholding the Glory) 프로젝트의 한 결실이다. 그 프로젝트에 참가한 동료들인 피오나(Fiona Bond), 앨리(Ally Barrett), 미셸(Michelle Arnold)의 열정과 헌신으로 본서가 나올 수 있었다. "영광을 보라" 프로젝트 기금은 대부분 "영국해외성서선교회"(British and Foreign Bible Society)에 의해 조성되었다. 이 학회의 지원에 심심한 감사를 전한다. 더불어 보수 없이 인내하며 헌신한 DLT의 케이티(Katie Worrall)에게도 감사를 전한다.

제1장

예술을 통하여: 진리를 듣고 보고 만지기[1]

트레버 하트(Trevor Hart) 박사
스코틀랜드 The University of St Andrews 교수

하나님이 우리를 위해 "육신을 입으셨다"는 주장을 납득시킬 수 있는 예술의 힘을 말하려면, 우리는 우리의 습관적인 예술 감상 방법을 현명하게 다뤄해야 한다. 트레버 하트는 구태의연한 사고 방식에 붙잡힌 우리가 다양하게 예술과 예술적 상상력을 추정했는데, 그중 일부는 도움이 되기보다 해로웠다고 지적한다. 이런 경향을 조심스레 추적하면서, 하트는 본서의 다른 글에서 여러 번 다루는 주제들을 이끌어내어 성육신의 관점에서 평가한다. 그리고 나서 하트는 성육신을 근간으로 하는 관점이 예술에 무엇을 제공할 수 있는지를 지적하고, 더불어 예술과 예술적 상상력이 성육신의 의미와 영향을 밝히는 긍정적인 역할을 할 수 있다고 지적한다.

인간이 다양한 형태의 예술에 참여함으로써 얻는 즐거움을 고려할 때, 예술적 상상력은 당연히 하나님이 인간에게 주신 위대한 선물로 간주될 수 있을 것이다. 우리에게 영향을 주는 예술의 본질은 여전히 복잡하고 논란의 여지가 있지만, 예술의 영향력을 알아보고 그 참뜻과 깊이를 인식하는 데 미학 학위가 필요한 것은 아니다. 우리가 즐거워한다는 것으로도 대단한 일이다.

예술 작품만이 우리에게 이런 식의 영향을 주는 것은 아니다. 영향을 주는 다른 "자연"의 공급원도 있지만, 다른 어떤 것보다 예술은 더 훌륭하고 지속적인 영향을 준다. 우리가 분명하게 밝힐 수는 없지만, 우리 대부분에게는 선율, 그림, 시, 영화, 소설 등 예술적 상상력을 담은 작품이 우리에게 주거나 유발하는 일종의 직관적 감각 같은 반응이 있다.

이미 말했듯이, 이 반응은 우리가 이런 예술 작품을 대하고 즐거워할 때 나타난다. 대체로 예술적 창의성은 즐거움의 원천이며, 정확한 이유를 알 수 없을 때에도 우리로 하여금 훌륭하고 가치 있는 것을 맛보았다는 느낌을 갖게 한다. 이런 느낌을 맛볼 수 없다면 세상은 훨씬 단조로운 곳이 될 것이다.

인간 삶에 기여한 예술가들이 항상 그들의 가치를 인정받거나 위대한 평가를 받아온 것은 아니다. 반대로, 일반적인 그들의 상상력과 특별히 "창의적"이거나 예술적 영감이 뛰어난 그들의 상상력은

---

1 나는 먼저 나의 연구 조교 Steven Guthrie에게서 이 장의 주제에 관한 실질적인 도움을 받았으며, 그와 더불어 지적 대화를 나눌 기회가 있었음에 감사함을 전하고자 한다. 특히, 서두에 등장하는 내용은 아직 출판되지 않은 그의 논문 "Arnold Schoenberg and the Cold Transparency of Clear Cut Ideas"에서 가져왔음을 밝힌다.

종종 의심을 받았으며, 다른 인간 행위나 능력에 비해 그 중요성, 영향력, 현실적 지원은 상대적으로 더 낮은 수준으로 떨어졌다.

과학, 경제, 정치, 종교 또는 다른 분야에서, 인간 상상력의 산물은 고작해야 세상과의 진지한 접촉 이후 생겨난 가벼운 기분전환쯤으로 간주되었으며, 심하면 의미심장한 진리에 이르기보다 거짓을 엮어 진리에서 더 멀어지게 하는 위험한 방해물로 간주되었다.

철학자 데이비드 흄(David Hume, 1711-76)은 시인들, 나아가 어떤 종류의 포에시스(poesis는 "창조하다, 만들다"라는 의미를 가진 고대 헬라어로 아리스토텔레스 당대 문학 전반을 일컫는 말이며, 오늘날의 시[poem]와는 다른 의미이다-역주)를 염원하는 모든 예술가를 "직업적인 거짓말쟁이"로 묘사한다. 플라톤(Plato, 주전 427-347)으로 거슬러 올라가는 서양의 지적 전통에서, 이 신랄한 묘사는 매력적이지는 않지만 유명한 역사적 평가의 요약이다.

신학의 관점에서, 이 묘사는 예술적 창조성을 우리를 향한 하나님의 창조적인 선하심의 자명한 선물이거나 반영으로 간주하기는커녕 부정적인 거짓말과 우상숭배의 잠재적인 요인으로 간주한다. 특히, 인간 상상력의 산물은 그것을 용인하거나 포용하지 않는 개신교 전통에서 종종 제약을 받았으며, 이성과 경험이라는 이른바 상급 판단력 아래에서 엄격하게 예속되었다.

이성과 경험이라는 필수적 방어벽이 없는 인간 공상의 조류는 온갖 지적, 도덕적, 영적 혼란 혹은 그보다 더 나쁜 곳으로 우리를 휩쓸어 넣는 것으로 여겨졌다. 우리에게 정말 문제가 되는 것은 진리에 이르는 데에 예술가도 도움을 줄 것이라고 우리가 기대하지 않는다는 것이며, 심지어 예술가의 창조를 진리의 영역에서 멀어지게 하는 위험한 요인으로 의심한다는 점이다.

이 장에서 우리의 의무는 예술적 상상력과 성육신의 주제를 묶는 일이다. 나는 이러한 모험의 결과가 하나님이 만드신 피조물들의 질서 가운데 있는 예술과 그 의미에 대한 일종의 신학적 재검토를 촉진할 것이라고 생각한다.

한편, 예수 그리스도 안에서 하나님이 "육신을 입으사" 믿음으로 자신을 알도록 하셨다는 기독교의 핵심 주장의 의미를 더욱 잘 드러나게 하는 예술의 창조적 측면도 존재한다. 하나님이 믿음으로 그 자신을 알도록 내어주셨다는 이 주장은 앞으로 여러 예술 형태를 통해 창조적 상상력을 전개하는 기고자들의 관점에서 충분히 탐색될 것이다. 분명히 말하지만, 그럼에도 우리가 미학에 적용하여 깔끔하게 분류하듯이, 성육신을 그렇게 여러 예술 형태에 적용하여 최종적인 형태로 "이해"할 수 있다고 주장하는 것은 아니다.

존 칼빈(John Calvin)의 말처럼 하나님이 "우리와 마찬가지로" 우리 중 하나로 우리 인간 안에 거하신다는 것은, 우리가 전부 헤아릴 수 있기를 기대해서는 안 되는 신비다. 실로, 그 독특함은 우리가 그 기본 양식을 분류한다거나 설명할 수 있는, 즉 본질로부터 이끌어 낸 보편적 진리로 설명할 수 없는 그 무엇을 의미한다. 신비조차 부분적으로 파악될 것이며, 기독교적 담론에서 이 특별한 신비는 정말로 중요하므로, 우리가 믿음으로 받은 그 이야기를 부분적으로만 이해하고 전체를 제대로 이해하지 못한다 할지라도, 우리는 그것을 다른 사람들과 나눠야 한다는 양심적 부담을 갖게 된다.

여기에서 우리의 주장은 세상에 머문다는 우리의 존재론적 차원에서, 우리로 하여금 예술적으로 인식하게 하는, 마치 비유처럼 우리에게 주어진 요소들이 존재한다는 점이다. 이 비유는 하나님이 육신을 입으시고 우리 중 하나로 역사의 흐름에 들어오셨다는 놀라운 믿음의 주장을 드러낸다. 모든 훌륭한 비유들이 그렇듯이, 이런 비유들에 집중함으로써 우리는 낯익은 것을 통해 낯선 것을 파악할 수 있을 것이다. 그렇게 함으로써, 아직 더 살펴야 할 남아있는 신비에 대한 우리의 이해와 관심이 깊어지기 바란다.

1. 훔친 물건의 수혜자? 범죄와 불법으로서의 예술

인간 삶을 형성하는 강력한 영향력으로서, 그리고 어떤 의미에서 하나님 자신의 창조성에의 참여나 혹은 갈망으로서의 예술적 상상력에 대한 인식은 고대에 그 기원을 가진다. 진정, 예술적 상상력의 분명한 구술적 표현은 예술의 동기와 가치를 지나치게 의심해온 철학의 전통보다 앞서며, 그런 많은 의심을 받은 데에는 예술에게도 부분적 책임이 있었다.[2]

1) 풀려난 프로메테우스?

그리스 신화에 의하면, 프로메테우스(Prometheus)는 신에게서 불을 훔쳐 인간에게 가져다 주어 그들 안에 신성의 불꽃을 붙였다. 이

---

2 앞으로 다룰 주제를 위해 Denis Donoghue, *Thieves of Fire* (London: Faber & Faber, 1973)를 보라.

신화는 다양하게 해석되었다. 플라톤은 그의 저서 『프로타고라스』(*Protagoras*)에서 인간에게 준 이 선물을 우리가 문화 능력이라고 부르는 것과 동일시하며, 이것을 "예술 기술"(skill in the arts)이라 부른다. 이 기술은 "자연"에서 주어진 것을 가지고 우월한 인간의 차원을 세상에 수여하는 창조적인 능력이다.[3]

가장 기본적으로 식량, 물, 온기, 안전 등 삶을 위한 자원을 얻고 경작에 필요한 도구를 만드는 능력이 여기에 포함된다. 그러나 철학자 수잔 랑거(Suzanne Langer)가 암시하듯이, 여기에는 세상에서 가장 독특하고 기본적인 인간 행위, 즉 우리의 세상 경험에 대한 "상징화" 또는 "상징적 변형" 능력도 요구된다.[4] 실재와의 이런 상징적 교환의 가장 보편적 형태는 언어지만, 여러 다른 형태도 요청된다.

상징화의 여러 측면과 기능 가운데 가장 중요한 것은, 현재 우리가 세상에서 직접 경험하지 못하는 대상, 사람, 사건, 일의 상황 같은 것들을 우리 자신에게 표현하는 것이다. 예를 들어, 우리가 현재 자리에 없는 누군가의 이름을 말할 때, 우리는 상상 속에서 그를 부재중(*in absentia*: 인 아브센티아)의 존재로 만든다. 상징화는 특징상 어느 순간 우리의 세상 경험에서 주어진 수준을 넘어선다고 말할 수 있을 것이다. 이런 점에서, 이것은 인간 상상의 가장 기본적인 요소(예를 들면, 기억, 희망, 소설 등에서처럼 가진 것을 뛰어넘는 특성)와 관련이 있다.

랑거가 최상의 상징화 유형에서 발견하는 창조적 혹은 예술적 상

---

3 Plato, *Protagoras and Meno*, tr. W. K. C. Guthrie (London: Penguin. 1956), 52 이하를 보라.
4 Susanne K. Langer, *Philosophy in a New Key* (New York: The New American Library of World Literature, 1948), 20 이하.

상력은 특히 가진 것을 능가하는, 현실에 대한 자연 발생적인 상징적 보완이나 수정을 포함한다. 예술가는 언어, 색, 헝겊조각, 나무와 돌조각 등 쉽게 구할 수 있는 모든 종류의 사물에서 소재를 찾고, 그것들은 상상력을 통해 예술가의 손에서 상징적으로 실재와 교류할 수 있는 구체적인 종류의 매체로 변한다. 즉 예술가는 보통 감지할 수 있는 것 이상을 보거나 혹은 다르게 보는 것이며, 다른 사람들이 공유할 수 있도록 자신의 상상력을 상징화하는 것이라고 말할 수 있다.

랑거의 예술은 불완전한 시력과 청력 때문에 제대로 초점을 맞추거나 집중할 수 없는 사람들에게 "보는 눈과 듣는 귀"를 갖게 한다. 여기서 다시금 우리가 제대로 다룰 수 없는 까다로운 여러 문제점들이 확연히 드러난다. 신중한 사람들은 이런 말들을 다양한 방식으로 이해할 수 있고 이해해 왔으나, **어떻게** 혹은 **어떤** 의미에서 예술이 그렇게 하는지에 대한 의견에는 일치점을 찾지 못하고 있다.

하지만, 어떤 의미에서 예술은 어느 작가의 표현처럼 "평범한 것의 변형"[5](transfiguration)을 수반한다고 말한다면, 비교적 논란의 여지가 없을 것이다. 여기서 "변형"은 사물을 인식 가능한 방식으로 폭넓게 표현할 수 있음을 말하는 다른 표현이다. 따라서 우리가 상상의 산물, 즉 인간의 **포에시스** 행위의 결과로서 "예술"을 인식하거나 인정할 이유는 없을 것이다. 예술은 단지 일상적 세상과 감각적인 관계를 맺는 것과 똑같을 것이다.

---

5 Arthur Danto, *The Transfiguration of the Commonplace* (London: Harvard University Press, 1981)를 보라.

무엇보다 예술적 창의성이 진리와 우리가 처한 세상 현실과 인간의 적절한 관계에 관심을 가진 사람들에게서 의구심과 찬성을 불러일으키는 이유는 주어진 재료에서 더 많은 것이나 다른 것을 만드는 예술의 구체적 영역, 곧 "부가된 가치"(added-value)의 영역 때문이다.

우리는 인간 문화가 태고의 우주적 강탈(cosmic burglary)에 달려 있다는 플라톤의 주장을 상기해야 한다. 예술에만 한정할 수는 없지만, 이런 관점에서 예술이 갈망하는 창조성은 인간 아닌 신에게서 오는 특혜이다. 따라서 사실상 우리는 그림을 그리고, 글을 쓰며, 작곡하고, 조각하는 "도둑들"의 손을 거쳐 전달된 다양한 예술 작품들의 수혜자이다. 오직 신만이 **진정으로** 창조할 수 있으므로, 인간의 **포에시스** 행위는 기껏해야 재주를 부려 진짜를 위조하거나 모방할 뿐이다.

이런 결론은 하나님이 창조하신 세상의 틀 안에 근본적으로 주어진 것을 깊이 인식할 때, 도출된다. 이것은 인간이 이제 세상과의 상징적 관계를 통해 그 질서를 수정하거나, 개량하거나, 덧붙이거나, 심지어 파괴하려고 달려든다면, 그 질서는 평가절하되고, 그 질서에 대한 지식도 심각한 위기에 놓이게 된다고 인식한다.

이런 입장에서 볼 때, 예술은 본질적으로 창조가 정한 한계를 위반하며, 그리함으로써 모방으로서 예술은 신의 창조성을 거스른다. 어떤 의미에서 하나님 고유의 창조 행위와 비슷한 창조성에 참여하려는 갈망은, 다른 말로는 반역이다. 이런 불법적 염원의 산물은 겉으로 나타나는 모습이 전부가 아니기에 조심스레 취급되어야 한다.

2) 창조성 그리고 저작권 문제

이는 분명 플라톤이 자신의 저서 『국가』(*The Republic*) 제10권에서 말한 판단의 종류와 관련이 있다.[6] 플라톤이 이렇게 말한 이유를 이해하려면, 우리는 그가 자신의 철학에서 시종일관 강조하는 영원불변하고 완전한 신의 영역, 마침내 실재와 진리가 포착되는 영역이라고 주장하는 "형상"(form)의 존재 영역을 생각해야 한다.

다른 말로 하면, 우리가 어떤 것의 본질을 파악하려 한다면, 우리가 주목해야 하는 것은, 항상 변하고 사물의 완전한 특성을 드러내지 못하는 이 물질세계가 아니라 신의 형상인 "영적" 영역이다. 세상의 사물은 이 형상의 희미한 그림자이거나 모방일 뿐이다. 말하자면, 이 "영적" 영역은 인간의 진리탐구를 보증하는 믿을 만한 기반이며, 이 영역이 없다면 진리도 없을 것이다. 우리의 경험으로 현시되는 이 형상은 신성하게 설립된 안정된 질서의 이면, 곧 항상 움직이는 우주의 청사진 안에 존재한다. 왜냐하면 형상은 결코 정지하지 않으며, 동일하게 나타나지 않기에 적합하게 인식되거나 언급될 수 없기 때문이다.

논의를 위한 이런 틀을 고려하면서, 예술에 대한 플라톤의 염려

---

6 Plato, *The Republic*, tr. Desmond Lee (London: Penguin, 1955)를 보라. 제3권에서 플라톤은 또 하나의 실질적 주장을 편다. 이 주장에서 그는 도덕상 부적절하거나 불확실한 감정, 문학과 드라마 관계의 일에 참여하는 (저자로나 배우로나 독자나 관객으로나) 행위와 인물과의 상상적 관계의 영향에 초점을 둔다. 이것은 대표적인 예술에 대한 그의 전반적 비평으로 중요한 부분이지만, 여기서는 지면상 충분히 생각할 수 없다. 제10권에 나오는 플라톤의 상세한 주장과 인간의 상상력 개념의 중요성을 참고하려면, Richard Kearney, *The Wake of Imagination* (London: Routledge, 1988), 79-105를 보라.

를 완전히 지지할 수는 없지만 이해는 할 수 있다. 예술의 모든 표현은 직관적으로 우리를 감성계로 향하게 하여, 이런 저런 방식으로 어느 정도 그 안에 몰두하게 하기 때문이다. 달리 말할 수도 있지만, 예술에 중요한 것은 색, 모양, 소리, 질감이며, 젖은 점토를 솜씨 있게 다루기, 캔버스에 유화물감 칠하기, 금속관에 공기 불어넣기 같은 것도 중요하다. 물론, 이 밖에 더 있지만, 이런 물질성이 예술의 주요 부분이다.

이런 의미에서 예술은 아무리 고상할지라도, 우리로 하여금 최상이든 최악이든 계속해서 하나님의 세상에서 피할 수 없는 인간 생명의 특징인 육체성에 거듭 뿌리내리게 한다. 물론, 이것은 우리가 진리를 파악하려면 **반드시** 벗어나야 한다고 플라톤이 충고하는 그 육체성이다. 그러나 여기에는 심지어 그 이상의 것도 있다. 플라톤은 주로 그림, 조각, 문학, 드라마를 염두에 두지만, 예술은 여러 주요 유형 중 우리가 사는 물질세계의 측면을 상상으로 재현하거나 **모방**하여 제시한다. 다시 말해서, 예술가는 주변 세상을 바라보는 것으로 시작하여 자신의 관찰력을 기반으로, 우리가 감상할 수 있도록 세상에 대한 통찰력 있는 설명을 제공한다.

그러나 플라톤의 주장대로라면, 복사본을 다시 복사한 것은 원본과 비교해 더욱 희미하고 불완전하기 때문에, 예술은 진리로부터 우리를 한 걸음 더 멀리 떨어지게 한다. 즉, 플라톤에 따르면, 우리는 세상 자체가 이미 참된 사물에 대한 희미한 복제임을 기억해야 한다. 이런 식으로 세상의 대상을 **재현**하는 것에 더하여, 예술이 그것을 수정하거나 개량하려 한다면, 진리가 크게 손상된다고 우리는 추정할 수 있다.

이미 주어진 하나님의 창조질서는 이제 희미한 유사성 때문에 비난받을 뿐 아니라, 그 질서를 대신한다는 핑계로 어떤 다른 질서를 선호하게 되어 무시당하게 될 것이다. 즉 "창조성"에 대한 인간의 그런 갈망 때문에 우주에 대한 하나님의 저작권은 위기에 놓인다. 하나님의 창조질서는 비난당하든 무시당하든, 결과적으로 진리에 참여하거나 파고들지 않고 오히려 진리를 더 불투명하게 만든다.

플라톤은 상상적 창조성을 거리낌 없이 우상을 만드는 인간 성향과 결부시킨다. 따라서 세상과의 관계에서 인간이 취할 더 좋은 방법은 주어진 거룩한 형상들을 충실하게 주목하며, 그 형상을 간섭하거나 다른 곳에서 진리를 발견하지 않는 것이다.

2. 예술적 언어는 항상 세속적인가?

분명, 플라톤의 예술론은 여러 면에서 반대에 봉착할 수 있을 것이다. 그 한 예로 등장한 중요한 예술론이 있다. 예술적 산물은 우리를 물질세계에 더 깊이 빠트리는 것이 아니라, 우리의 창조성을 단순한 자연의 물질성에서 "더 높은 차원의" 비(非)감각적인 영역으로 고양하는 창조적인 도구로서의 작품이라는 이론이다. 이러한 설명은 재현으로서의 예술 작품의 특성에 대한 플라톤의 관점에 반대하는가 하면, 반대로 그런 개별적 물질의 객체성을 중요시하지 않는 플라톤의 관점을 무비판적으로 지지하기도 한다.

예술이 가진 의미나 그 물리적 성질이 드러내는 의미의 정도는, 대체로 그 미적 가치에 달려있다고 주장할 수 있다. 실제로, 한발 더 나아가, 세상에서 분명하게 나타나는 소리, 질감, 색깔 같은 물질의 현상을 "예술 작품"과 동일시하지 말고 구별해야 한다고 주장하는 예술론도 있다.

1) 예술은 어디에 있나?

예를 들어, R. G. 콜링우드(R. G. Collingwood, 1889-1943)의 주장에 따르면 진정한 예술 "작품"은 먼저 예술가의 상상 속에 존재하며, 그 다음에 그 작품을 감상하는 사람들의 상상 속에 존재한다.[7] 그러나 그 "작품"은 실제로 물질 영역에서는 절대 그렇게 존재하지 않는다. 연주된 선율의 소리나 그림 속 색채 부분이나 조심스레 작성한 산문이나 시(詩) 구절은 진정한 **포에시스**의 "작품"이 아니라, 단지 예술가의 창조적 비전이 관객에게 전달되고, 파악되고 재구성되게 하는 물리적 매체일 뿐이다.

참된 미적 사건은 활자와 그림과 돌과 정지한 현의 진동이라는 일상의 물질적인 것을 완전히 초월하는 단계에서 일어난다. 이 물질적인 것을 **포에시스**의 산물로 오해한다면, 우리는 진정한 작품을 놓치는 위험에 빠지게 될 것이다. 우리는 여기서 조심스레 접근해야 한다. 얼핏 보면 사물을 이런 식으로 표현하는 것은 다소 이상하거나 터무니없이 비상식적인 것 같기도 하다.

우리가 모차르트의 "레퀴엠"(Requiem) CD를 듣거나, 셰익스피어

---

7 R. G. Collingwood, *The Principles of Art* (Oxford: Oxford University Press, 1938), 139 이하를 보라.

의 "맥베스"(Macbeth) 공연을 볼 때, 콜링우드는 우리가 듣고 보는 것이 예술이 아니며, 진정한 "예술"은 음악 소리나 무대 공연이 아닌 다른 어디에 있다고 말하려는 것일까?

그렇기도 하고 그렇지 않기도 하다.

콜링우드의 말에 다소 과장이 있다고 해도, 우리는 그 말의 요점을 고려해볼 만하다. 앞서 추정했듯이 예술가는 사물에 관련된 우리의 일상 경험에 주어진 것 이상을 보며, 어떤 의미에서는 가치거덧붙여진 세상을 우리에게 되돌려 준다. 예술적 상상력은 주어진 것만을 묘사하기보다 그것을 넘어선다는 것을 인식하고 수긍하는 한, 우리는 또한 세상에서 물질적으로 나타나는 것 이상의 것이 예술 작품에 항상 있음을 수긍해야 한다. 주어진 것을 "뛰어 넘는다"고 얘기하는 것은 추상적으로 들릴 수 있을 것이다.

그러나 더 친숙하게 말하자면, 예술 작품을 보거나 참여하는 사람들 편에서 이런 저런 해석을 하도록 끊임없이 요구하는 그런 공간을 언급할 수 있을 것이다. 예술 작품에 감탄하는 것은 수동적이지 않은 역동적인 일이다. 예술가가 우리에게 즐거움을 주기 위해 일하는 역할을 맡듯이, 우리는 예술을 즐기는 역할을 맡았다. 분명 그렇다면, 예술의 의미나 중요성은 단지 물질적인 것을 표현하거나 인식함에 있다고 제한해서는 안 된다. 예술은 우리를 더 깊고 넓은 곳으로 인도하며, 어떤 의미에서는 표면을 보는 것을 넘어서 예술이 아니고서는 우리에게 현시되지 않았을 것을 보거나 경험하게 한다.

이 모든 것은 주목할 가치가 있는 콜링우드의 첫 진술에 무게를 더한다. 그렇더라도 예술의 의미를 예술의 현실적, 물리적 상황과 분리해 가는 그의 특별한 진술 방식에는 여전히 문제가 있다. 예술적인 의미가 물질적인 것을 뛰어넘는다고 말할 때에, 거기에는 적어도 두 가지 의미를 내포한다.

첫째, 이는 예술에는 "육"의 수준으로 이해되는 것 이상의 것이 있을 수 있음을 뜻한다. 다시 말하자면, 그것은 "믿음의 눈"으로 물리적으로 감지할 수 있는 것 이상의 것을 볼 수 있음을 뜻한다.

둘째, 콜링우드의 언급에서 암시하듯이, 예술은 실제로 다른 차원에 속하며, 예술이 물질의 가공품과 결합되어 존재할지라도 그것을 가공품 수준으로 이해해서는 안 됨을 뜻한다.

예술의 초월성에서 이 두 개념의 차이는 특별한 의미를 갖는다. 예술의 의미가 예술이 세상에서 가진 물리적 위상을 초월하며, 물리적 위상으로 인해 가리울 위험성이 있다고 강하게 주장은 현대 예술론에 흔히 등장한다. 예술의 의미가 담겨진 합당한 "초월적" 영역을 찾아내려는 시도는 아주 다양하다.

우리가 보았듯이, 콜링우드에게는 참된 예술적 창조성의 작품과 그 가치는 예술적 상상력의 산물로서 확인되어야 하며, 본질적으로 예술가가 자기 안에서 발견하는 감정의 표현이며 탐구이어야 한다. 그렇다면, 여기서 미학은 감정 분야와 밀접하게 관련이 있으며, 상대적 물리적 가공물이나 현상은 오히려 예술가의 정신생활에서 출현한 창조적/표현적 사건의 우발적 부산물이다. 세상에서 예술의 물질적 존재는 다른 사람들이 내적 비전이라고 하는 참된 "작품"으로 들어가는 데에 필요하다.

그러나 결국 그 물리적 존재는 우리가 넓은 시내를 건너야 할 때 필요한 디딤돌처럼 필요할 뿐이다. 우리는 거기서 오래 머뭇거리지 않고 빠르게 건너편으로 건너간다.

2) 경험의 경계를 넘어서

콜링우드와 유사하고 밀접한 관련이 있는 예술에 대한 견해가 그보다 앞서서 임마누엘 칸트(Immanuel Kant, 1724-1804)에 의해 제시되었다.[8] 예술을 상상력과 감정 사이의 창조적 상호작용의 결과로 보는 콜링우드에 반하여, 칸트는 예술을 상상력과 오성(understanding) 간의 특별한 종류의 교환으로 생긴 부산물로 보며, 이것을 그는 "자유 유희"(free play)라 부른다. 그러나 오성이 수반된다 해도, 칸트는 예술적 공감을 세상 경험에서 얻는 지식과 조심스레 구별한다.

칸트는 제안하기를, 우리가 심미적 관점에서 어떤 것을 생각할 때, 현상계에서 그 적합한 자리를 찾기 위한 모든 사고들, 곧 "그것은 무엇인가?"와 "그것은 왜 존재하는가?"와 같은 질문을 배제하고, 우리 감성에 끼지는 영향만을 생각해야 한다는 것이다. 이 말은 어떤 점에서는 매우 주관적이지만, 실제로 칸트는 "아름다운" 사물은 모든 사람에게 비슷한 방식으로 영향을 주어야 한다고 생각하며, 분명 "아름다움"을 개인의 특정한 호불호(好不好)에 관련시키려 하지 않는다.

그럼에도 불구하고, 세상 속 사물의 모습이 어떤 모습을 가지든지 우리의 생각을 초월하면 아름다움은 멀어지고, 사물을 아름답게 인식하게 하는 주제가 매우 구체적인 영향력으로 연결되어질 때, 모든 것이 아름다움이 되는 것처럼, 아름다움은 "주관성"의 문제다.

---

8 Immanuel Kant, *Critique of Judgment*, tr. Werner S. Pluhar (Cambridge: Hackett Publishing. 1987)를 보라.

그렇다면, 이런 영향을 주는 것은 무엇일까?

다시금 이 문제에 있어 칸트를 정확하게 이해하기란 쉽지 않다. 다양한 방식으로 해답을 찾을 수 있을 것이다.

첫째, 칸트의 표현대로 예술적 천재가 하는 일은 어떤 점에서 우리를 만족시키는 "미적 개념"을 현상으로 드러내는 것이다. 하지만 이런 "개념들"은 물질적 대상이나 그 대상의 재현으로 존재하게 되는 것이 아니라, 그 대상을 묵상하여 자극받는 상상력과 오성에서 찾아진다. 따라서 이 개념들은 "주관적으로만 존재한다."

둘째, 대상은 특성상 반드시 주목을 받아야 하기 때문에, 이런 개념들 자체는 근본적으로 특별한 것이다. 이 개념들은 우리의 상상력을 자극하는 예술적 상상력의 창조물이다.

셋째, 신비와 인식 능력의 주제는 칸트의 설명에서 속출하는 주제이다. 적어도, 예술이 부분적으로 맡은 일은 형상이나 양식을 제시하는 것이다. 우리가 예술을 있는 그대로 인식하는 동안 그 형상이나 양식으로 분류하거나 어떤 개념으로 포함하려는 시도를 거부하며, 우리를 "경험의 경계 너머"로 몰아간다. 우리를 외적인 세상의 신비로운 경험으로 인도해 세상과 더 깊은 관계를 맺도록 이끌지 않는 이런 형태는, 진지한 추상적 개념과 물질 세계로부터의 분리의 단계에서 일어난다. 그리고 이 단계는 우리를 탐구되지 않은 정신적 경험의 휴식으로 데려가는 역할을 한다.

다시 말하지만, 정밀한 예술이 실제 하는 일은 혈과 육의 실재인 우리 세상 아닌 곳에서 확인되어야 한다. 이것을 칸트는 스스로 "공감하는"(agreeable) 예술이라 이름을 붙이고, 지적 만족이 아닌 감각적 만족을 위해 고안한 산물과 조심스레 구별한다.

3) 또 다른 세상으로 회피

본질적으로 예술가들의 예술성이 칸트와 콜링우드의 견해와 비슷한 관점에 의해 영향을 받았다는 사실은 음악가와 화가의 두 가지 예만 간단히 고찰해도 알 수 있다.

아르놀트 쇤베르크(Arnold Schoenberg, 1874-1951)의 음악은 불협화음을 내는 특성으로 악명이 높다. 사실 귀에 거슬리는 불쾌한 소리는 작곡가 자신의 예술관과 물질계와의 관계를 직접 보여준다고 말할 수 있을 것이다.[9] 쇤베르크는 음악에 감각적인 면이 있을 수밖에 없지만 그런 감각의 즐거움은 아름다움이나 예술의 의미와는 무관하다고 확신했다. 사실, 쇤베르크의 글에는 이런 확신보다는 편견이 강하게 드러나는데, 그는 관객을 기쁘게 하는 예술가치와 음악기능은 반드시 서로 반비례한다고 말한다. 쇤베르크는 이 주장을 뒷받침하기 위해 음악의 진정한 아름다움을 실제로 어디서 찾을 수 있는지를 복잡하고 논리정연하게 설명한다.

쇤베르크는 음악은 혁신적이고 독특한 예술 개념의 창조 및 전개와 관련되며, 이 개념은 예술가가 늘 새로운 음색의 조합과 음색의 관계, 그리고 그 자체로서 큰 지적 만족을 주는 복잡성을 생각하면서 연주할 때 형성된다고 주장한다. 이 만족은 사람들이 수학 패턴의 고찰에서 얻는 것과 비슷한 것으로 생각할 수 있으며, 이에 속하는 적절한 감각적 경험은 존재하지 않는다는 것이다. 물리적이고

---

9 Arnold Schoenberg, *Style and Idea*, ed. L. Stein (Berkeley and Los Angeles: University of California Press, 1984)을 보라.

감각적 언어로 소리를 변형할 때, 비록 끔찍하게 들릴지라도, 이것이 우리가 "미"(beauty)라고 부르는 만족이라는 것이다. 쇤베르크에게 예술가의 임무는 소리를 정확하게 파악하여, 필요하다면 그 소리를 어떤 형태로든 추상 "개념"으로 비틀어, 감상할 만한 사람들이 감상할 수 있게 표현하는 활동이다.

예술은 있는 그대로 자신을 드러낼 수 없는 소리, 색깔, 모양, 목재, 낱말 등을 "우리의 지적 특질"에 순응하도록 강제하는 물리적 실재들을 다루는 문제이다. 그렇다면, 예술의 의미는 결코 물리적 수준에서 확인되는 것이 아니다.

오히려 예술의 중요성은 쇤베르크가 "명확한 개념의 분명한 투명성"(cold transparency of clean-cut ideas)이라 부르는 영역에 있는데, 이는 사람의 감각이 소리라는 물리적 성질로부터 떠나 지적으로 상승하는 추상 영역이다. 그러므로 이것을 불쾌하게 느끼거나 물리적 수준에 멈추는 것은 예술 작품의 참뜻을 모두 놓치는 것이다.

화가 바실리 칸딘스키(Wassily Kandinsky, 1866-1944) 또한 예술은 세상에 나타나는 물질적 위상으로부터 적절한 위상으로 효과적으로 분리시키는 것이라는 예술관을 지지한다.[10] 칸딘스키 주장에 의하면, 예술은 영적인 것의 표현이며, 이것을 자연과 인간성의 "영혼"이라고 말했다.

칸딘스키는 감각의 증거로 확인할 수 없는 것은 존재하지 않고 무의미하다고 주장하는 실증주의적 유물론에 맞서, 모든 실재에는

10　Wassily Kandinsky, *Concerning the Spiritual in Art*, tr. M. T. H. Sadler(New York: Dover Publications, 1977)를 보라.

정신적 차원과 내적 의미가 있으며, 사물의 이런 초(超)감각의 차원을 이해하고 공명하는 것이 인간적이 되는 것이라고 강조했다. 그러나 칸딘스키는 물질과 정신의 이원성 사이에 한쪽으로 치우쳤으며, 이전 시대의 플라톤처럼 우리의 정신 인식에서 물질은 여러 면으로 쓸모가 없다고 보았다.

칸딘스키는 이 사실이 예술가에게 도전을 준다고 생각했다. 이를테면, 물체임에도 불구하고 어떤 방식으로 물리적 실체를 투사하고 손질하여서, 정신적인 전망을 열어야 한다는 것이다. 이를 위해 물리적 형상은 먼저 일상에서 분리("자연에서 분리")되어야 하며, 그 특성과 물질성이 거의 사라져 숨겨진 내적 의미가 더는 퇴색되지 않고 고도의 추상 개념으로 취급되어야 한다고 보았다.

칸딘스키의 견해가 흥미로운 이유는, 콜링우드, 칸트, 쇤베르크의 견해와 달리, 그가 느끼는 예술적 의미의 영역이 주관적인 것이 아니기 때문이다. 그가 거듭 언급하는 예술가와 관객의 "내면의 요구"와 물리적 대상의 "내면의 의미"는 인간 주관성의 산물이 아니라, 본질적으로 영적 존재인 인간이 광범위한 정신적 영역과 어우러지거나 관련되어 있는 것이다. 따라서 그에게 예술의 창조성은 **순전한** 창조성의 문제라기보다는 예술가의 주관성 너머에 존재하는 세상의 참된 의미를 인식하는 문제이다.

본서의 나머지 부분에서 나타나겠지만, 우리가 지금 살피고 있는 견해들은 유용할 뿐만 아니라 현대 서구의 많은 예술 사조에 큰 영향을 주었다. 흥미롭게도 이런 견해들은 예술가 자신을 난처하게 만든다. 그렇다 하더라도, 일상에서 우리가 직면한 영역 너머 어떤 "다른 세상"에 존재하는 의미를 인식하거나 창조할 수 있는 존재인 예술가는, 우리가 직면한 이 세상이 제공하는 물체로 나무를 조각하고, 화판에 물감을 칠하고, 색조를 조정하고, 순서에 맞게 단어를 배열하는 것과 같은 일을 해야 한다.

실제로 예술가는 세상에서 인간을 인간이게 하는 혈과 육의 차원을 피할 수 없다. 그러나 예술가가 직면하는 문제는 물체라는 매개가 다루기 힘들고, 때론 내생적으로 예술가의 목적과 부합하지 않으며, 본질적으로 그러한 예술적 로고스를 표현하지 못한다는 것이다. 그래서 칸딘스키는 예술 중 가장 물리적이지 않고, 예술적 비전의 실현에 가장 적합한 것으로 음악을 찬양한다.

예술적 표현이 본래 물질성을 가진다는 것을 예술가들은 유감스럽게 생각해야 할 것 같다. 또한 영적이거나 지적인 작품이 육의 실재를 통해 혼란과 조잡함을 모두 피하여 마음에서 마음으로 직접 전달될 수 있다면, 예술가들은 물질성을 선호할 것 같다. 예술 작품에 육적인 것을 덧입힌다면 그것은 축하할 일이 아니라 오히려 골칫거리다. 그 결과로 생기는 경이적 대상은 예술 "작품"이 아니다.

로고스는 결국 육적인 것이 **되기**를 거부한다. 물질적인 것과 이상적인 것 사이에는 기껏해야 느슨한 편리성의 결합이 있고, 이로 인하여 물질의 가공품은 우리를 물질계에서 정신계로 옮기며, 가공품을 더 상위의 순수한 고찰 대상으로 주목하게 한다. 칸딘스키는 이 모든 것을 "예술은 자연보다 상위에 존재한다"라는 주장으로 요약한다. 실제로 그의 주장은, 자연이 예술의 하위에 있다는 것이며, 자연 스스로 예술을 표현하기에 무능하다는 것일 것이다.

3. 성육신과 예술성

우리는 예술적 상상력, 예술 작품의 특성과 의미의 논의에서 두 가지 주요 주제를 확인했다.

첫 번째 주제는 예술의 열망이 가지는 함의로서, 진리와 의미의 관계를 향한 창조성에 관한 것이다.

두 번째 주제는 물질적인 것과 예술의 관계이다.

두 주제는 성육신이라는 기독교 교리 중심에 놓여있는 쟁점들과 밀접하게 관련되거나 비슷한 쟁점들에 대한 성찰을 수반한다.

따라서 우리는 제1장의 마지막 부분에서 기독교의 근본적인 주장인 하나님이 친히 예수님으로 "육신을 입으시고" 인간이 되셨다는 관점에서, 이 두 주제를 분명하고도 함축적으로 생각하고자 한다.

첫째, 우리는 어떻게 성육신을 믿는 믿음이 모든 예술에 수반되는 상상적 창조라는 인간 활동에 중요한 신학적 근거를 보장하는지 분명히 할 것이다. 성경의 하나님은 예술의 가치와 평가의 판단이기보다는 전제임이 확실하지만, 예술의 처음과 나중되시는 후원자라고 말할 수 있을 것이다.

둘째, 우리는 예술적 상상력의 현현 방법들이 우리를 위해 육신이 되신 말씀의 신비를 조명해주는지 알아볼 것이다. 적절한 출발점으로, 나는 한 특정 신약성경의 본문을 선택하려 한다.

> 때가 차매 하나님이 그 아들을 보내사 여자에게서 나게 하시고 율법 아래에 나게 하신 것은 율법 아래에 있는 자들을 속량하시고 우리로 아들의 명분을 얻게 하려 하심이라 너희가 아들이

므로 하나님이 그 아들의 영을 우리 마음 가운데 보내사 아빠 아버지라 부르게 하셨느니라 그러므로 네가 이 후로는 종이 아니요 아들이니 아들이면 하나님으로 말미암아 유업을 받을 자니라(갈 4:4-7).

프로메테우스는 신에게서 불을 가져다 인간에게 주어 무지의 굴레에서 인간을 해방시키려 한 신화 속 인물로, 종종 그리스도와 비교된다. 이에 견줄 만한 흥미로운 이야기가 더 있을 것이나, 분명 중요한 차이점이 있다.

사도 바울이 우리에게 생각나게 하듯이, 복음의 중심에는 절도의 모티프(motif)가 아니라, 선물의 모티프가 있다. 복음은 우주라는 화물차 뒷간에서 떨어져나간 거룩한 특권을 불법적 암시장에서 즐기는 이야기가 아니라, 이제 하나님을 아빠(*Abba*)로 아는 "자녀들"과 "상속자" 인간들에게 자신과 친밀한 삶과 행위를 공유하시려는 하나님이 거저 주신 선물 이야기이다.

성경의 하나님은 우리에게 유산을 주셨다. 그것은 그분의 것이자 "땅의 것"이다. 이 일은 하나님 자신이 사람의 아들이 되심으로써 하나님의 생명 안에서 인간성을 공유하심을 의미하는데, 즉 예수님이 성령의 활동과 교제 가운데 그분의 아버지를 알고 사랑하며 그분과 하나가 되었듯이, 이로 인해 우리도 역시 그렇게 할 수 있다.

이런 근본적 구성의 차이가 예술적 상상력이라는 우리 주제와 어떤 관계가 있을까?

여러 방식으로 설명할 수 있으나, 그중 몇 가지에만 주목하려 한다.

1) 하나님의 창조성에 참여하는 예술

우리는 예수님이 성경의 다른 곳에서 "하나님의 말씀"으로 묘사되심을 기억해낼 수 있을 것이다. 하나님은 말씀으로 창조를 이루셨으며, 그 말씀은 "육신이 되셔서" 예수님으로 우리 가운데 거하셨다(요 1:1-14을 보라). 이런 식으로 예수님을 언급하는 것이 우리 목적에 중요한 이유는, 하나님이 예수님 안에서 행하신 그분의 창조 양식을 직접적으로 가리키기 때문이다. 그리스 사상에서 "말씀"에 해당하는 신성한 **로고스**(*logos*)는 그 영원하고 불변하는 완전함 속에서 사물의 의미와 진리를 강조하는 "논리적" 원칙을 정확하게 언급하면서, 창조와 관련해 다소 정적인 상위의 추상적 용어로 묘사되는 경향이 있다.

우리가 보았듯이, 헬라어로 "말씀"이나 "개념"으로 번역할 수 있는 **로고스**라는 말과 관련해 나타나는 인간의 적합한 반응은 본질적으로 수동적인 지적 순응이라 주장할 수 있다. 예술과 관련하여 장난기 있는 창조성과 상상력 풍부한 진취성 등은 사물의 논리적 구성에서 신의 저작권에 대한 분명한 도전이며 위험이기도 하다.

성경에서 계속 언급되는 하나님의 말씀은 역사의 우연성과 동떨어진 영역에서 하시는 말씀이 아니라, 세상과 그 역사 속의 하나님 행위와 관련된 말씀이기 때문에 전적으로 각양각색의 어조로 되어 있다. 더욱이 이와 관련된 성경 속의 이미지는 추상적인 신의 모습을 나타내지 않고, 오히려 듣고 말하는 인간 편의 반응을 끌어내려고 말씀하시는 하나님 모습을 나타낸다.

그러므로 말씀에 대한 성경 이미지는 본질적으로 대화적이며, 대체로 직접 반응자로서의 관점에서 창조된 인간 모습으로 나타난다. 요한이 이런 이미지를 골라 성육신 주제에 적용할 때, 그는 더 나아가 거기에 자연스런 강조점을 더한다. 즉 요한은 이전에 인류의 반응을 자극하기 위해 주신 동일한 말씀이 이제는 마침내 인간이 되심으로 말미암아, 그의 삶 속에서 하나님의 말씀에 대한 적절한 반응과 교류가 가시화되었고, 말씀 안에서 말씀에 대한 반응까지 포함되었음을 드러낸다. 말씀과 인간 사이의 관계가 인간 예수가 성령의 능력으로 자유로이 아버지께 반응하신 것에서 그 정점에 이르렀다고 주장하는 것은 지나친 말이 아니다.

기독교인들은 때로는 예수님이 우리 인간과 완전히 같은 상태에 계시므로 인간적으로 행동하신다는 생각에 혼란스러웠다. 우리는 예수님이 "성육신하신 하나님"이시기에, 예수님은 인간처럼 한계와 부족함으로 고통당하거나 갈등하지 않으셨다고 아주 쉽게 해석한다. 그러나 이 견해의 성경적 근거는 충분하지 않다.

교회사를 보면 이 견해는 예수님이 "육신으로" 행하신 모든 것의 중요성을 약화시키기 때문에 정통성 없는 위험한 견해라고 비난받았다. 예를 들어, 예수님이 우리처럼 악의 영향이나 충동과 싸우지 않으셨다면, 예수님이 "죄가 없는" 분이셨다는 사실이 우리 상황에 끼치는 영향은 미미하다. 그래서 성경은 바울의 표현대로 예수님이 "여자에게 나시고 … 율법 아래 나시어" 우리 같은 완전한 인간이셨지만, 극히 중요한 어떤 점에서는 그분의 그분 되심 때문에 다르게 행하셨다는 사실 사이에서 역설적 긴장을 유지하려 한다.

이런 양극단 사이의 계속적인 긴장 유지는 중요하다. 하나님의 말씀이 인간이며 자유롭고 성령충만한 예수님의 참여나 활동으로 성취된다면, 우리는 하나님이 자신의 창조적 주권과의 관계에서 인간 활동을 어떻게 보시는지 재고해볼 수 있다. 바울은 적어도 이러한 인간화가 발생하고, 그러한 인간화의 물리적 역동성을 우리가 공유하도록 인도될 수 있다고 우리에게 상기키시신다. 우리는 예수 그리스도로 알려지신 하나님이 세상에서 인간 행위로 위협당하지 않으셨으며, 다만 아직 최종 목표에 이르지 않은 세상을 향한 그분의 목적에 우리가 적극 참여하기를 바라신다는 것을 생각해야 한다.

물론 인간의 **모든** 자유 행위나 표현이 하나님께 바람직한 것은 아니지만, 하나님은 이 목적을 위해 우리를 부르셔서 역사 안에서 하나님 행위에 순종하고, 성령충만으로 반응하고 교통하게 하신다. 육신이 되신 말씀의 창조적 권세는 정당하고 가능한 인간 자유 표현에 한계를 정하지만, 그럼에도 인간의 모든 삶의 영역에서 그런 자유를 책임 있게 실행하고, 수월하게 하고, 신중하게 추구할 여지는 남아 있다.

이처럼 책임감 있는 예술 유형의 창조는 보장될 뿐만 아니라 우리에게 부여된 무조건적 의무로 보여지며, 그분의 아들의 삶, 죽음, 부활을 통해 인류에게 주시는 은혜로운 하나님의 말씀에 의해 이루어질 수 있을 것이다.

더 나아가, 우리는 그 창조성이 우주 안에서 하나님의 창조 행위에 대한 적합한 반응일 뿐만 아니라, 전적으로 종속적인 피조물의 방식으로 그 행위를 적극적으로 공유하는 것이라고 생각할 수 있다.

2) 예술과 책임

그럼에도 이러한 피조물의 창조성은 그것이 주어진 한계 안에서 존재하고 실행되기에, 의미가 있으며 일종의 자유를 드러낸다. 예술에서든, 윤리에서든, 종교성에서든, 심지어 과학에서도 인간 편에서 우리가 "순수한 창조성"이라 부를 수 있는 현대의 흐름보다 더욱 보기 좋지 못한 프로메테우스적(Promethean: 개인적이고 독창적이며 권위에 복종하지 않는 태도를 나타냄-역주) 태도가 있다.

인간의 상상력이 그것을 뛰어 넘어서 어떤 외부적 기준이나 평가 기준에 대한 책임 없이 모든 영역에서 존재하고 창의적이어야 한다는 생각, 즉 진리와 의미가 연결된 상황에서 "뭐든지 우리의 방식으로 만든다"는 생각은 **인간이 신적 특권을 강탈하는 고대 신화와 특징상 동일한 근원을 가진 현대적 모습이다.** 예술가는 세상과의 시(詩)적 관계에 선재하는 진리와 의미에 책임져야 한다는 것이 플라톤의 근본적 관심사였다. 다시 말하면, "세상"은 예술이 멋대로 영향력 없이 창조하고, 해체하고, 재구성하는 것이 아니라, 그 자체로 아름다움과 관련되어 있어야 한다는 것이다. 기독교인은 이런 플라톤의 관심사에 쉽게 동의할 수 있을 것이다.

하나님의 말씀으로 창조된 세상에 대한 기독교의 설명으로, 세상은 이미 의미와 질서 그리고 심지어 "아름다움"이 가득한 곳으로 이해될 수밖에 없다. 예를 들어, 황량한 불모의 "자연"을 인간이 거주하기에 적합한 의미 있는 "문화"로 변형시키는 인간의 상상 행위가 세상에 의미와 질서를 부여할 때까지, 세상은 본질적으로 물질계로서 의미와 질서가 없다는, 19세기 윌리엄 블레이크(William Blake)의 견해는 용인될 수 없을 것이다.

　기독교 용어로, 문명은 자유로운 창조성을 의미하는 것이 분명하다. 그러나 문명은 우선 자연에게 듣고 자연에서 배우는 겸손한 개방성을 의미하며, 자연에서 기존의 질서정연함을 발견하는 것이다. 그리고 문명은 세상의 안팎에서 행할 수 있는 것과 행해져야 할 것의 한계를 인식하며 제한성을 가진다.

　물질을 장악하고 지성이 지시하는 대로 어떤 모양이라도 만들어내는 것이 예술가의 상상력이라고 생각하는 쇤베르크에게 프로메테우스적 정신은 가장 뒤떨어진 것이다. 오히려, 예술성 자체에 선행하고 제한하는 예술성의 창조적 대화를 통해 예술가는 진정한 자유를 얻을 수 있음을 알게 될 것이다.

　말하자면, 예술적 상상력은 이미 실제적이고 잠재적인 의미가 풍부하다고 생각되는 세상으로 과감히 전진하고, 타고난 특성상 어떤 취급 양식에 부응하고 어떤 양식에는 저항하는 물질들을 장악해 나간다. 그리고 이 모든 재료를 창조적으로 교환하여, 아직은 볼 눈과 들을 귀가 부족한 사람들을 위해 그것을 해석의 수고라는 열매의 형태로 나타나게 한다.

3) 성육신의 시(詩)

　다시금, 여기서 하나님이 친히 인간 구원을 위해 전력투구하시는 것을 우리가 성육신에서 이해해야 하는 방식과 이해해서는 안 되는 방식을 설명하려 한다. 하나님은 하나님이시기에 인간이 초래한 혼란을 무효로 하고 백지 상태에서 다시 시작하시는 것이 쉬울 것이라고 우리는 흔히 추측한다. 또한 어떤 사람들은 성육신을 다음과 같이 취급한다. 즉, 예수님의 인성은 상대적으로 우리와 공통되는 부분이 적고, 우리와 달리 그분의 인성은 저항과 뿌리 깊은 약점에도 상처를 입지 않는다고 생각한다.

이러한 입장의 결과는 예수님을 우리에게서 멀리 떨어진 존재로 만든다. 예수님은 "육신을 입으심"으로써 다가오시지만, 아주 가까이 오시지는 않은 듯하다. 예수님은 인간이 **되는** 것이 어떤 것인지, 죄에 물든 세상에 사는 것이 어떤 것인지, 우리처럼 세상의 다양한 비극적 약점과 싸워야 하는 것이 어떤 것인지를 끝내 알지 못하시는 분으로, 우리에게서 멀리 계신 것처럼 보인다. 그리고 이런 사실은 예수님이 말씀하시는 "순종"을 다소 부끄러운 것으로 만든다.

4세기 기독교 교부 시대에 이런 염려를 간결하게 요약한 뛰어난 헬라어 문구가 있었다. 그들은 주장하기를, 성육신에서 "그리스도께서 취하지 않은 것은 치유되지 않는다"고 했다. 이것을 긍정적으로 달리 표현하면, 하나님이 깨어진 우리 인간성을 변모시키기 위해서는 문제 없는 인간성을 "취하시는" 대신, 오히려 그 망가진 인간성 전체를 붙잡으셔야 했다는 것이다.

물론, 예수님은 중요한 면에서 다른 모든 인간과 다르셨다. 그러나 그 이유는 친히 택하신 예수님의 인성이 우리 모두가 투쟁하는 근본적인 상황에 처하지 않으셨기 때문이 아니라, 이 근본적인 투쟁 상황에서 예수님은 순간순간의 성령충만한 순종을 통해 그 상황을 만회하셨으며, 십자가와 부활에서 절정에 이른 끝없는 찬양과 예배의 헌신으로 자기의 인성을 하나님 아버지께 드렸기 때문이다. 그래서 우리는 예수님이 "죄가 없으셨다"는 진리 때문에 그분이 "모든 일에서 우리와 같이 시험을 받으셨다"는 똑같이 중요한 진리가 퇴색하게 해서는 안 된다. 그렇지 않으면, 우리는 예수님의 인성이 나타내는 다름이라는 것이 이 구원의 힘을 약화시키는 위험에 빠진다.

예수님은 육신의 모든 제한 요소와 내재하는 결점과 더불어 우리의 "육신"을 입으신다. 그리고 성령충만함으로 "영감 받은" 예술성의 작업을 통해, 그 육신을 변화시켜 원래 창조자가 항상 의도하신 영광스러운 상태로 되돌리신다. 이 단계에서 창조, 구속, 재창조는 똑같이 거룩한 시인의 행위로 섞이게 되었다.

예술이 대화로 생각되거나, 심지어 세상에서 하나님의 창조 행위를 공유하는 것으로 생각된다면, 예술과 도덕은 오히려 일찌감치 직면해야 할 문제이다.

달리 표현하면, 여기까지 살펴본 우리의 설명에서, 어떤 종류의 창조적 작품들이 하나님의 창조적 말씀과 적절하게 일치하거나 일치하지 않을 것인가?

이 질문에는 여기에서 우리가 답변할 수 없다. 다만 우리는 예술과 기독교의 어떤 신학적 전망에 의미를 두고 있기 때문이다. 이것은 다른 질문과 연결된다.

다시 말해, 자연이 최초로 준 것 이상으로 예술이 돌려주는 방식, 즉 변형 가능한 예술의 차원이 예수님 안에서 우리의 깨어짐과 타락한 인성과 세상의 속량이나 변화의 주제는 서로 어떻게 이해되어야 할까?

세상에 대한 우리의 비전과 반응을 변화시키는 예술의 능력을 통해, 예술 자체에 하나님의 그런 속량 행위를 공유하거나 그 행위에 일치하는 의미가 담겨져 있을까?

이런 질문들은 중요하지만, 이 장의 영역을 벗어난다. 하나님의 말씀이 예수님 안에서 육신을 입고 우리 가운데 인간으로 거하셨음을 인식하는 것은 분명 예술의 의미와 창조성의 설명에서 물질적인 것을 경시하는 문제를 발생시킨다. 창조적 조정과 변형을 통해 자연이 하나님의 말씀과 거주의 현장이 된다면, 자연이 열등해서 **예술적** 의미를 산출할 수 없다고 주장하기는 어렵다.

예술이 그 물질성에 속박되지만 동시에 초월한다는 방식들에 대한 사고는, 예수님 안에 있는 우리가 단순히 순수하게 인간의 범주라는 의미를 넘어서 완전한 인간과 관계를 맺고 있다는 의미를 깨닫게 한다. 즉 전통적인 용어로 말하자면, 우리는 완전한 하나님이자 완전한 인간이신 분과 관계가 있는 것이다.

4) 오직 인간만이?

기독교 전통에서 예수님의 인성은 때로는 "신성"으로 표현되는, 하나님이신 예수님의 존재와 늘 조심스레 구별되었음이 분명하다. 이를 혼동하는 것은 창조주와 피조물의 한계를 흐리는 위험한 일이 될 것이다. 그러나 마찬가지로 그리스도의 인성과 신성을 나누는 것은 전통적으로 명백히 거부되었다. 전통적인 주장에 의하면, 하나님은 자연과 역사 속에 실제로 현존하시며, 그분의 초월성은 전적 타자로서가 아니라(일반적으로 세상에 대한 하나님의 현존을 설명하는 방식) 인간 존재에 대한 것이다.

이것은 중요한 주장이다. 왜냐하면 성육신 존재는 하나님이 자신의 창조물과 구별되는 한계를 넘어 하나님 그분만의 존재 방식인

성부, 성자, 성령으로 실제 피조물의 영역으로 내려오셨다는 주장이기 때문이다. 뿐만 아니라, 갈라디아서 본문을 상기한다면, 이렇게 하심으로써 하나님은 피조물인 우리를 초청하시고 인도하셔서, 인간됨을 멈추지 않고 이 거룩한 함의의 모체(matrix)를 공유하게 하셨다.

기독교 소망은 물질성을 회피하는 것이 아니라, 몸의 부활을 약속하는 **새 창조**를 고대하는 것임을 기억해야 한다. 하나님이 자기 창조의 물질적 차원을 얼마나 중시하고 완전케 하시는지에 대한 분명한 암시와는 별도로, 이 몸에는 여전히 우리가 심사숙고할 육신과 의미심장한 관계에 대한 심오한 암시들이 있으며, 이런 암시들은 다른 어떤 것만큼이나 예술적 의미와 관련 있고, 아마 그 이상의 의미도 가진다는 것이다.

우리는 여기에서 유사성이 어디에 있고 없는지 조심스레 살펴야 한다. 그리스도의 "신성"이 예술의 영적 차원이나 다른 초감각적 차원 같은 범주에 속한다는 분명한 제시는 없다. 성경 용어로 인간의 "영"(spirit)은 이사야 선지자가 우리 몸이 "풀과 같은" 존재라고 언급한 그 "육신"(flesh)의 한 부분이다.

그럼에도 불구하고, 모든 육체적 정신적인 면에서 하나님이 "육신"을 입으셨다는 주장은, 이런 물질적인 것으로는 의미를 내포할 수 없으며 또한 의미 있는 장소나 무대도 될 수 없다는 직설적인 반론을 동반한다. 이 점을 고려할 때, 역사 속으로 등장한 예수님의 몸과 그의 실존은 세상에서 하나님의 자기계시의 중심이면서 무대이다.

우리는 이것을 분명 우리에게 가장 높은 수준의 의미로 간주해야 하지 않을까?

　물론, 예술이 평범한 것의 변형을 통해 우리에게 보여주는 현현 (epiphanies) 속에서, 우리는 물리적 수준이나 역사적 수준에서 우리에게 표현하는 것 이상(more)을 알 수 있다. 예술적 상상력의 눈은 육신의 눈이 보는 것보다 더 많은 것을 보며, 예술적 상상력의 귀는 더 많은 것을 듣는다.

　여기서 콜링우드와 칸트는 우리가 관심을 가져야 할 적절한 주장을 펼친다. 우리에게 평범하게 제시된 것보다 많은 것을 보거나 듣거나 느끼지 않는다면, 우리의 예술적 상상력은 도움이 되지 않으며, 우리는 시(詩)적인 현존을 놓치게 된다는 것이다. 그러나 중요한 것은 이런 동일한 눈과 귀는 실제 표현된 것보다 덜 보거나 덜 듣지 않으며, 눈과 귀가 보고 듣는 것은 거기서 파악되어야 하는 것 이상 (more)과 밀접한 관계가 있다.

　예수님이 "인간의 형상을 하신 하나님"이라는 주장은 똑같이 치명적인 두 방향 중 하나로 쉽게 오해받을 수 있을 뿐더러, 그렇게 오해받아 왔다. 때때로 우리는 예수님 안에서 발견하는 것을 하나님의 "축소판," 즉 거룩한 존재의 원형을 인간 실체의 형상으로 바꾼 것으로 생각해왔다. 얼핏 보면, 이것은 합리적인 추측이다. 다른 방식으로는, 하나님이 누구신지를 알 수 없는 사람들이 그분을 알 수 있게끔 성육신으로 자신을 내어주셨다는 것이다. 이것은 결국 믿음으로 붙잡아야 할 성육신의 기본 교리이다.

　그러나 이것이 전부라고 오해하지 않는 것이 중요하다. 하나님이 예수님으로 알려지도록 자신을 내어주신 것은 단순히 인간 수준에서 "육신"의 모습을 볼 수 있도록 하신 것이 아니다. 간혹 신학자들은 그렇게 추정했으며 결과적으로 예수님의 인간적 특성이 나타나는 그분의 가르침, 그분의 행위에서 하나님의 "계시"를 찾아냈다.

　이 모든 것이 중요하지만, 그것들은 궁극적인 것이 아니라 다만 하나님 스스로 우리에게 주신 것에서 한 단계 아래에 속하는 것들이다. 하나님이 우리에게 주신 것은 예술이 궁극적으로 그 물질적 표현을 초월하는 것과 유사한 방식으로 예수님의 역사적 존재를 초월한다. 왜냐하면 하나님은 현세적 현상에 잡혀계실 수 없으며, 또한 그리스도 안에서 자신을 주셨기 때문이다. 즉, 아들을 통해 성령의 능력으로 하나님을 우리의 아버지로 "알게" 하시고, 개인적 관계를 맺게 하신 분이 하나님이시다.

　이것은 이미 복음서에서 분명하게 나타난다. 현재까지, "혈과 육"은 평범한 관객들에게 예수님의 진정한 신분의 비밀과 중요성을 드러내기에 충분치 않다. 보고, 듣고, 심지어 만지는 사람들도 있으나, 그들의 눈은 진리를 보지 못한다.

　인간의 몸을 입으신 하나님의 비밀이 역사 속에 자리한 육체적 평범성에 머물 수 없듯이, 예술 작품의 의미도 현상 분석에 대한 용어 이상의 것으로 설명되어야 한다. 이 두 가지에 필요한 것은 첫눈에 경험적인 것 이상의 것을 볼 수 있는 시각적 통찰력이다.

5) 생명의 말씀 만지기

　기독교 신앙이 예수님의 인성 **이상**의 것을 파악한다 해도, 분명 그것은 그 이상도 **이하**도 아니다. 수 세기에 걸쳐 기독교 신학이 배워온 것은, 성경 말씀에 관련된 예수님의 구체적인 특정 사역으로부터, 그리스도 안에 담긴 하나님의 자기계시를 추상화하려는 시도가 무익하고 위험하다는 것이다. 기독론은 너무 자주 성경 말씀의 범위를 벗어났으며, 대신에 일반적으로 인간("인성")에 관한 일련의 "영적" 진리만을 선택해왔다. 그 결과 예수님의 특성, 행위, 그리고 수난은 대개 하나님과 인간 둘 다를 이해하는 데 큰 영향력을 발휘하지 못했다.

니케아 신조는 하나님의 아들 예수님이 하나님 아버지와 **동일본질**(*homoousios*, 호모우시오스)이라고 주장한다. 이 확고한 주장은 바로 이 특별한 혈과 육의 현존이, 자신을 계시하기 위해 하나님이 내어주시는 중요한 사건 전체의 필수적인 부분임을 암시한다.

> 나로 말미암지 않고는 아버지께로 올 자가 없느니라(요 14:6).

요한일서의 서두 구절에 마찬가지로 중요한 주장이 있다.

> 태초부터 있는 생명의 말씀에 관하여는 우리가 들은 바요 눈으로 본 바요 자세히 보고 우리의 손으로 만진 바라(요일 1:1).

따라서 성경에서 말씀하는 예수님의 이야기 속에 근거하거나 연관되어있음을 확인할 수 없는 기독교의 하나님, 즉 하나님의 아들에 관한 이런 주장은 큰 의심을 가지고 다루어야 한다.

만지고, 듣고, 보는 것을 위해 하나님이 은혜로 우리 가운데 자리하셨음이 뜻하는 것은, 이 동일한 "물질적"이고 역사적인 현현이 항상 우리가 다시금 그분을 알고 충분히 알기 위해 거듭 노력하는 자

제1장 예술을 통하여: 진리를 듣고 보고 만지기 55

리가 되어야 한다는 것이다.

　모차르트의 음악을 끊임없이 접하지 않는 한, 우리는 그의 예술성을 감상할 수 없다. 반면에 끊임없이 접하면, 우리는 그 소리 이상의 것을 감상하면 했지, 덜 할 수는 없을 것이다. 우리가 생각해야 할 "육" 이상의 것이 있을 때, 우리가 각 본질의 중요성을 놓치지 않으려 한다면 두 개의 단계(육과 영)는 틀림없이 분리되지 않고 결합될 것이다.

제2장

문학을 통하여: 그리스도와 언어의 구원

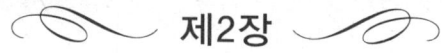

말콤 귀트(Malcolm Guite) 박사
영국 Anglia Polytechnic University 교목

말씀이 인간이 되었다고 주장하는 것은 말씀이 언어의 사용자가 되었다고 주장하는 것이다. 성육신 가운데 인간의 언어가 취해졌고 또한 변형되었다. 말콤 귀트는 현대 문학의 다양한 작품들과 대화하면서 문학의 언어가 직접적으로 이야기하고 표현하는 힘뿐만 아니라 문학의 언어가 일으킬 수 있는 구속의 방식(the redemptive way) 덕분에 어떻게 문학이 성육신의 신비를 이해할 수 있는지를 설명한다.

언뜻 보기에 **문학 예술** 형식을 통해 성육신의 신비에 접근하는 것은 내적 모순처럼 여겨질 수 있다. 왜냐하면 우리의 글짓기가 가진 부적절함과 종교적 이야기가 가진 부분적 진리와 모호함이, 영원하신 하나님의 말씀 안에서 만나고 판단되기 때문이다. 그 말씀은 단번에 그리고 모든 것을 위해 말씀하신 것이다. 하나님의 영원한 말씀은 최종적으로 시간 속에서 말씀하셨고, 인간의 언어로만 말씀하지 않고 "육신"(flesh)으로도 말씀하셨다.

> 말씀이 육신이 되어 우리 가운데 거하시매(요 1:14).

에드윈 뮤어(Edwin Muir)는 하나님에 관한 많은 말을 지속하는 우리를 질책하는 의미로 말씀이 성육신했다고 자신의 시, "성육신하신 분"(The Incarnate One)에서 아주 강하게 표현하고 있다. 뮤어는 이 감동적인 시의 잊을 수 없는 시행을 통해 그가 젊은 날에 접했던 설교자들을 비난한다.

> 어찌 우리 인류가 배반할 수 있는가?
> 그 형상과 성육신하신 분을, 없앨 수 있는가?
> 우리를 위해 이 형상과 모습을 선택하신 그분을
> 그 말씀이 육신이 되었고 다시 말이 되었네
> 방탕하고 오만한 부패 속에 말이 된 말씀.[1]

문학을 통해 성육신 신학에 접근하는 방법을 설명하려면, 에드윈 뮤어가 지적하고 있는 위험성을 인정하면서 시작해야 한다. 이 시에서 뮤어가 계속 지적하는 것은 "신비"가 꼼짝 못하고 "사상 논쟁으로 방향이 틀어져 버리는 위험성"이다. 하지만 뮤어가 이런 위험성을 인정하라고 우리를 설득하지만, 우리는 역설을 의식한다. 이 역설은 이 시(詩)가 육신이 되신 말씀에 대한 아름다운 양식의 언어

---

1 Edwin Muir, *Collected Poems* (London: Faber, 1960), 228.

라는 점이며, 신비의 방향을 틀거나 꼼짝 못하게 하기는커녕 신비의 깊이를 더하고 자유롭게 한다는 것이다.

이 시(詩)를 읽음으로 다시 신비의 언저리로 도달한다. 뮤어는 불을 가지고 불과 싸우고 있다. "생명 없는" 관념적인 어떤 신학은 성육신하신 말씀으로부터 사람들을 소외시키는 방식으로 언어를 사용했기 때문에, 이제 예술가의 임무는 언어를 회복하고, 상상력이 모자란 언어가 파괴한 것을 상상의 언어를 사용하여 복구하는 일이다.

전체적으로 이 장의 글은 뮤어의 시와 함께 시작해서, 어떻게 뮤어의 예술을 통해 아주 친숙한 신학을 새롭게 상상할 수 있는지를 보여 줄 것이다. 이어서 우리는 뮤어의 시를 예로 들어, 시에 분명히 드러나는 원칙들이 어떻게 더 넓은 범위의 문학에도 적용될 수 있는지 검토할 것이다. 이에 힘입어, 우리는 이런 문학을 하나님의 성육신의 신비를 설명하거나 이해하는 수단이 아니라, 오히려 우리 스스로와 세상을 더 깊이 이해할 수 있는 수단으로 보게 될 것이다.

성육신하신 분

바람 없이 북쪽에서 솟아오르는, 갈매기의 외침
그리고 황량한 언덕을 덮는 칼빈의 교회
나는 생각하네 토스칸(Tuscan) 목자 조토(Giotto)의 꿈을
내밀한 날의 그리스도, 인간과 피조물을
어찌 우리 인류가 배반할 수 있는가?
그 형상과 성육신하신 분을, 없앨 수 있는가?
우리를 위해 이 형상과 모습을 선택하신 그분을.

그 말씀이 육신이 되었고 다시 말이 되었네
방탕하고 오만한 부패 속에 말이 된 말씀
철 펜을 든 왕 칼빈을 보라
그리고 책에 있는 하나님의 진노의 편지 세 통과
저기 논리의 갈고리를 보라
그 위에 꼼짝 못하게 된 신비가
사상의 논쟁이 되고 있네.

인간의 타고난 혀 안에 더 나은 복음이 있네
그리고 더 참된 시각은 율법밖의 그들의 것이었네
십자가의 먼 발치를 보았던
고대의 두려움에 사로잡힌 태곳적 사람들은
경외감 없이 보았네
황량한 언덕 위 십자가 나무를
거기서 한분 하나님이 고통당하고 죽으셨음을 알지 못한 채.

성장하며 뼈만 남은 언어는 우리를 무너뜨릴 것이네
이단과 기독교인도 마찬가지로 추락하리
징조가 말하네, 백인과 흑인과 황인
즐거운 자와 슬픈 자, 이론가, 사랑하는 자 모두
보이지 않게 서서히 무너질 것이라고
추상의 재앙, 구하라 그들을
추상적 인간 위에 제국을 세울 수 있는 자들을.

산들바람이 불고 내 생각은 모두 흔들리네
바다까지 흘러가 잃어버렸네. 그러나 나는 잘 아네
생명 없는 언어가 자신을 위해 싸울 것임을
보이지 않게 뇌와 신경과 세포 안에서
여러 세대가 증언하네
그들의 각각의 이야기를, 그분은 훨씬 멀리 가셔야 한다고
신기루와 살인적인 폭설을 넘어서.

이것은 아름답고 충격적인 시(詩)이며, 시적 화려함으로 멋지게 새로 포장된 정통(Orthodoxy)을 찾고 있는 사람이라면 다른 것을 살펴야 할 것이다. 그러나 기독교인들, 특히 말씀을 전하거나 나누도록 부름 받은 사람들은 믿음 "밖에" 있는 사람들이 말씀의 신비를 마주하게 될 때 특별한 관심을 가져야 하며, 우리의 정통이 그들에게 어떻게 들렸는지를 이야기할 때 잘 들어야 한다.

그러므로 신학자들은 자유를 주는 하나님의 은혜로 가득한 서재에서 칼빈을 읽을 때, 이 시를 칼빈에 대한 공격으로 보아서는 안 되고, 인간의 우아함과 아름다움을 의심하는 (차갑고 거칠며 장황한 교회에서 어린아이들이 경험하는) 정죄로 가득 찬 **칼빈주의 문화에 대한 비판**으로 보아야 한다. 이런 문화적 이해로 인해, 그리스도를 접할 수 있었던 많은 사람들이 기독교 정신과 그리스도조차 철저히 거부하게 되었을 것이다. 신학자들은 그들이 원치 않는 것을 제거하려다가 더 소중한 것까지 잃게 되었다.

그러나 뮤어는 그렇지 않다. 뮤어의 예술과 상상력은 "황량한 언덕을 덮는 … 교회" 문화와 그리스도의 의미심장한 "신비"를 구별한

다. 이처럼 뮤어의 시는 그 세 번째 연에서, 그가 거부하는 장황한 "사상 논쟁" 너머를 볼 수 있게 하며, 적어도 "더 나은 복음"의 가능성과 "십자가 먼 발치"를 어렴풋이나마 볼 수 있게 한다.

  인간의 타고난 혀 안에 더 나은 복음이 있네.

 이 구절은 저작 예술을 통해 신학을 하려는 사람에게 좋은 표어가 될 것이다. 이 시점에서, 시는 진정 "사상 논쟁" 같은 거부된 관념 언어에서 "황량한 언덕 위 십자가 나무"라는 구체적이고 단순한 이미지 쪽으로 움직인다. 말만 앞세우는 잘못된 신학은 신비를 파괴하고 시인의 경이감을 없애버렸으며, 이로서 시인은 "알지 못하는 것," "무지한 경외감"의 회복을 간구하기에 이른다.
 뮤어는 우리가 십자가 고통을 알기 전에 십자가의 그 모든 고통에서 육신이 되신 말씀을 보기 원하며, 그의 시를 통해 우리가 그렇게 할 수 있도록 도와준다. 뮤어는 성육신의 진리, 곧 "한분 하나님이 고통당하고 죽으셨다"는 충격적 진리를 부인하는 것이 아니다. 그는 "더 참된 광경"을 우리에게 회복시키기 위해 그 진리가 너무나 쉽게 관념적으로 서술되는 것을 막으려 한다.

  그리고 더 참된 시각은 율법밖의 그들의 것이었네
  십자가의 먼 발치를 보았던
  고대의 두려움에 사로잡힌 태곳적 사람들은
  경외감 없이 보았네
  황량한 언덕 위 십자가 나무를

거기서 한분 하나님이 고통당하고 죽으셨음을 알지 못한 채.

신학을 알지 못하는 무지 때문에, 역설적으로 뮤어는 경외감으로 성육신의 진리를 얼핏 살피는 사람들을 상상으로 묘사한 다음, 육신이 되신 아름답고 신비한 하나님의 말씀과 인간이 지어낸 "뼈만 남은 언어"를 계속해서 대비해 나간다.

성장하며 뼈만 남은 언어는 우리를 무너뜨릴 것이네
이단과 기독교인도 마찬가지로 추락하리.

뮤어가 우리에게 경고하는 것은 우리 육신의 부인, 우리 인간 모습의 거부, 생명에서 혈과 육이 없는 말씀으로의 도피, 그가 "추상의 재앙"으로 묘사하는 도피와 거부다. 성육신하신 그리스도께서 우리를 구원하시는 것은 바로 이 타락과 지옥에서이다. 육신으로부터의 구원이 아닌, 육신의 구원이다. 위험은 성육신하신 그리스도를 거절하고, 그분의 구원 사역의 다른 모습인 혈과 육이 없는 그들의 주장을 선호하는 신학자들과 이론가들에게 있다.

이 시(詩)에서, 하나님의 성육신은 온 인류의 육신과의 접촉점이다. 우리는 우리 육신으로 살고 또한 우리 육신으로 하나님을 만나도록 부름 받았다. 뮤어는 이 시를 우리가 성육신하신 존재를 배신하고 절망하는 데서 끝내거나, 우리 인간 모습마저 거절하는 데서 끝낼 수도 있었을 것이나, 그리스도의 행위로 돌아가는 데서 끝낸다. "우리를 위해 이 형상과 모습을 선택하신 그분," 곧 성육신하신 존재는 시의 끝에서 "신기루와 살인적인 폭설을 넘어서" 가신다.

이 마지막 이미지는 성육신을 그리스도의 탄생과 생애에서 독특하고 완전하게 발생한 것이 되게 한다. 그러나 다른 의미에서, 그리스도께서 인성을 전혀 무시하지 않으셨기 때문에, 우리를 향한 그의 여정에서 성육신은 여전히 발생한다. 십자가의 저 먼 곳에서 그분의 인성이 우리의 인성에 닿기까지, 성육신은 추상적 관념이라는 우리의 차가운 제국과 공허한 문화가 토하는 끝없는 신기루를 통과한다.

… 그분은 훨씬 멀리 가셔야 한다고.

이처럼 우리가 예술을 통해 새로이 신학하는 것이 중요한 한 가지 이유는 예술 안에 실체가 있기 때문이다. 우리가 아무리 시간과 감각의 영역을 초월하는 여러 다른 예술을 살펴도 그 시작과 끝은 항상 현재의 시간과 감각의 영역에 있다.

조각과 회화 같은 더 구체적이고 물리적인 예술처럼, 문학도 마찬가지다. 최초의 비전에서 이야기, 시(詩) 그리고 연극의 창조로 움직이는 것은 추상성에서 구체성으로, 무한에서 유한으로, 영혼에서 육신으로 움직이는 것이다. 이는 성육신을 향한 움직임이다.

관념적이거나 순간적 비전을 현대어라는 모호한 매체로 구체화하려고 노력함으로써, 우리는 상세하게 비전에 혈과 육을 입히도록 강요받으며, 육 없고 혈 없는 "사상 논쟁"이라는 "추상의 재앙"에서 벗어난다. 물론, 일단 이런 일에 개입하면, 우리의 움직임이 다른 방식에 있음을 발견하게 된다. 즉, 우리가 씨름하고 있는 매체의 "개별성 특성"은 우리가 구현하려고 노력했던 "추상적 진리"에 대하여 무엇인가를 우리에게 가르칠 수 있다. 그것은 언어 자체일 수 있다. 말을 통한 소통의 가능성은 영원한 말씀의 성육신에서 소통이라는 태곳적 행위를 증거한다. 이를테면, 복잡하게 연결된 언어로 우리 자신의 생각을 구체화하려는 노력은 그리스도의 몸으로 오신 하나님의 말씀을 통한 표현으로 확인된다. 그런 의미에서, 자의식 강한 무신론자를 포함하는 모든 문학 예술은, 의식적이든 무의식적이든, 어떤 점에서는 성육신 신비의 모형과 확증이다.

이것은 또한 우리가 알고 있는 것을 표현하려는 시도를 통해 배우게 되는 방식도 알려준다. 우리가 사용하는 말은 우리보다 오래되었고 지혜롭기 때문이다. 신비로운 언어의 선물로 구체화된 우리 사고는 형성되는 순간 우리에게서 숨겨진 진리를 드러내는 방식을 따라 우리에게 되돌아온다. 히니(Heaney)의 시, "개인적 헬리콘"(Personal Helicon)[2]에서 묘사된 우물의 메아리처럼, 작곡 행위는 "그 안에 담긴 깨끗하고 새로운 음악과 함께 당신의 부름을 돌려준다."

그러므로 성육신 자체에서, 예를 들어, 말씀이 육신이 될 때, 그것은 단순히 구약성경에서 하나님에 관해 이미 알려졌던 것을 완벽하게 표현하거나 반복하는 것이 아니라, 다른 어떤 방법으로도 드러날 수 없는 것들을 우리에게 가르치시고, 바로 그 육체를 매체로 사용하시는 하나님이 누구신지를 드러낸다.

이 장의 나머지 부분에서, 성육신의 신비가 상상적 언어의 신비와 밀접하게 관련되며, 이 언어를 통해 성육신의 신비가 탐험될 수 있는 기본적인 두 방향을 끄집어내고자 한다.

첫 번째 방향은 자궁과 유아기를 통해, 구체적으로 학습된 언어

---

2 Seamus Heaney, "Personal Helicon," in *Death of a Naturalist* (London: Faber & Faber, 1969), 57.

와 전통의 수단 그리고 집단을 통해 살아 움직이는, 그리스도 성육신의 독특성과 관련이 있다.

두 번째 방향은 베들레헴에서 그분이 취하신 것은 일시적으로 한 개인의 몸이 아닌, 온 인류의 몸이었다는 것과 관계가 있다. 그리스도께서는 둘째 아담이시며, 그분의 성육신에는 우리의 육신과 온 인류의 육신이 포함된다.

1. 그리스도 성육신의 독특성

나는 성육신의 독특성이 없다면 그리스도께서 온 인류의 몸을 취하시는 두 번째 방향은 전혀 사실이 아니라는 주장으로 시작한다. 먼저 그리스도의 연약함과 그분이 배워야 할 필요성 그리고 특히 언어를 배워야 할 필요성에 주목할 것이다. 그냥 말이 아닌 말씀이 육신이 되셨으며, 하나님의 충만하심이 기꺼이 거하려 하신 곳은 특별히 우리 인간의 육신이었다.

영어에서 인간을 나타내는 가장 오래된 말은 "기록의 담지자"(record-bearer)이거나 "말의 담지자"(word-bearer)이다. 육이 있는 모든 피조물 중 특별히 우리에게만 말이 있다. 인간에게 언어의 신비와 은사가 맡겨졌다. 우리의 언어는 세상과 우리 스스로에 관한 지식뿐만 아니라 우리 존재 자체와도 밀접한 관련이 있다.

우리 존재와 지식이 부패하고 타락한다면, 마찬가지로 우리의 언어 또한 부패하고 타락하며, 우리 존재의 깊은 곳에 우리의 구원이 있다면 언어 또한 틀림없이 회복된다. 육신을 입지 않는 것은 구원받지 못한다. 그러므로 성육신의 의미는 부분적으로, 언어를 배우고 사용하고, 육신을 취함에서 **언어를 구원할** 존재로 이 세상에 오시는 "말씀"의 이야기이다.

언어를 잘 사용하고, 언어를 씻어 맑게 하고, 언어를 지속적인 세상 세력의 속박과 남용에서 구원하려는 문학의 관심은, 말씀이 말의 사용을 배워야 하는 존재로 태어날 것을 택하신 하나님의 구원 목적과 밀접한 관계가 있다.

우리가 앞으로 보겠지만, T. S. 엘리엇(T. S. Eliot)의 시로부터 오웰(Orwell)의 소설을 거쳐 조지 스타이너(George Steiner)와 그외 사람들의 비평 이론까지, 20세기 문학은 압제와 선전의 시대에서 특히 말의 비하와 구원 문제와 중요한 관련이 있다. 하나님의 말씀이 어떻게 인간을 구원하게 되었는지에 관한 이야기는 말이 아닌 침묵과 더불어 시작한다. 성육신의 가장 심오한 역설은 그리스도의 자기비움과 그분의 무능력의 능력 그리고 그분의 연약함의 강함이다.

17세기 설교자 랜슬럿 앤드류스(Lancelot Andrewes)는 말씀이 아기(infant)가 될 수 있다는 관점에서 이상한 모순을 포착했다. **베르붐 인판스**(*verbum infans*)[3]라는 라틴어에서 **인판스**(*infans*)는 "말 없음"을 뜻한다. 앤드류스는 놀라서 외친다.

"한마디도 없는 말씀, 영원하신 말씀이 한마디도 하실 수 없도다!"

그리스도께서 매맞으심으로 우리 상처가 낫듯이, 중심이 빈 우리의 수다가 구원받는 것은, 그분의 **말 없으심**으로 세상을 지탱하시는

---

[3] Lancelot Andrewes, *Works*, Vol. I, ed. Wilson and Bliss (Oxford: John Henry Parker), 204. 1618년 성탄절 설교에서.

말씀이 숨겨진 중심이 되시지만, 그럼에도 여전히 말하기를 배우셔야 하는 그리스도를 만남으로써 이루어진다. 특별히 잃은 것의 구원과 관계가 있는 "재의 수요일"(Ash Wednesday)에서, 엘리엇은 앤드류스의 "말 없는 말씀"이라는 구절을 인용하여 이렇게 전개한다.

> 잃어버린 말이 잊혀지고, 사용된 말이 소멸한다면
> 들려지지 않고, 발설되지 않은 말씀이
> 발설되지 않고, 들려지지 않는다면
> 여전히 발설되지 않은 말, 들려지지 않은 말씀은
> 한마디 말이 없는 말씀, 그 말씀은
> 세상 안에 있고, 세상을 위해 있다.
> 그리고 그 빛은 어둠을 비췄고
> 말씀에 반역하는 불안한 세계는 여전히 소용돌이쳤다
> 침묵하는 말씀 때문에.[4]

이런 관점에 관한 엘리엇의 많은 시, 특히 "황무지"(The Wasteland)와 "공허한 인간들"(The Hollow Men)은 우리 자신, 우리 세상, 우리 말 사이의 괴리감의 관점에서 우리가 잃은 것에 대해 많은 관심을 가지고 있다.

이런 이유로 이런 상실감의 복판에서 침묵하는, 숨겨진 중심을에 대한 엘리엇의 발견은 큰 영향력을 가진다. 그는 심지어 말씀은 발설되지 않고 스스로 말할 수 없을 때에도 권세가 있음을 안다. 말

---

[4] T. S. Eliot, *Collected Poems* (London: Faber & Faber, 1963), 102.

씀은 그럼에도 계속해서 세상 안에 그리고 세상을 위해 있다. 여기서 중요한 것이 "안에서"인 이유는 공허한 사람들의 악몽 같은 추측에 직접 응답하는 것이 이 말이기 때문이다. "공허한 인간들"은 중심에는 아무 것도 가지지 못했으며, 의미 없는 소리를 내는 것 외에 그들이 할 수 있는 일은 아무 것도 없다고 묘사된다.

> 우리의 메마른 목소리는
> 우리가 함께 속삭일 때
> 조용하고 의미 없다
> 마른 풀 위를 스치는 바람이나
> 건조한 지하실에서
> 깨진 유리 위로 기어가는 쥐들의 발처럼.[5]

"재의 수요일"에서, 공허한 인간들은 또 다른 건조한 지하실에서 다른 것들처럼 텅 비어 있는 것을 찾기를 기대하며 우연히 그 구유를 발견했다. 그러나 그들이 말 없는 아기에게서 발견한 것은, 그들을 포함한 만물에 중심, 안정성 그리고 일관성을 주는 말씀이었다. 이 말 없는 말씀은 어둠에서 빛나는 빛이며, 그 존재 없이는 어떤 것도 움직일 수 없는 소용돌이치는 세상의 침묵하는 중심이다.

> 그리고 그 빛은 어둠을 비췄고
> 말씀에 반역하는 불안한 세계는 여전히 소용돌이쳤다

---

5 Ibid., 89.

침묵하는 말씀 때문에.[6]

예수님은 성장하시면서 언어를 습득하시고 언어를 포함한 만물을 구원하시는 위대한 일을 하시면서, 시작과 끝이 있는 사건의 단위처럼 자신의 영원하심을 시간 속 언어로 표현하셨다. 우리는 그분 안에 근원과 중심으로 존재하신 그 말씀을, 그분이 습득하신 특정 언어를 사용하여 형태와 의미를 부여하실 때 경험할 수 있게 된다. 우리가 이것을 강하게 느낄 수 있는 것은 성전에 머무는 어린아이의 모습을 누가가 전할 때이다.

> 사흘 후에 성전에서 만난즉 그가 선생들 중에 앉으사 그들에게 듣기도 하시며 묻기도 하시니 듣는 자가 다 그 지혜와 대답을 놀랍게 여기더라(눅 2:46-47).

이 일을 목격한 사람들은 예수님 이야기 속의 모든 말을 뒷받침하는 "말씀"의 잠재력, 즉 지으신 이의 권위를 느끼면서 그의 "지혜와 대답을 놀랍게" 여겼다. 그러나 "선생들 중에 앉으사 그들에게 듣기도 하시며 묻기도" 하셨다는 것에 우리도 놀라야 한다. 예수님은 권위 있으신 분으로 말씀하시지만, 배워야 하는 어린아이로도 나타나신다는 성육신의 역설적인 양면을 누가가 보여주고 있기 때문이다. 성전에 몇 차례 나타나시는 그리스도에 대한 담론 전개를 통해, 누가는 그리스도께서 등장하실 때마다 그가 누구신지를 우리

---

6 Ibid., 102.

로 하여금 살필 수 있게 한다.

처음에 그리스도께서는 말 없는 아기로 성전에 오시지만 그럼에도 성령에 의해 그분이 어떤 분이신지를 볼 준비가 된 사람들에게는 어둠 속의 빛이 되심을 충분히 나타낸다. 그래서 시므온은 아기를 품에 안고 그 아기를 이방인을 비추는 빛으로 칭송한다.

그런 다음 한창 언어와 이성의 습득으로 활기 넘치는 설렘의 소년으로 성전에 두 번째로 오셔서 모든 질문을 받고 답변하시는 분, 곧 본질로서 말씀이신 그분 자신을 청중에게 나타내신다.

마침내, 성인이 되신 그분이 세 번째로 성전에 오셔서 어둠을 비추는 빛으로, 선생이신 말씀으로, 뿐만 아니라 기도의 집인 성전의 참된 주인이시면서 성전을 청소하시고 새롭게 하시고 구원하시는 권세 있는 분으로 자기를 친히 나타내신다.

> 성전에 들어가사 장사하는 자들을 내쫓으시며 그들에게 이르시되 기록된 바 내 집은 기도하는 집이 되리라 하였거늘 너희는 강도의 소굴을 만들었도다 하시니라 예수께서 날마다 성전에서 가르치시니 대제사장들과 서기관들과 백성의 지도자들이 그를 죽이려고 꾀하되 백성이 다 그에게 귀를 기울여 들으므로 어찌할 방도를 찾지 못하였더라(눅 19:45-48).

사람들은 예수님 말씀을 귀 기울여 듣는다. 인간이신 예수님이 장로들, 율법 교사들에게서 배워 사용하시는 언어는 신선하고 강한 영향을 준다. 어떤 점에서, 누가가 그리스도를 신랄하게 질문하는 지혜로운 소년으로 묘사하는 것은 부분적으로 성인으로 성전에 돌아와 그곳을 청소하시는 그리스도의 권위를 드러낸다. 누가복음을 비롯한 다른 복음서에서 아기와 어린 소년이 되신 그리스도를 강조하고, 어린아이와 하나님 나라에 관한 그리스도의 가르침을 강조한 것은 새로운 이야기(narrative) 문학 기법의 가능성을 일으켰다.

이는 실로, 어린아이 관점의 이야기라는 독특한 기독교 문학 형태가 되었다. 널리 알려진 사실이지만, 기독교 문화에서만 발견되는, 유년기에 대한 특별하고 특유한 의미를 다룬 이런 문학 형태를 발견할 수 없는 문화도 많다. 많은 문화권에서 어린아이는 어른의 축소판이거나 정말로 사람이 아닌, 다만 "잠정적" 성인으로 간주된다. 그러나 그리스도께서 어린아이를 가운데 세우시고, 다음과 같이 말씀하심으로 "어린아이"라는 말을 개선하시고 구원하셨다.

> 하나님의 나라가 이런 자의 것이니라 … 누구든지 하나님의 나라를 어린아이와 같이 받아들이지 않는 자는 결단코 거기 들어가지 못하리라(눅 18:16-17).

예수님은 또 언어를 구원하신다. 항상 가정에서 순종적인 자식들의 시중을 받으며 엄격하게 군림하는 사람을 뜻할 수도 있는 "아버지"라는 말의 의미가 구원되는 곳은, 권위를 아랑곳하지 않고 아직 멀리 보이는 아들을 맞이하러 달려가는 아버지의 놀라운 이야기(눅 15:11-32)에서이다.

이처럼 복음에 예시된 언어 구원 사역은 계속해서 오늘에 이른다. 엘리엇이 "리틀 기딩"(Little Gidding)에서 말하듯이, 퇴폐적이고 오용된 언어들을 찾아내 표준어로 회복시키는 것은 시인과 작가의 특별한 임무다.

> 우리의 관심은 말하는 것이었고, 우리는 말에 내몰렸네
> 종족의 방언을 정화하라
> 그리고 돌아보고 내다보라고 이성을 촉구하라.[7]

앞서 『네 개의 사중주』(*Four Quartets*) 중 "이스트 코커"(East Coker) 종결부에서, 엘리엇은 언어라는 매체로 의미를 표현하려는 예술가의 몸부림에 관해 언급한다. 엘리엇은 어떻게 이 일이 "잃어버린 것을 회복하려는 싸움"으로서 구원의 일부분에 속하는지 솔직하게 표현한다.

> 사람은 더 좋은 말만 습득하는 방식을 배워왔기 때문에
> 더는 말할 필요가 없는 것을 위해서는, 곧 그 방식으로
> 그것에 대해서 말하려 하지 않는다. 그래서 말할 때마다
> 새로운 시작이며, 어눌함이 급습한다
> 허접한 준비로 항상 악화되는
> 불확실한 감정의 총체적 혼란에서.[8]

작가들이 씨름해야 하는 것은 엘리엇이 "불확실한 감정의 총체적 혼란"이라 부른 것 그 이상이다. 이는 앞서 『네 개의 사중주』에

---

7 Ibid., 218.
8 Ibid., 202 이하.

서 엘리엇이 다음과 같이 표현한 문제와의 씨름이어야 한다.

> 말들은 경직되고
> 갈라지고 때로는 부서지네, 중압감 아래
> 긴장 속에, 넘어질 뻔하고, 미끄러지고, 사라지고
> 불확실함으로 썩어지네.[9]

가장 심각한 문제는 말은 자연히 퇴락할 뿐 아니라, 사악한 사람들 때문에 서서히 사라지된다는 것이다. 우리는 하나님과 멀어지고 사람끼리 멀어질 때 언어를 동원한다. 우리에 대한 다른 사람들의 권리 주장을 외면하려고 우리는 그들의 인간성을 축소하거나 무시하려 하며, 이를 위한 무기로 언어를 사용한다.

조지 스타이너(George Steiner)는 이 과정을 그의 에세이 모음집, 『푸른 수염 영주의 성』(*In Bluebeard's Castle*)[10]과 후기작, 『바벨 이후』(*After Babel*)[11]에서 호소력 있게 분석한다.

나치 지배하에서 유대인들의 인간성에 대한 권리를 축소하기 위해 "해충" 같은 말들이 어떻게 조직적으로 적용되었는지, 말살과 해충 방제 언어가 당시 죽음의 수용소 건립을 위장 묘사하기 위해 어떻게 사용되었는지, 우리는 모두 알게 되었다. 이것이 조지 오웰(George Orwell)의 『1984년』(*Nineteen Eighty Four*) 같은 소설의 본질

---

9   Ibid., 194.
10 George Steiner, *In Bluebeard's Castle: Some Notes Towards the Redefinition of Culture* (London: Faber & Faber, 1971).
11 *After Babel: Aspects of Language and Translation* (Oxford: OUP, 1998).

인 추락한 인간성에 붙잡힌 언어의 세력의 어두운 면이다.

표현의 가능성을 억압해서 사고를 통제하려는 바로 그 부정적인 목적에 대해 "신조어"가 증언하는 것은 잊혀졌거나 비하된 말들이 구원될 수 있는 환경에서 사고를 해방할 수 있다는 것이다.

스타이너도 오웰도 기독교 저술가는 아니지만 그들의 작품은 언어가 구원되어야 함을 입증한다. 실제로, 스타이너가 진지한 사고를 유도하는 그의 저서 『현존의 실재』(Real Presences)에서 계속해서 암시하는 것이 있다. 우리의 언어는 모두 쇠퇴하고 남용되었으나, 초월적 의미가 담긴 "말씀"만은 모든 다른 말을 초월하여 놀라운 은혜로 여전히 진정한 뜻을 구현할 수 있다는 것이다.

> 언어는 무엇이며 언어는 어떻게 작용하는지를 일관성 있게 이해하는 것 ⋯ 뜻과 느낌을 전달하기 위한 인간의 언어 능력을 일관성 있게 설명하는 것, 이것은 결국, 하나님의 존재를 추정함으로 보장된다.[12]

말씀이 육신이 되고, 하나님이 어린아이가 되신 것 그 자체가 "어린아이"라는 말을 부분적으로 구원한다면, 더 나아가 우리는 4복음서 저자의 모든 복음서의 이야기는 문학에서 재생의 시점을 나타낸다고 말할 수 있다. 복음서 기록 이전 시기에, 어린아이가 어른의 심판자와 선생이 되는 이야기는 고사하고, 어린아이의 관점이나 이해가 진지하고 중요하게 받아들여지는 이야기는 문학계 어디에도

---

12 *Real Presences: ls there anything in what we say?*(London: Faber & Faber, 1989), 3.

없었다. 복음서의 문학은 어린아이 관점의 이야기를 하게 했으며, 결국은 이런 이야기 기법을 통해 우리가 성육신을 더 깊이 알 수 있게 된 것이다.

예를 들어, 현대에서 하퍼 리(Harper Lee)의 소설 『앵무새 죽이기』(*To Kill a Mockingbird*)[13]의 특별한 힘은 이 소설의 화자가 어린 소녀라는 데에 있다. 뛰어나게 개방적이면서 편견 없이 비판적인 화자의 분명한 시선은 자신이 성장하는 문화에서 모든 것을 시도하고 시험한다. 아이가 이미 글을 읽을 수 있음을 확실히 알았음에도 자신의 교육 방식과 다르게 배웠다 하여, 아이에게 자신만의 학습 방식을 고집하는 교사에 대해 뛰어나게 설명하는 부분에서, 소녀의 분별력은 조심스럽고 해학적으로 묘사된다.

그러나 이는 단지 소설의 핵심인 진정한 불협화음, 곧 미국 최남단에서 주인공 스카우트(Scout)가 서서히 인식하게 되는 인종차별에 대한 조심스러운 서곡이다. 이것을 소녀에게 설명할 수 있는 사람은 없다. 어른들은 특유의 사투리로 서로 속일 수 있으며, 죄 짓고 타협하면서 살아가는 법을 배우고, 큰 불의를 용케 숨기는 것을 배웠다. 그러나 이것을 아이에게 설명할 수는 없다.

어떤 의미에서, "아이라도 그것은 알 수 있어"라는 문구는 이 소설의 열쇠이며 극적인 법정 장면의 열쇠다. 어른들의 지시를 어기고 법정에 몰래 숨어들어간 아이들은 그곳에서 "선하고 진실한 열두 사람"이 명백한 사실들을 부인하고, 단지 검다는 것 때문에 톰(Tom)이 유죄라고 밝히는 것을 지켜본다.

---

13 Harper Lee, *To Kill a Mockingbird* (London: Heinemann, 1960).

어른들은 방금 자신들이 얼마나 엄청난 거짓말을 했는지, 얼마나 심각하게 진실을 모욕했는지, 이해조차 할 수 없다. 그러나 언젠가 성전에서 계셨던 그리스도처럼 복도에 서 있는 아이들(소설에서 그들은 건물 윗층에서 차별받는 흑인들과 함께 재판 장면을 내려다 본다-역주)은 모든 사실을 있는 그대로 본다. 아이들의 균형감으로 측정된 우리의 부적절함이 드러난다.

2. 예수님의 인성과 우리들의 인성

하나님의 성육신 복음이 우리 언어 구사자들에게 처음 다가선 이후에 기록된 영문학의 전모를 훑어보면서, 우리는 성육신의 신비가 어떻게 문학 예술의 주제가 되었으며, 어떻게 작가들이 성육신의 신비를 통해 다른 주제를 살폈는지 알 수 있다. 이 장의 나머지 부분에서 우리는 어떻게 성육신이 문학이라는 렌즈를 통해 주목받았는지, 한두 가지만을 예로 들어 다루려 한다.

이번에 다루려는 그리스도 성육신의 두 번째 의미는 베들레헴의 구체성으로 설명이 안 되지만, 그럼에도 그것 때문에 그리스도께서 우리의 모든 인류를 구원하신다는 입장이다. 진실로 문학은 "세대에 걸쳐 그들의 개인적인 이야기를 하는"(뮤어) 예술 형태이므로, 특히 팔레스타인에서 단번에 자신을 내어주신 그리스도 이야기와 현재 우리 인류 안에 있는 그리스도 이야기를 연결하여 전개하고 심화하는 데 적합하다.

이런 이유로, 우리에게 성육신의 신비를 밝히는 것은 분명 기독교 문학만은 아니다. 우리가 어둠이나 절망의 길을 갈 때, 우리가 소망을 놓치지 않으려고 몸부림칠 때, 심지어 우리가 지속할 수 없지만 견뎌 나갈 때, 이 모든 일을 우리와 함께 감당하시는 분은 사랑의 화신(Love incarnate)이시다. 따라서 단지 인간 마음을 시간적으로 기술하거나, 보편적 인간 상태를 기술하면서 무신론자라고 주장하는 작가들도 우리에게 성육신을 가르치고 있다.

나는 기독교인이 되기 전, 사무엘 베케트(Samuel Beckett)의 저서들을 읽고 크게 감동했다. 특히 그가 저술한, 『베케트의 3부작』(The Beckett Trilogy)[14]에서 베케트는 소외와 지옥에 떨어지는 것, 감당할 수 없는 것을 홀로 감당하는 것을 절망적이지만 용기 있는 1인칭 시점으로 서술한다.

내가 기독교인이 되어 다시 이 책을 읽었을 때, "아, 이제는 더 잘 알겠어. 답을 찾았다"라고 말하지 않았다. 오히려, 이 현대판 광야의 대부 베케트가 나를 위해, 그리스도께서 십자가를 지심으로 구원하신 어둠을 더 세밀하게 표현했음을 느꼈다. 이 3부작을 마무리 짓는, "더 갈 수 없지만 나는 계속 갈 거야"[15]라는 말은 십자가에서도 하실 수 있었을 것이다. 성육신의 신비가 사실이라면, 이 말도 사실일 것이다.

복음서처럼, 요람 속 아이로 발견되어 세상에서 최악의 상황에 노출된 하늘 왕을 직접 다루는 문학이 있는 반면, 성육신 진리는 약간 덜 직접적 방법으로도 이해될 수 있다. 거지 몸 안에 숨겨진 왕을 묘사한 위대한 베들레헴 이야기가 한 번 전해지자, 이 이야기는

---

14 Samuel Beckett, *The Beckett Trilogy* (London: Pan, 1979).
15 Ibid., 382.

뒤따라 나오는 비슷한 특성을 담은 모든 이야기들에게 끊임없이 깊이와 공감을 더해주었다. 우리 시대의 많은 명작은 복음을 기억하여 그 빛이 안에서 점화되어 마침내 그 복음을 밝힌다.

셰익스피어의 『리어 왕』(King Lear)의 잊을 수 없는 장면을 예로 들면, 왕은 폭풍에 노출된다. 『리어 왕』에서 전개되는 여러 주제 중에 약자의 상황을 체험하는 특혜 받은 학습의 개념이 있다. 이는 사물을 밖에서 보는 것이 아니라 안에서 느끼는 것이다. 『리어 왕』에서 심한 폭풍은 인물들의 감정의 소용돌이를 밖으로 나타내는 요소일 뿐만 아니라, 어떤 점에서는 허례를 버리고 마음을 드러내는 정화의 요소이기도 하다.

이 모든 주제가 전환점으로 모이는 순간은 리어가 돌연 자기 집착과 자기 연민을 넘어 불쌍한 백성들과의 감정이입을 경험하는 때이다. 이때 리어는 자기 고통과 노출을 부인하고, 대신 그들을 자신의 통치에 필요한 요소로 받아들인다.

> 오나가나 너희 벌거벗은 가련한 것들아
> 이 무자비하게 쏟아붓는 험한 폭풍을 견디고 있으니
> 비를 피해 머리 둘 곳 없고 허기진 배를 움켜쥔 너희는
> 구멍난 누더기를 걸치고 어찌 이 험한 폭풍을 감당하려는가?
> 아, 이제껏 짐(朕)은 너무 무심했노라
> 부디 폭풍우 속에서 가난뱅이들의 어려움을 겪어보라
> 그리하여 넘치는 것을 그들에게 흩어 나누고

하늘은 보다 더 정의로움을 보여주리라.[16]

가난에 처하여 비천한 이들의 느낌을 몸소 체험하게 된 왕의 모습은 잠시 "인자는 머리 둘 곳이 없노라"는 그리스도 말씀을 반복한다. 여기서 "벌거벗은 가련한 것들"은 단순히 셰익스피어가 기독교 이전 시대의 가난한 영국인들을 상상하여 만든 대사도, 신 엘리자베스 시대 토지사유화 법령으로 땅을 빼앗기고 쫓겨난, 집 없고 굶주린 가난한 자들의 절망에 영감을 받아 만든 대사도 아니다.

오히려 보스니아와 코소보까지, 전쟁에 찢긴 아프리카까지, 그리고 죄 때문에 걸친 구멍난 누더기를 끌고 가는 희생자들이 있는 곳이라면 어느 곳까지라도 리어의 절규는 메아리친다. 자기 궁을 떠나 폭풍 속에서 비천한 것들의 느낌을 체험하게 된 이 가공의 왕 뒤에 서 있는 것은, 하늘 궁을 떠나 베들레헴에서 시작하여 십자가 체험을 마지막으로 그 여정이 끝난, 다른 왕이다.

우리는 셰익스피어가 이런 저런 기독교 비유를 의도했노라고 말할 수 없고, 말해서도 안 된다. 우리가 분명하게 말할 수 있는 것은, 셰익스피어의 예술과 상상력의 프리즘을 통해, 뮤어가 말하는 단지 육신 없는 언어로 남을 수 있었던 진리가 다시금 육신을 취했다는 것이다.

셰익스피어의 작품은 영문학 고전 작품의 역사적 작품의 한 부분에 불과하지만, 제1차 세계대전의 대학살에 뒤이은 새로운 사고와 저작 방식은 어떠한가?

이 새로운 사고와 저작 방식은 성육신 신비에 주목하는 것에 도

---

16 제3막, 4장, 28-36행.

움이 될 수 있을까?

『괄호에 넣어서』(*In Parenthesis*)는 이미 뛰어난 화가로 활동 중이던 데이비드 존스(David Jones)의 위대한 첫 문학 작품이다.[17] 1937년에 처음 출판된 이 글은 "참호 속 일상을 가장 생생하게 묘사"한 "영어로 쓰인 제1차 세계대전에 대한 가장 포괄적인 서사기록"으로 인정되고 있다.[18]

이 작품의 서문에서 T. S. 엘리엇은 『괄호에 넣어서』를 비범한 작품이라 칭했다. 그러나 이 무시무시한 전쟁을 통해 나온 여러 다른 비범한 작품과 이 작품이 구별되는 이유는, 동시대 사람인 윌프레드 오언(Wilfred Owen)이나 시그프리드 서순(Siegfried Sassoon)과 달리, 존스는 병사로 입대한 작가였기 때문이다. 평범한 보병의 입장에서 존스는 전쟁을 견뎠고 묘사했다.

캠버웰예술학교(Camberwell Art School) 생활에서 공포의 참호전으로 갑작스러운 변화에 몰린 존스는 이런 공포를 견뎌냄으로써 기독교를 깊이 받아들이게 되었다. 존스는 성례의 감춰진 존재로서 교회 성찬에서 찬양받는 그리스도의 성육신과 이 성육신의 주요한 하나의 결과로서, 상처받은 자들과 죽어가는 자들 안에 숨겨진 그리스도의 존재 등을 자신의 특별한 통찰력으로 연결시킨다.

조이스(Joyce)와 엘리엇이 개척한 모더니스트(modernist)의 기법인 암시와 병치를 사용하여, 잠정적으로 육신이 없는 성찬의 세계와 참호에서 그가 동료 병사들과 나눴던 피 흘림 없는 세상을, 존스는 한

---

[17] David Jones, *In Parenthesis* (London: Faber & Faber, 1937).
[18] Desiree Hirst, *The Chesterton Review*, XXIII (February/May 1997)의 "Private David Jones and Private Isaac Rosenberg" 139.

데 묶으려 한다. 밤을 이용해 전선까지 이동하는 병사들을 묘사하는 『괄호에 넣어서』 제3부는 병장의 명령이 아닌(이것은 나중에 나온다) 성 금요일 전례문과 함께 시작된다.

> 전진하라 … 빛이 없어도 … 그 앞에 몸을 굽히라 … 조용히, 즉시, 직급도 없이 그는 시작하네 … 낮은 소리로, 평소에 듣던 말을 빼버리고. 축복도 구하지 않고, 평화의 입맞춤도 없이 … 그는 홀로 노래하네.[19]

그 다음 병사의 움직임, 낮은 목소리, 장교의 말이 이어진다.

> 전진하라 … 계속 그들을 이동시키라
> 어서 … 우리는 결코 이르지 않네
> 형식 없는 솔직함이 침묵의 모습을 유지시켰고 의례적 언어는
> 새롭게 실제가 되었네.[20]

그리스도께서 병사들과 함께 전선으로 죽음을 향해 가시는 동안, 모든 점에서 그리스도의 수난을 나타내는 익숙한 성찬의 말은 새롭게 **실제**가 된다. 이 모든 것은 그의 책 제7부에서 우리가 책의 클라이막스를 경험하도록 준비시킨다. 곧, 돌격 명령을 받기 전에 고뇌하는 한 병사의 모습을 보며, 동시에 동산에서 고뇌하는 이 병사의

---

19 Jones, *In Parenthesis*, 27.
20 Ibid., 28.

구원자의 모습을 볼 수 있도록 준비시킨다.

> 아마 저들이 명령을 취소할 것이다 …
> 아니면 너는 다른 명령이 왔는지 여러 번 다시 읽어보라
> 너는 그 잔이 지나가지 않을 것이라고 믿지 않는다
> 아니면 그들은 더 나은 모습을 보이지는 않을 거야
> 그 동산에서
> 누가 결혼 선포에 이의를 제기하지 않을까?
> 아니면 하나님 자신이 그들의 손을 멈추시겠지.[21]

『괄호에 넣어서』에서 자기만의 고난이 아닌 그리스도 몸의 고난을 설명하려는 데이비드 존스의 구상은 자신의 후기 작품에서 세상에 대한 성육신과 성례의 심오한 비전으로 발전되었다.

테야르 드 샤르댕(Teilhard de Chardin)을 제외하면, 존스는 만물이 그리스도 안에서 만들어졌다는 교리와 과학이 오랜 시간을 두고 거론했던 지구의 발전 이야기 모두를 진지하게 받아들인 유일한 현대 작가일 것이다. 과학과 역사로 인해 발견된 외적 발전과 더불어 믿음으로 드러난 내적 일관성의 의미를 모두 담아내는 이중적 비전은 『아나스마타』(Anathemata)에서 함께 엮어지는데,[22] 오든(W.H. Auden)은 "영어로 쓰인 금세기의 가장 훌륭한 장편시일 것"[23]이라 말했다.

『아나스마타』에서 지구의 지질학적 형성과정과 인간이 되는 종의

---

21 Ibid., 158.
22 David Jones, *Anathemata* (London: Faber & Faber, 1952).
23 제2판(1972)의 앞뒤 백지에서 인용.

진화 그리고 선사 시대 모두는 그리스도의 오심과 인간이자 하나님이신 그리스도에게로 집약되는 관점, 곧 모든 창조의 의미와 목적으로 묘사된다. 강한 열기와 냉기가 교대로 세상을 휩쓴 시기는 역사의 성찬식에 맞춰진, 음악 용어로 "입당송"[24](introit)으로 묘사된다.

성찬 입당송이 사제의 등장을 준비하듯이, 지구의 지질 형성은 인류의 등장을 준비하며 "육신을 입으신" 우리의 위대한 대제사장, 그리스도의 오심을 준비하는 것으로 묘사된다. 존스는 『의식과 옛 날』(*Rite and Foretime*)의 도입부에서 하나님이 성육신하셔야 하는 완성된 때를 위한 징표와 예시와 준비를 추적하는 한편, 라틴어에서 온 과학 언어에 근거하여 훌륭한 음악시를 만든다. 이는 그리스도의 빛이 최초로 발견한 물고기 화석을 우리의 구원자이신 예수 그리스도의 예시로 골라내면서 노래하는 다음 구절에 나타난다.

> 모든 시간의 이전부터
>   새로운 빛은 그들을 위해 비추네
> 영원히 명확한 … 대(era), 기(period), 세(epoch), 헤메라(hemera)
> 모든 조산운동을 통해,
>   군(Group), 계(system), 통(series), 대(zone)
> 다섯 생명의 층을 밝히네
> 종(Species), 종(species), 속(genera), 과(families), 목(order)
> 에스커(esker) 토사를 뚫고, 모든 선(stria)과 자국을 발견하며
> 사암의 깨지기 쉬운 그 모든 조각의 홈을 비추며 …

---

24 Jones, *Anathemata*, 63.

> 얼룩얼룩한 아래의 모든 것을 찬양하며
> 백악기와 트라이아스기를 비추며
> 티라노사우르스를 초식동물과 함께 누이든지 아니면 시인은
> 거짓말을 하든지
> 그러나 그것은 허락되지 않네 …
> 그는 고대 생물 가운데 전해져 온
> 물고기 형상을 밝히네.[25]

지구에 관련된 역사와 아서(Arthur)의 전설을 가지고, 옛 선사 시대부터 오늘날 구원하시는 그리스도 존재까지 이동하는 복잡하고 아름다운 이 시(詩)는 소외되고 구원이 필요하게 되었을 모든 것을 그리스도와 그의 성육신 속으로 요약한다. 이는 데이비드 존스에게 큰 영향을 준 옛 영시, "십자가의 꿈"(Dream of the Rood)을 쓴 시인의 방법과 거의 같다. 이 시인은 이교도로서 자신의 과거를 "오딘의 축의 나무"(Axile Tree of Odin)로 요약하고, 예수 그리스도 얼굴 속에 나타난 하나님의 빛이 이 나무를 승리의 나무로 변화시키게 한다.

그리스도의 빛을 향해 열린 문학적 상상력은 우리를 사상 논쟁의 한계 너머로 움직이게 하는 힘이 있으며, 우리를 십자가 저편으로 데려가 성육신하신 분과 함께 세상 각처와 인간 마음의 구석구석으로 여행을 떠나게 한다.

---

25 Ibid., 73-4.

제3장

시를 통하여: 개체성과 관심으로의 초대

앤드류 램지(Andrew Ramsey)
시인, 잉글랜드 국교회 신부

여러 문학 형태 가운데 우리는 특별히 시(詩)로 나아간다. 그리고 "개체"(particular)는 핵심어가 된다. 시인 앤드류 램지는 시의 뛰어난 능력을 탐구하여 하나님이 우리를 특정한 시간과 장소에서 개별적 인간으로 만나기로 결정하신다는 성육신의 개체성을 설명하고 찬양한다.

우리는 한뭉치의 머리카락, 안심시키는 말 한마디, 퍼즐의 마지막 조각 등, 하찮은 것이 중요하다는 말을 종종 듣는다. 개별적인 사소한 것이 우리 삶을 이끌어 간다는 말인데, 이처럼 삶은 무수한 구성 요소가 있는 엄청나게 큰 규모로 움직이는 부품들의 기관이다. 나의 낡은 자동차 "트라이엄프 돌로마이트"(Triumph Dolomite: 1970년대에 출시된 영국 산 고급 소형 세단-역주)를 생각해보면, 이 차의 개체성은 보이지 않는 극미한 원자 조립 같은 것에 있다. 기름 냄새 풍기는 천 개나 되는 부품으로 움직이며, 독특한 갈색 물웅덩이 색조와 유일무이한 번호판이 눈길을 붙잡는 이 차는, 이곳저곳을 다닌 여러 여행지에 대한 추억을 오래 간직하고 있다.

개체성은 삶의 결정체요 탁월함과 정의가 확정된 실재다. 그것은 조지 스타이너(George Steiner)가 표현하듯이 "아무것도 아니어서는 안 되는," 하나님의 기쁨으로 생긴 창조의 본질이다. 태초에 개체성의 환희가 있었다.

"물은 살아 있는 생물들을 번성하게 하라!"

이는 무한의 다양성에서 얻는 거룩한, 매우 순박한 환희다. 하나님의 관용으로, 인간도 각 피조물에 이름을 주고 명령하는 영광에 참여하며 누리며, 그러한 풍성함에 의미를 주게 되었다.

우리는 예수 그리스도에 대한 것들을 어떻게 보여줄 수 있을까?

성육신은 이 풍성한 세상에 창조자가 완전히 출현하신 것에 응하라고 우리에게 요청한다. 창조자는 인간이 되셨다. 성육신은 그 유일성으로 우리를 공격하며 그런 역설을 향해 시인들을 내몬다.

이번 장에서 우리가 관심을 갖는 것은 그리스도의 개체성이다. 여기서 나는 예술들 중에서도 현대적 삶과 사고를 궁지로 깊이 몰아갈 수 있는 주제를 표현할 독특한 능력이 시(詩)에 있음을 제시하려고 한다.

1. 위기에 처한 개체성

절망의 천 년의 끝자락에서, 서구 사회는 지속적인 염려와 불안으로 개체성을 바라보았다. 바킹(Barking)에서 감히 우리가 나비를 밟지 않았던 것은, 그로 인해 발디제르(Val-d'Isere)에 눈사태가 일어날까 두려웠기 때문만이 아니라, 그로 인해 애벌레가 기분 나빠할까 두려웠기 때문이다. 세계 자본주의 유혹에 따른 선택으로 인해 발생한 곤경의 상태는 그리스도보다 크리슈나(Krishna) 신을 선택하는 반응부터 시작해서, 여러 종류의 마가린을 바라보는 슈퍼마켓 고객의 공허한 시선에 이르기까지, 분명 어느 곳에나 있다.

이에 따른 사회적 반응은 개체성과 차별성은 종종 무너뜨린다. 실제로, 최근 몇 년 사이에 초등학교 교가의 편곡자들이 사랑받는 것처럼, 모든 꽃이 천편일률적으로 표현되었다. 주장하건대, 이런 점에서 예술계는 일찌감치 활기를 잃었으며 이후로 낭만주의운동은 의미(Meaning)와 진리(Truth)라는 거창한 두 문제로부터 안전하게 격리된 방음실 안으로 철수했다.

우리가 개체성의 문제라고 부를 수 있는 것은 뿌리가 깊다. 우리는 소크라테스 이후 발휘된 이 훌륭한 정신의 뿌리를 우리에게 할애된 지면 관계상 모두 밝힐 수 없다.[1] 개체성의 문제는 수 세기에 걸친 논의를 통해 아마도 각 피조물의 이름을 짓고 그들을 다스리도록 위임받은 인간의 유용한 피조물 탐험으로 간주했을 것이다.

플라톤 철학의 가장 중요한 다음 두 질문을 받아들이는 것이 이 문제와 관련이 있다. 곧, "어떤 종류의 사물이 거기에 있는가?"라는 본래의 플라톤적 난제와 "무엇이 알려질 수 있는가?"라는 계몽주의

---

1 이에 대한 통찰력 있는 연구를 위해 Colin E. Gunton, *The One, The Three, and The Many* (Cambridge: CUP, 1993)에서 특히 2장을 보라. 또한 Jeremy Begbie, *Voicing Creation's Praise: Towards a Theology of the Arts* (Edinburgh: T & T Clark, 1991) 3장을 보라. 철학에서 "개체성의 문제"에 관한 연구를 위해 Hilary Staniland, *Universals* (London: Macmillan, 1972)를 보라.

와 관련된 질문이다. 플라톤 세계에는 다소 일방적 관계를 이루는 두 집단이 한 집에 거주한다. 즉 다양하고 변화하는 개별적인 것들과 변하지 않는 **원형들**(original forms)이 존재한다.

후자가 분명히 영향력이 크다. 따라서 개별적인 아름다운 사물, 예를 들어, 한송이 장미는 **아름다움**이라는 형상과 관계한다. 하지만 장미꽃은 아름다운 형상을 불완전하게 모방할 뿐이다. 그렇다면 **개체들**(particulars)은 계속 바뀌는 하숙생에 비교할 수 있을 것이다. 반면에 **원형들**은 하숙생이 떠나도 여전히 집에 거주하는 집주인으로 언급될 수 있다.

플라톤의 제자인 아리스토텔레스는 이런 분류에서 한 단계 더 나아가 개체들에 훨씬 더 비중을 두었다. 아리스토텔레스는 개체들 속에서 **실체들**(substances)을 발견했다. 그는 각 사물이 가진 개체의 본질로 실체를 생각했다. 이런 실체들은 우유(偶有[accidents]: 우연히 갖춘 특징-역주) 혹은 우연과 구별되어야 한다. 우연자들(accidents)은 물질의 본질에 속하지 않는 속성들이다.

아리스토텔레스가 보편자(universals)라고 불렀던 원형들(forms)을 살펴보면, 원형들은 독립적으로 존재하는 것이 아니라 개체들(particulars)과 더불어 상호의존적이다. 보편자를 특징짓는 것은 그것이 실제적인 것(actual thing)으로 **말할 수 있기 때문이다.**

예를 들어, 보편적인 "말"(馬)은 있을 수 있지만, 보편적인 "유니콘"은 있을 수 없다. 우리는 "유니콘"을 개별적 종이라고 **말할 수 없기 때문이다.**

이는 모두가 단지 조금 흰 머리와 박식한 머리를 구분하는 것처럼 보일 수 있으나, 영향력에서 말하자면, 이런 범주들(categories)은 우리가 사물을 보는 방식 이상의 의미를 갖고 있다. 범주들의 탐구는 실재(reality)의 본질과 실재의 지식에 관련된 탐구로 여겨질 수 있다. 이는 다양성 안에서 일관성 있는 의미를 찾는 다소 믿을 만한 방법을 찾는 것처럼 보인다.

개체들(particulars) 안에서 그러한 보편자들(universals)을 찾는 철학 연구회 회원들의 노력은 계속되었으나, 금세기에 와서는 거의 멈춘 상태이다. 포스트모던 사상가들은 무엇보다 **차별성**(difference)을 강조한다.

기독교 신학에서 이런 추구의 선봉에는 성육신이 있다. 삶과 예배에서 그리스도를 되돌아 보면서 초대 교회가 내린 결론은, 이분은 하나님에게서 온 계시였을 뿐 아니라, 하나님의 계시였다. 이것은 단지 하나님 나라를 위한 선언이 아닌, 선포된 하나님 나라였다는 것이다. 오늘날처럼 당시 믿는 자들에게도, 그리스도께서는 최초의 실재, 즉 "태초에 있었던 말씀"으로 이해되셨다.

그렇기에 성육신 열쇠는 개별성의 문제를 열어 놓는다. 성육신은 "변화와 우연으로 된 이 세상"에 하나님이라는 보편적인 실재를 근거로 내세우며, 이에 따라서 양배추이든 왕이든 모든 창조된 "실체들"에 위엄과 가치를 주기 때문이다.

철학 관점에서 이것은 충격적 고백이었으며, 교부들이 지배적인 범주들에 마음을 빼앗기지는 않았을지라도, 그 범주들과 관련된 방식으로 교리적 표현을 사용할 것을 강요받은 용어였다. 그래서 우리는 헬라어로 **호모우시오스**(*homoousios*), 즉 아버지와 **한 본질**(one substance)이라는 그리스도에 대한 니케아공의회의 정의를 보게 된다. 바로 그리스도에 의해서 만물은 지음을 받았다.

교회는 교리 형성에 있어 능숙했어도 하나님이 **어떻게** 그리스도라는 인간으로 현존하실 수 있는지 이해할 때 종종 실수를 저질렀다.

영원하신 하나님이 어떻게 시간적 피조물 안에 자기를 위한 "공간을 만드실 수" 있을까?

어떻게 보편성이 개별성 안에 들어갈 수 있을까?

중세 후기와 종교개혁 시대에 신학자들은 그리스도의 본성에 대해 논쟁했고, 성찬 때 그리스도께서 "실제로 임재"하시는가의 문제는 정기적으로 혼란을 일으키는 전형적인 문제였다. 교회는 성육신에서 **어떻게**라는 질문에 지나치게 집중했으며, 아마도 그럴 때마다 항상 플라톤과 아리스토텔레스를 언급한 것 같다.

플라톤 정신은 앞서 우리가 주목한 이원론에서 그 특징이 드러난다. 가시적 세계는 형상들의 "실재" 세계를 단지 불완전하게 모방한 것으로, 진리의 담지자로 신뢰받지 못한다. 아리스토텔레스의 실체론이 공상과 합쳐질 때, 그리스도의 개별적 인성은 십중팔구 하잘것 없는 "우연자"로 무시된다.

T. F. 토랜스(T. F. Torrance)가 『공간, 시간 그리고 성육신』(*Space, Time and Incarnation*)이라는 그의 짧은 고전에서 보여주듯이, 아리스토텔레스는 부피나 양의 면에서도, 공간은 공간을 "담는" 용기로 정의되고 한정된다는, 공간의 현존을 이해하는 데 오랜 시간이 걸렸다.

우리를 혼란스럽게 만드는 전통적이고 역동적인 성육신의 개념 때문에 개혁주의 신학자들은 그리스도의 영원한 하늘의 통치를 부정하지 않는 성육신의 현존을 말한다. 그러나 루터파 신학자들은 이것을 **엑스트라 칼비니스티쿰**(*Extra Calvinistiucm*), 즉 그리스도의 무엇

을 하늘에 "남겨두어야 하는" 칼빈주의자의 성육신으로 조롱했다.[2]

우리는 아리스토텔레스가 중세의 커튼 뒤에 안전하게 숨을 수 있기를 바라지만, 예전이나 지금이나 성육신의 개별성은 굉장히 어려운 문제다. 교회 안팎에 많은 사람에게, 창조주 하나님이란 분을 "담고 있는" 한 인간 개념은 밥 딜런(Bob Dylan)의 가사처럼 "술병 위에 균형 잡고 있는 매트리스"와 같다. 하지만 똑같이 분명한 것은, 현대 사회는 개체가 보편적 크기를 담을 수 있다는 신념을 회복하는 어떤 방식이 긴급히 필요하다는 것이다.

2. 시의 개별적 특질

항상 서로에게 호의적이지 않지만, 시인과 기독교 신학자는 원래 동거인들로서 같은 거실을 사용한다. 그들이 주고받는 대화는 중요하다. 왜냐하면, 다루기 힘든 성육신 형상을 기독교 신학자가 이해하려 한다면, 개별성의 세부적 찬양을 훌륭하게 표현할 수 있는 수단이 필요하기 때문이다. 이런 점에서 시의 특징에는 세 가지 중요한 차원이 있다. 우리는 그것을 **관심, 현존, 공감**이라 부르고자 한다.

1) 관심

프랑스 철학자 가스통 바슐라르(Gaston Bachelard)는 "시인은 사

---

[2] T. F. Torrance, *Space, Time and Incarnation* (Oxford: OUP, 1969).

물을 볼 때 그것을 망원경을 통해 보든 현미경을 통해 보든, 항상 같은 것을 본다"³고 확언한다. 작은 것에서 큰 것을 보는 것이 시의 전달성이다. 왜냐하면, 생동감 넘치는 시를 쓰려면 의미 있는 세부 사항을 포착해야 하기 때문이다. 여러 다른 방식이 있지만, 시인들은 그들 앞에 놓인 것을 **진정으로 보려는** 욕구, 다시 말해 개체들의 독특함과 다양성에 **주목하려는** 욕구에 사로잡힌다.

이것은 21세기 미국 시인 윌리엄 카를로스 윌리엄스(William Carlos Williams)가 지속적인 관심을 가졌던 것으로, 그는 상상하기에 앞서 "코 앞에" 놓여 있는 사물들을 채취하여 기록했다. 종종 축약해 써 내려가는(pared-down) 그의 시 형식은 박물학자가 곤충을 판 위에 꽂듯이 개체의 이미지를 격리하기 위함이었다. 그것은 개체의 이미지를 관찰하여 강조하고, "우리가 홀로 사는 저 영원한 순간을 정제하고, 정화하고, 강화하려는" 데에 그 목적이 있었다.⁴ 이런 관심이 포착되는 것은 토막 난 그의 짧은 시, "빨간 외바퀴 손수레"(The Red Wheelbarrow)에서이다.

> 참 많은 것이
> 걸려있다
>
> 빗물에 젖어
> 반짝이는

---

3   *The Poetics of Space* (Boston: Beacon Press, 1994), 172.
4   *The William Carlos Williams Reader* (New York: New Directions, 1966), 322.

빨간 외바퀴
손수레

그 곁에 흰
병아리들.[5]

　복합어를 그 각 낱말의 요소(외바퀴와 손수레/비와 물)로 자르고, 대상을 그것의 묘사(손수레/빗물에 젖어)에서 떼어냄으로써 우리는 이 각 장면의 독특한 성분에 주목하게 된다. 그러나 못지않게 중요한 것은, 이런 개체들을 함께 배열하는 것으로 매우 서로 의존적인 공간과 시간 안에서 개체들의 독특한 관계에 주목하는 것이다.

　윌리엄스의 축약해 써 내려가는(pared-down) 시의 형식은 시의 풍성한 주제를 압축한다. 17세기 형이상학적 시인들은 고상한 표현과 이미지를 사용했으나 일상적 삶에 깊은 관심이 있었다. 이런 관심은 종교적인 비상을 추구하는 특별한 경우에 자주 나타나는데, 예를 들면, "선구자들"(The Forerunners)에서 조지 허버트(George Herbert)는 백발로 변하는 자기 머리를 실망스럽게 주목한다. 마찬가지로, 낭만주의자들에게 그리스 백자나 나이팅게일 새 같은 일상적 사물을 기도하듯이 **묵상**하는 것은 상념이 솟아오르게 하는 도약대가 된다. 이것을 워즈워스는 다음 같이 관찰한다.

　　바람에 날리는 하찮은 꽃 한 송이도 내게 전달하네

5　Ibid., 21.

너무 깊게 있어 눈물도 흘릴 수 없는 생각들을.[6]

세상에 대한 시인의 첫 반응은 능동적 설명에 앞서 정적과 경이의 수동적 사색이다. 시는 "내쉬기"(표현하기-역주) 전에 "들이마시기"(감상하기-역주)를 하며, 피조물이 스스로 전달하며, 관심으로 초대한다고 간주한다. 성육신하신 그리스도에 대한 우리의 반응은 종종 질문과 질문 형태를 분석하는 것으로 시작한다.

복음서에서 우리 주님은 상황을 자주 뒤집으시어, "이제 내가 네게 질문이 있다!"라고 말씀하신다. 우리가 삭개오처럼 하나님을 찾는 것이 이내 하나님이 그리스도처럼 우리를 찾는 것으로 바뀐다.

우리가 하나님께 말씀드려야 하는 것보다 하나님이 우리에게 말씀하셔야 하며, 엄밀히 말하면 이것이 하나님이 예수님으로 행하시는 것이다. 디트리히 본회퍼(Dietrich Bonhoeffer)는 **크리스트 프로메**(*Christ pro me*), 즉 하나님이 나를 위한, 나를 향한 관계로 존재하심을 적절하게 언급하는데, 이는 **방법**보다는 **존재**의 문제이다.

우리 생각, 우리 원칙, 우리 교리, 그 어느 것이기에 앞서, 성육신은 **하나님의 계획**, 우리에게 주시는 하나님의 말씀이다. 성육신에 대한 우리의 첫 반응은 작고한 드니스 레베르토프(Denise Levertov)가 "최초의 경이로움"(Primary Wonder)으로 아름답게 묘사한 것과 유사해야 한다.

---

6 "Intimations of Immortality from Recollections of Early Childhood" 106행. Peter Phillips, *Christ: The Sacramental Word*, ed. David Brown and Ann Loades (London: SPCK, 1996), 206에서 인용.

세월은 지나가네 내가 신비를 잊을 때
해결할 수 없는 문제들과 말썽을 일으키는 문제들
무시된 그것들의 해결책들은
내 주의를 끌려고 다투며 골방을 채우네
나의 아첨꾼인 한 무리의 오락들과 더불어
찬란한 의복을 입고, 모자와 종을 가지고
                                          그리고 나서
한 번 더 그 고요한 신비가
내게 임하고, 그 무리의 난동은
물러가네. 그 신비에
무엇인가, 무엇인가가 반드시 존재하고
우주, 기쁨, 기억, 모든 것을 홀로 존재하게 하네
공허라기보다는. 그리고 그것, 오 주여
창조자, 신성한 이여, 당신은 여전히
시간시간 그것을 지탱하나이다.[7]

시(詩)와 성육신, 둘 다 수태고지(annunciation)와 더불어 시작한다. 그것이 어찌 될 것인지, 하나님이 자기의 창조품을 위해 어떤 형상과 시간을 취하실 것인지를 말하는 것은 우리 몫이 아니다. 우리 몫은 다만 "말씀대로 내게 이루어지이다"라고 수동적으로 말하는 것이다.

---

[7] *Sands of the Well* (Newcastle: Bloodaxe), 129.

2) 현존

사소한 "통지들"은 시인에게 충격을 주고, 그들의 관심을 끈다.

그게 아니라면, 왜 "코 앞에 있는 것"(보다 세밀한 묘사를 요구하는 특정 나무나 얼굴과 같이 부인할 수 없는 현존 등)을 표현하되 우리를 사로 잡는 "다른 의미"를 부여하려고 하는가?

시인이 실재를 대면하여 사물에서 포착한 인상을 표현하려면 평범한 말로는 충분하지 않다.

키츠(Keats)에게 거품은 "술잔 가장자리에서 구슬처럼 반짝이는 거품"이어야 하며, 엘리엇(Eliot)에게 안개는 "창틀에 잔등을 비비대는 노란 안개"이어야 한다. 시인 아닌 사람들에게 분명 미친 것으로 생각되는 방식으로 각 대상물의 정취와 색깔이 강화되는 것은 대상물의 고동치는 실재를 전달하기 위함이다.

그와 같은 고양된 감성은 노쇠한 예수회(Society of Jesus) 수사이자 시인인 제라드 맨리 홉킨스(Gerard Manley Hopkins)의 시에서 자주 발견된다. 홉킨스가 피조물에서 감지한 압도하는 "현존감"은 그의 시와 산문에 반영되고 있다.

이 "현존감"을 표현하려고 홉킨스는 **본질**(inscape)과 **개체성**(instress), 두 용어를 고안했다. **본질**은 원래 각 대상에 있는 고유한 형상을 나타내며, **개체성**은 통합 에너지로서 본질을 지탱하면서 본질로부터 "빛을 발하여" 우리 감각에 영향을 준다. 홉킨스는 그의 저널에 이렇게 기록한다.

죽은 나무 한 그루가 눈에 띄다 … 본질(inscape)은 땅에서부터

나무의 가장 단순하고 아름다운 하나 됨을 두드러지게 떠받치고 있다.[8]

자연의 이런 개체성에서 느끼는 경이로움이 크게 지지를 얻게 된 것은 중세 철학자 둔스 스코투스(Duns Scotus)의 견해 덕분이다. 스코투스의 주장에 따르면, 피조물에서 하나님의 증거를 들을 수 있는 것은 먼저 그 보편성에서가 아니라 개성원리(*haecceitas*: 핵세이타스), 곧 각 피조물의 본질적인 "개별성의 특질"(thisness)에서이다. 홉킨스가 그의 시에서 믿음과 매혹을 통합할 수 있었던 것은 스코투스의 신학 덕분이다. 그의 시, "알록달록한 아름다움"(Pied Beauty)에서 지속되는 찬양의 느낌을 가질 수 있다.

> 알록달록한 것을 주신 하나님께 영광이 있기를
> 얼룩소 같은 두 겹 색깔의 하늘을
> 헤엄치는 송어에 점점이 새겨진 장밋빛 반점을
> 갓 붙은 석탄불처럼 땅에 떨어진 밤과 방울새의 날개를
> 구획되어 나누어진 풍경, 목초지와 휴경지와 경작지를
> 온갖 생업과 그것들의 도구와 기구와 장비를 주신 하나님께
>
> 서로 다르고, 독특하고, 진귀하고 기이한 모든 것을
> 변화무쌍하고 또 얼룩져있는 것들을 누가 어떻게 알까?

---

8 Gerard Manley Hopkins, *A Selection of his Poems and Prose* (Harmondsworth: Penguin, 1953), 21.

빠르고, 느리고, 달콤하고, 시고, 빛나고, 흐린
그분이 만든 아름다움은 변하지 않으니
하나님을 찬미하라.[9]

홉킨스 자신이 잘 알았듯이, 피조물 안에 있는 그런 현존이 획일적으로 아름다운 것은 아니다. 교구사제라면 누가 낡은 좌석을 없애려 하거나 교회 열쇠를 장악하려 하는지를 대번에 알아내듯이, 개체성은 자유롭게도 동시에 가두거나 억압할 수도 있다.

계관 시인(Poet Laureate) 테드 휴즈(Ted Hughes)에게, 개체는 그냥 현존을 뜻하는 것이 아니다. 거기에는 선악에 대한 불가사의한 능력과 중요성이 함께 존재한다. 「새 정치가」(*New Statesman*)에 실린 휴즈의 부고에, 휴즈는 어떤 상세한 것을 잘 파악하여 그것이 전조, 징조, 저주라고 선포한다.

"많은 개인적 상처를 전달해준 전화기는…모든 비극을 제공하는 '나쁜 신'이 되었다."[10]

분명, 시인에게 현존은 항상 부재와 보이지 않는 것, 즉 죽음과의 싸움이다. 진정, 시는 이런 대조를 통해 정의(definition)를 얻는다. 그것은 웨일스 지방 출신의 시인 R. S. 토마스(R. S. Thomas)가 예시하듯이, 부재의 세상에서는 현재가 훨씬 더 중요하기 때문이다. 토마스는 희망 없는 현세의 단조롭고 고된 일과 그것의 일상적 변화를 모두 증언한다. 그런 변화는 "환한 밭"(The Bright Field)에서 잘

---

9   Ibid., 30.
10 Ra Page, *New Statesman* (6 November 1998), 55.

드러나듯이, 마음을 사로잡는 광경을 제시한다.

> 나는 보았네. 햇살이 뚫고 들어와
> 작은 밭을 비추는 모습을
> 한동안, 내 길을 가다가
> 잊고 말았지. 그러나 그것은 진주였네
> 값비싼, 그 밭은
> 그 안에 보물을 품었었네. 이제야 깨닫네
> 내가 가진 모든 것을 다 줘서라도
> 그것을 가져야 한다고. 인생은
>
> 멀어지는 미래를 향해 서둘지도 않고
> 지어낸 과거를 그리워하지도 않는 것. 인생은
> 모세가 불타는 떨기나무 기적에 몸을 돌렸듯
> 그대 청춘처럼 한때 지나가는 듯한
> 어떤 환한 빛에 몸을 돌리는 일
> 그 빛이 그대를 기다리는 영원이라니.[11]

여기서 자칫하면 놓칠 "환한 밭"의 특성은 관찰자에게 그 가치를 증가시킨다. 이것은 그 특성이 너무 보잘것없고, 숨겨졌으며, 특별한 희귀성과 가치가 있기 때문에 시인이 절감하는 역설이다. 어떤 점에서, 시가 할 일은 영원은 일시적인 것들에 싸여 우리에게 다가

---

11 *Laboratories of the Spirit* (London: Macmillan, 1975), 60.

온다는 사실을 직면하는 것이다. T. S. 엘리엇이 "재의 수요일"에서 확인하듯이, 그 사실을 보여주는 것이 시 작업의 산물이다.

> 실재는 오직 한 순간만 실재하고
> 오직 한 자리에만 있음을.[12]

시의 이런 중요한 역할이 없으면 의미 자체가 반복된다. "실존"의 문제는 기독론의 문제다. 고전적 이단은 "완전한 인간"과 "완전한 하나님" 사이를 휘젓고 다니며 그리스도라는 인간의 불안정해 보이는 양쪽 균형에 저항한다. 이들은 아리우스(Arius)에 기울어 그리스도의 "피조성"을 택하거나, 아폴리나리스(Apollinaris)에 기울어 그리스도께서 우리 중 하나인 "존재처럼 여겨진다"는 그리스도 가현설을 택한다. 그러나 성육신의 특징은 오히려 하나님과 인간의 완전한 상태에 대한 부적절한 상상을 제거하는 올림픽 게임(실체가 들어나는-역주)과 같다.

나지안주스의 그레고리(Gregory of Nazianzus)는 "그리스도께서 취하지 않은 것은 치유되지 않는다"라고 결론지었는데, 이것은 시인의 대사이다. 성육신은 현재 삶에서 창의성 있는, 구속하는 현존을 뜻한다. 그 실제적 삶은 당신이 우연히 들어간 가게에 당신의 죽음을 노리는 테러분자들의 폭탄이 설치된 상황이라든지, 어느 결혼식장에서 당신이 꿈에 그리던 남자를 만날 상황이라든지, 어떤 **가능성**이 있는 장소에 있다.

---

12 T. S. Eliot, *Collected Poems* (London: Faber & Faber, 1963), 95.

흰색으로 칠한 시험관으로 분량이 다른 두 종류를 혼합하듯이, 실험실 상황에서 제시되는 성육신을 찾는 것은 흔하다. 진공상태에서 이루어지고, 정확하다고 증명된 실험이다. 하지만 그리스도와의 짧은 만남에 하나님이 온전히 현시된다면, 두렵고도 놀라운 그 상황에 필요한 것은 시적 표현이다. 왜냐하면, 이와 같은 세상에서 현존의 저주와 축복을 볼 수 있도록 우리를 미리 연습시켜 숙달시키는 요소가 시이기 때문이다.

시는 손을 내밀어 그리스도 옷자락을 만지는 여자에게 관심을 갖게 한다. 시는 손을 내밀었으나 눈에 띄지 않은 사람에게 관심을 갖게 한다. 시는 안간힘을 쓰지만 주님의 말씀을 반밖에 듣지 못한 남자에게 관심을 갖게 한다. **임마누엘**은 받아주는 것, 진정 삶의 개체성을 기뻐하는 것을 뜻한다. 바로 시에서 엄밀히 하나님이신 그리스도께서 우리를 만나주셨기 때문이다.

예수님의 제자들은 그의 현존을 인식하고 관심을 갖게 되자 변모를 목격하게 되었다. 그들이 **정말** 그것을 처음으로 **목격**한 것은 산에서였으며, 그런 실재와 더불어 그리스도께서 빛을 발하셨다. 산에서 내려온 그들은 곧바로 (의도적이었다는 추측이 있지만) 자기의 영광을 드러내면서 예수님이 치료하시던 문둥병 걸린 소년을 둘러싼 소란스러운 군중 속으로 들어간다. 이것이 에드윈 뮤어(Edwin Muir)가 그의 시 "그리스도의 변화"(The Transfiguration)에서 관찰한 드러난 영광이다.[13] 뮤어는 다음을 본다.

---

13 Edwin Muir, *Collected Poems* (London: Faber & Faber, 1960), 198.

우리 손은 새로워져 거룩한 것들을 다루고
우리가 보는 모든 것의 자원은 씻기고 정화되었네
그곳에 들어가는 땅과 빛과 물이
타락하지 않은 깨끗한 세상을 우리에게 돌려줄 때까지.

그리고 뮤어는 묻는다.

우리 안에서만 변화가 있었고
거대한 땅은 여전히 외롭게 버려두었나
추방자나 포로를? 그래도 우리가 그날 본
세상은 이것을 비실재적인 것으로 만들었네
모든 것이 제자리에 있었음에도.

구원은 추상적 개념에 있지 않다. 시(詩)는 우리를 행동으로 이끌며, 주님을 인식하게 한다. 진정, 성육신은 **반드시 관념화되기 전에 실재화되어야 한다**. 성육신을 본래의 서식지에서 "신학-동물원"으로 옮겨 주요 전시관에 가둔다면 우리는 요점을 놓치게 된다. 그리스도께서는 광야에 계신다. 그곳이 우리가 있는 곳이기 때문이다.

3) 공감

실재적 현존이나 보편적 현존은 어떤 점에서 특별한 주제로 우리에게 다가왔기에, 우리의 시가 "하는 일"은 독자들도 그런 현존을 인식할 수 있도록 도와주거나 현존의 경험에 공감할 수 있게 해주는 것이다. 시는 **의사소통한다.** 그리고 그렇게 주제에 대해 진리인 것과 사물에 대한 주제를 밝히는 것 사이의 긴장 속에 움직인다.

그렇다면 어떤 관점에서, 시는 모두 보편적 공감을 일으키도록 기획된 연극과 대중 음악과 똑같은 공간을 공유한다. 대중예술가는 관객이 "아, 그래, **바로 그런 것이지!**"라는 반응을 원할 뿐만 아니라, 늘 그렇게 공통 경험에 관심을 보이면서 반응하기를 원한다.

흥미롭게도 시가 사소한 것을 정밀하게 표현할수록 대중의 공감은 더해간다. 이것이 바로 "팝 싱글"(pop single) 가사에 존재하는 아이러니다. 배커랙과 데이비드(Bacharach and David)의 애창곡, "나는 작은 기도를 하네"(I Say a Little Prayer)를 예로 들겠다.

> 이제 나는 버스를 타려고 달리네
> 달리면서 나는 우리를 생각하네
> 당신을 위해 작은 기도를 하네
> 일터에서 시간을 내어 기도하고
> 휴식시간도 모두 기도에 써버리네.

그러나 시가 개체성에 충실하려면 대중성에서 **벗어나기도** 해야 한다. 시는 접근할 수 있는 것만큼이나 접근할 수 없는 것, 감춰진 것과도 관련이 있다. 시는 주변 세상을 창의적으로 재검토하고 재정리하는 일에 참여하는데, 공감을 전달하려 하면서도, "이해하지 못하게" 혹은 정말로 "좋아하지 않게" 할 가능성도 상존한다.

하나님이 "죄 있는 육신의 모양으로"(롬 8:3) 오심은 본회퍼가 인간됨의 "익명성"(*incognito*: 인코그니토)이라고 칭한 것에 속한다. 이것은 그때나 지금이나 그의 종교적 비판이다. 즉, 신적인 존재가 죄를 용서해야 하는 것이 아닌, 인자(Son of Man)가 죄를 용서해야 한다는 것이다. 그렇다면 성육신에는 이에 대한 본질적 모호함이 있다.

성육신은 "얻는 것"과 "얻지 못한 것" 사이에 있으며, 예수님을 세상의 빛, 선한 목자, 참 포도나무 등으로 묘사하는 비유나 은유에 가장 잘 감춰져 있다. 예수님은 구원자가 되시기 위해 그분의 특정 제약들을 감당하셔야 했다.

이는 최고의 스타 반열에 오르고 최고의 나라를 얻을 수 있다는 두 가지 유혹에 저항해야 하는 광야에서의 갈등이다. 예수님의 수난 드라마에서 이 두 가지 유혹의 억제야말로 엄청난 창의적 추진력을 실어주고, 두려움을 뒤로한 채 승리로 입성하고 그리고 십자가 밑에 소망을 두게 한다.

나는 좀 더 설명할 필요가 있는 문구를 적절하게 전달하는 수단으로 은유를 제시한다. 앞서 우리가 살핀 "빨간 외바퀴 손수레"에서 보았듯이, 시는 각 특정 경험이나 대상이라는 독특한 존재에 주목함으로써 그것과 관련된 다른 개체에도 관심을 두게 된다.

사랑에 빠지려는 사람처럼, 시인은 사랑하는 사람의 우아한 코의 곡선에 주목한다. 시인은 코만으로도 충분한 본질적 완전함과 장차 시인의 행복을 위한 코의 필요성을 묘사하고, 다른 이목구비 사이에 사랑스럽게 자리한 숭고한 코를 묘사하고자 애쓴다.

이 두 가지를 적절히 묘사하려고 시인은 비교에 의존하고, "닮음"을 찾으려고 움직이는 것이 분명하다. 이런 아름다운 코를 "당신 얼굴에 어울리는 코"로 묘사하는 것만으로는 절대 충분하지 않기에, 코는 언덕 위에 세운 성당이어야 하며, 입은 강줄기 곡선이어야 한다.

은유(Metaphor)는 시의 전개에 필수적이다. 은유는 전달자이다. 의미의 영역을 확장시키는, 결실하는 새싹(new shoots)이다. 사랑에 희망을 가지는 시인은 **과장하지** 않고 자신에게 보이는 것을 정확하게 나타내려 한다.

아스팔트를 뚫고 나오는 가느다란 푸른 묘목은 주목할 만한 놀라운 "현존"이다. 은유는 어떤 주관적 힘에서 발생하여 모순될 수 있는 상이한 이미지의 네트워크와 공감함으로써 생겨나는 그런 통찰력과 씨름한다.

따라서 공감에는 놀랍게 **암시하는** 능력이 있다. "기도"(Prayer)라는 시에서 허버트(Herbert)가 기도를 "향신료의 땅"으로 말할 때, 우리 기도의 한계와 기대가 얼마나 무한한 함의로 인해 열려서 모험과 감성과 신비 모두를 몰려오게 한다. 이런 함의는 "최상"의 의미를 담아낼 때 가장 효과가 크다. 은유는 주제를 자유롭게 풀어주는 동시에 정확히 포착한다는 역설의 의미가 담겨져 있다는 것이다. 은유는 주제를 매우 자유롭게 **함으로써** 개체를 드러내어 우리가 표현할 수 있는 것 이상의 뜻을 갖게 한다.

엘리자베스 제닝스(Elizabeth Jennings)의 아름다운 시, "창조를 찬양하며"(In Praise of Creation)는 개체의 찬양으로 시작한다.

> 저 새 하나, 별 하나
> 호랑이 눈 한 점에서의 섬광
> 순전히 그들의 존재를 확인하라
> 예식(ceremony) 없이 증언하라.

질서와 규칙을 증언하라
새들이 어떻게 오직 한 번만 짝짓기를 하는지
하늘이 어떻게 어떤 시간 동안에만
새로 가득하고, 때로 달이 기우는지.

그런 다음 놀랍도록 연상적인 암시로 끝난다.

그리고 고요하면, 새들은 날개를 접고
이곳에서 초승달은 주목받기를 수년 동안 기다리고
계절은 만족스러운 사물들 속으로 사라지고
사람은 마음을 조금 연다.[14]

만족스러운 사물의 단일성을 찬양한 다음, 마지막 행은 더 큰 결단과 기대를 준다. 이런 의미에서, 은유는 우리로 더 깊은 계시를 향해 열망하고 쉬지 않고 움직이도록 자극한다. 우리는 영광스러운 것을 얼핏 보았기에, 아직 완성되지 않은 것을 향해 안간힘을 쓴다. 은유는 약속과 함께 애태우게 한다.

이런 의미에서 성육신은 위대한 은유이며, 그와 같은 것이 시의 진정한 목적이다.[15] 드러내기도 하고 감추기도 하는 그리스도의 시간과 공간에 대한 제약은, 레슬리 뉴비긴(Lesslie Newbigin)의 영향력

---

14 *Selected Poems* (Manchester: Carcanet, 1979), 64.
15 은유, 예술, 믿음의 영역을 더 탐험하려면 Jeremy Begbie, *Voicing Creation's Praise*, 5장; Janet Martin Soskice, *Metaphor and Religious Language* (Oxford: Clarendon Press, 1985)를 보라.

있는 문구를 사용하면 "열린 비밀"이다. 하지만 중요하게도, 이는 "장차 올 더 많은 것"이라는 압도하는 느낌을 갖게 한다.

성육신은 최종적인 사건이다. 성육신은 시간이 걸리는 사건이다. 복음 사건에서 그리스도께서 이 세상 너머, 심지어 죽음 너머 나라의 영광에 대한 새 소식을 전파하기 시작하시면서, 메시아에 관한 조급한 소망은 점차 꺾이고 만다. 변화산 사건에서 이 가슴 뛰게 하는 가능성은 공개되지 않는다.

부정적 의미의 영광의 십자가는 그 나라 실현을 위한 대가이며, 개체성에 대한 저주와 그 비열한 마귀들에 대한 굴복을 수반한다. 갈보리는 부재와 보지 못함의 승리인 것처럼 보인다. 갈보리는 내가 정의할 수 없는 실재이며, 내가 읽고 쓸 수도 없는 말씀이다.

> 갈보리는 우리의 성취되지 않은 약속이요
> 애처로운 추락이다.
>
> 우리의 창조성이 부족한
> 은유의 죽음이다.
>
> 그러나
>
> 그리스도께서는 부활하셔서
> 정말로 승천하시고
> 보내신다
> 밝은 구원의 불길을

모든 자세한 지도(maps) 위와
두려움에 지친
순간에

믿음의 지연됨이

소망임을
보이면서.

은유는 땅에서든 하늘에서든 탁월하다. 그리스도 안에서 은유는 그 비약 안에서 우리의 관심을 집중시킬 수 있다. 맑은 날에도 우리가 종말을 느낄 정도로!

3. 결론

창조에서 개체성의 힘은 우리를 매혹하면서도 당혹스럽게 한다. 우리는 그냥 "예사롭지 않은" 것처럼 보이는 특별한 순간이나 사물, 예를 들어, 1966년에 제프 허스트(Geoff Hurst)가 보여준 해트 트릭이나, 경매에 나온 지미 헨드릭스(Jimi Hendrix)의 기타 줄에 끌린다. 진정, 그것들에게 더 멋진 가치를 불어넣는 것은 바로 그것들의 일시적이고 사소한 것이다. 이것을 극작가 데니스 포터(Dennis Potter)는 죽음을 맞이하는 순간에 이렇게 말한다.

그런 현재성이 지금 내게는 무척 생생하다…예를 들어, 로스(Ross)의 내 창문 밑으로 꽃이 활짝 피어 있다. 나는 지금 창 너머로 그 꽃을 바라보면서 "아, 꽃이 참 예쁘다"라고 말하는 대신 그 꽃이 그 어느 때보다 희고, 한들한들하고, 활짝 피었다고 적는다. 사망의 문턱에서 사물은 이전 그 어느 때보다 사소하며 또한 더욱더 의미 있다…만물의 현재성(nowness)은 철두철미하게 경이롭다.[16]

분명 금세기가 증언하듯이 그런 힘은 경이롭지만 두렵다. 발칸반도에서 무명의 대공(大公, archduke)을 죽임으로써 수백만의 사람이 진흙탕 지옥 같은 솜므(Somme) 강으로 던져졌고, 한 조각 입자로 히로시마 사태를 부른 두 번의 세계대전은 어리석은 개체성으로 끝났다. 도토리 같은 특정 사건에서 참나무 같은 세계적 결과가 나왔다. 이것은 삶을 참으로 연약하고 비극적인 것이 되게도 하고, 참으로 유쾌하고 소중한 것이 되게도 하는 창조의 실재이다.

여기서 우리는 시(詩)가 두 가지 관점에서 도움이 됨을 발견했다. 시는 우리가 이런 실재를 말로 나타내며, 그 안에서 길을 모색할 힘을 부여한다. 우리가 그렇게 할 때, 우리가 느끼는 것보다 플라톤이 더 가까이 따라오고 있음을 느낀다. 그는 우리의 발걸음이 지금과 이후로 우리 운명을 만든다는 분명한 사실을 믿지 못하도록 우리를 설득한다. 이것을 넬슨 만델라(Nelson Mandela)는 다음과 같이 예리하게 관찰한다.

---

16 Dennis Potter와의 인터뷰(Channel Four Television, 1994) 5.

우리의 가장 큰 두려움은 우리의 부적합함이 아니다. 우리의 가장 큰 두려움은 우리가 측량할 수 없을 만큼 강하다는 사실에서 온다. 우리를 가장 두렵게 하는 것은 우리의 어둠이 아니라 우리의 빛이다. 우리는 총명하고 재주 있고 멋진 내가 누구인지 스스로에게 질문한다. 실제로, 여러분은 그렇지 않은가? 여러분은 하나님의 자녀다. 여러분이 작은 척 하는 것으로는 세상을 섬기지 못한다.[17]

그러나 시(詩)는 평범한 세상의 실재만 절감하게 하는 것은 아니다. 중요하게도, 시는 또한 친히 성육신에서 개체성을 취하시는, 세상의 심판자이면서 구원자이신 분의 놀라운 실재를 느끼게 한다. 아래의 언급에서, T. F. 토랜스(T. F. Torrance)는 이 모든 것을 그리스도의 부활의 빛으로 이해하려는 기자(記者)를 상상한다.

그런 다음 자료가 그(기자)의 펜을 빌려 놀라운 단어와 사건의 고유성으로 구체화되어감에 따라, 그는 부활의 창조적 영향으로 새로운 문학 형태 같은 것의 출현을 인식한다. 그 주제를 적절하게 다루기 위해 새로운 특성을 가진 형식으로 보도해야 하지만, 정말로 그가 할 수 없는 일이 바로 그 일이다. 그 새로운 특성은 형식상 표현할 수 있는 것 이상의 것을 지적하고 증언할 수 있는 그런 방법으로 형성되어야 하기 때문이다.[18]

---

17 대중 연설, 1994.
18 *Space, Time and Resurrection* (Edinburgh: Handsel Press, 1976), 166.

영향력이 과장되게 표현되기를 바라지 않으면서도, 시는 묘하게 이 "새로운 문학 형식"의 표현에 근접한다. 그러나 그리스도를 섬기고 십자가로 가까이 따라가면서, 시인은 자신의 예술이 해체되고 무의미해지며, 십자가 형상을 관통하는 것임을 발견한다.

부활, 곧 말씀의 재구성은 시의 가능성이며, 세상이 간과했을 수도 있는 것에 새롭게 주목할 것을 요청한다. 언젠가 장 마리 르 펭(Jean-Marie Le Pen)은 나치의 죽음의 수용소를 공포스럽게도 "역사의 구체성"(detail of history)으로 묘사했다. 하나님께 감사한 것은 예수 그리스도께서 단번에 역사의 구체적인 분이 되셨다는 것이다.

제4장

춤을 통하여: 온전히 인간이신, 온전히 살아계신

사라 새비지(Sara Savage) 박사
영국 The Centre for Advanced Religious and Theological Studies,
The University of Cambridge 연구 교수

현재 심리학자로 저술활동 중인 전직 전문 무용수 사라 새비지는 교회에서 흔히 피하는 춤이 오히려 "우리의 더 많은 것"과 "그리스도의 더 많은 것"을 회복하는 데 쓰일 수 있는 길임을 말한다. 이를테면, 성육신의 의미와 영향을 철저하게 알아내기 위하여 참 인간이신 그리스도를 더 많이 알 수 있는 길이 춤이라는 것이다. 이 행위를 통해 우리는 그리스도의 "인간 지식"(person knowledge)을 더 확장하고 강화할 수 있다. 이는 그리스도의 인격에 대한 지적 이해를 무시하려는 것이 아니라, 오히려 우리 인간성과 구분하지 않음으로써 지적 이해를 강화하려는 것이다. 새비지 박사는 자신의 춤 설명에서, 우리를 위하여 십자가에 못 박혀 "죽으시고 장사되신" 성육신하신 아들(the Son)의 낮아짐을 표현하는 몸의 움직임이, 음악의 신학적 교감을 강화하고 도전한다고 주장하며 이 장을 끝맺는다.

우리는 걸려 넘어지고 나서야 돌을 발견한다. 기독교 맥락에서 춤은 당연시하는 사고 방식에 걸려 쓰러지지만, 그럼으로써 그 사고 방식이 무엇인지 잘 인식하게 만들어 준다. 몇 세기 동안 제자리걸음이던 이런 근본적 사고 방식은 우리가 성육신을 이해하는 데에 걸림돌이 되었다.

춤은 우리의 시야를 "열어젖혀" 그리스도를 보게 하며, 이런 몇몇 장애를 피하게 하며, 그분에 대한 빈약해진 지식을 구체화할 수 있게 한다. 이것이 이 장에서 주장하려는 것이다.

1. 주지주의와 "인간 지식"

서양에서는 우리 인간이 가진 다른 측면들은 깎아내리고 무시하는 반면에, 지적인 측면을 격상시키고 따로 구분하려는 경향을 보여 왔다. 이런 주지주의에는 여러 형태가 있다. 고대 그리스 철학에 관련된 문화에서도, 철학자 데카르트(Rene Descartes)의 이원론과 관련해서도, 그리고 합리성에 힘입어 엄청난 과학적, 기술적 진보를 달성한 일부 계몽주의 철학 유형에서도 주지주의는 발견된다.

주지주의가 어떤 행태로 나타났든, 그 영향으로 우리는 종종 온전한 인간일 수 없었다. 가장 큰 피해를 당한 것 하나는 우리 감정 생활에 대한 이해였다. 우리는 우리의 감정, 그리고 그 감정을 표현하는 우리 몸을 흔히 진리 추구의 방해물로 간주하였다.

이런 유형의 주지주의는 기독교회, 특히 교회의 그리스도 인성에 접근하는 데에 큰 영향을 주었다. 때때로 주지주의는 그리스도를 마음으로 이해하고 명제로 나타낼 수 있다는 사실을 지나치게 중시하는 태도를 조장했다. 주지주의는 신(神)인 동시에 인간인 그리스도의 특징을 파악할 수 있는 자원을 제한했다. 결과적으로 그리스도를 전적으로/오직 신으로 보거나 혹은 그리스도를 전적으로/오직 인간으로 보는 두 가지 극단적인 태도가 나타나게 되었다.

분명해지고 있는 것은 우리 서구 문화권 내에서 물려받은 인지 수단들(cognitive tools)이 성육신 신비를 탐구하는 일에 매우 불충분하다는 것이다. 확신하건대, 우리의 명제적 지식은 내가 "인간 지식"(person knowledge)이라 부르게 될 더 넓은 맥락에 놓여야 할 것이며, "인간 지식"은 우리가 다른 사람들에 관해 갖는 지식으로서 감정과 몸을 비롯한 우리의 존재 전체를 포함한다.[1]

내 주장은 이 "인간 지식"이 명제적 지식보다 낫다거나 명제적 지식을 대체할 수 있다는 것이 아니라, 다만 우리가 성육신을 잘 이해하려면 그리스도에 대한 명제적 진술을 인간 지식이라는 모체 속으로 스며들게 해야 한다는 것이다.[2] 춤은 그와 같은 이해력을 제공하는 한 방법이다. 춤은 특별히 인간 감정 표현에 뛰어남은 물론, 탁월한 신체 활동이다.

---

1 이것은 단지 인성이 아닌 비인간적 세상에 관한 우리의 이해와도 연결되어있지만, 분명 Michael Polanyi의 "인격적 지식"(personal konwledge) 설명과도 연결된다. Polanyi의 논점을 참고하려면 S. Begbie, *Voicing Creation's Praise* (Edinburgh: T & T Clark, 1991), 201-2를 보라.
2 두 종류의 지식과 작용하는 것이 가능하고, 더 풍성하다. 우리 마음에는 한 가지 이상의 방식으로 정보를 병렬 처리하는 능력이 있다.

2. 움직임의 언어를 통한 인간 지식

　움직임은 우리의 첫 언어다. 우리는 자궁 안에서 움직이며, 어머니의 움직임과 심장박동을 경험한다. 리듬, 행복, 기쁨, 불안, 고통 모두가 이런 초기 움직임의 경험을 통해 전달된다.[3] 그런 다음 우리는 우리의 감각과 움직임을 통해 세상을 발견하는 첫 두 해의 삶을 보낸다. 발달심리학자 피아제(Piaget)는 이런 사고 유형을 "감각운동"(sensori-motor)이라 부른다.[4] 감각운동은 행위나 사물을 말이나 관념으로 표현하는 표상능력에 앞서 발달한다.

　감각운동을 통해, 여러 주요 인지 발달이 이루어진다. 우리는 우주가 아니라는 것, 우리는 분리된 영역을 가진 몸 안에 자리잡고 있다는 것을 우리는 이해한다. 우리를 돌보는 이들은 우리의 외침과 요구에 응답할 수도, 응답하지 않을 수도 있다는 것, 그들은 별개의 존재라는 것을 우리는 발견한다. 그들이 방을 나가 시야에서 사라질지라도, 반드시 돌아온다는 것을 우리는 발견한다.

　또한 우리가 좋아하는 객체들이 "영원성"을 가졌음을 우리는 발견한다. 그들이 시야를 벗어나 있을 때에도, 여전히 존재함을 우리는 발견한다. 우리가 움직이고, 느끼고, 맛보고, 볼 수 있는 것이 우리의 사고 영역을 형성하는 감각운동이 된다. 세상도 우리도 실재가 된다.

---

[3] 어떻게, 그리고 과연 태아가 자라면서 이런 느낌이 진전되는지는 토론의 문제다. 하지만, 특히 임신 후기에 소리와 움직임이 태아의 반응을 유발한다는 몇 가지 증거가 있다.
[4] Jean Piaget, *The Origin of Intelligence in Children* (New York: International University Press, 1932).

언어가 채 발달하기도 전에, 우리를 돌보는 이들과 우리 몸의 상호작용은 인간 지식 발전에 필요한 발판이 된다. 이 상호작용을 통해 우리는 스스로 사회적 존재가 된다. 다른 사람들과의 놀이에서, 우리는 주변 사람들의 반응에 따라 개념을 얻는 상호주관적 존재가 된다. 다른 사람들과의 규칙적인 상호작용을 통해 우리는 원인과 결과를 이해하기 시작한다. 이렇게 얻는 사회적 지식은 절대로 "실재" 지식을 보조하는 것이 아니다. 심리학자 레프 비고츠키(Lev Semenovitch Vygostky)의 설득력 있는 주장으로는, 사회적 이해, 즉 인간에 대한 지식이야말로 이성적 사고를 형성하는 영역이다.[5]

움직임은 이처럼 우리가 인간 지식을 소유하고, 결과적으로, 명제적 지식을 소유하기 위한 능력을 획득할 수 있는 첫 언어 중 하나다. 그러므로 우리의 지성뿐만 아니라, 전인격으로 믿음을 가지고 접근해야 하는 그리스도의 인성을 우리가 충분히 이해하려면, 움직임을 사용하는 것이 심지어 필연적이라고도 할 수 있다.

움직임은 우리를 우리 몸에 연결하고, 우리 몸 안에서 공감하는 우리 감정에 연결하는 언어다. 우리는 어쩔 수 없이 몸과 감정의 도움으로 자기를 알고 다른 사람들을 알게 된다. 이것은 말처럼 "쉬운 선택"(soft option)은 아니다. 왜냐하면, 하나님, 그리고 그 아들 예수 그리스도에 관한 "인간 지식"을 갖는 것은 구원 자체의 본질이기 때문이다.

> 영생은 곧 유일하신 참 하나님과 그가 보내신 자 예수 그리스

---

5 Lev Semenovitch Vygotsky, *Thought and Language* (Cambridge, MA: MIT Press, 1962).

도를 아는 것이니이다(요 17:3).

춤이 할 수 있는 것은 우리가 우리 자신의 더 많은 것(more of ourselves)을 회복하여 성육신하신 아들에 대한 지식을 넓히게 하려는 것이다. 여기서 내가 제시하려는 것은 몸의 움직임, 곧 몸의 움직임이 집중되고 양식화된 형태인 춤이 그리스도 인성에 대한 우리의 지식을 풍부하게 할 수 있다는 것이다.[6] 그러나 역사적으로 우리는 이 지식의 풍부함을 기피했다. 왜냐하면 그리스도의 온전한 인간됨이 퇴색되고 우리의 모든 것을 가지고 그리스도를 알아야 할 필요성이 줄어들었기 때문이다.

우리 문화에서 이런 현상을 초래한 일반적인 주지주의자의 경향을 우리는 이미 지적했다. 이제 우리는 몸의 움직임과 춤이 교회에 "문제"가 되게 한 몇 가지 관련 요인을 더 면밀하게 살펴보려 한다. 춤이 교회에 걸림돌이었던 문제에 직면함으로써, 교회가 가진 문화의 복장들(cultural raiments) 중 일부가 확연해졌다. 우리의 인간성 이해를 방해하고 우리의 성육신 접근을 지나치게 지성적이고 무미건조하게 만든 몇 가지 문화적 오해를 뒤엎을 만한 잠재력이 춤에 있음을 나는 제시하고자 한다.

---

[6] 나는 이 장에서 춤을 부분적으로 "공연으로서의 춤"에 국한하여 말하고 있다. 즉 이는 상당한 예행연습을 거쳐 준비하고 닦은 예술 형태로서의 춤이다(다른 형태의 춤, 예를 들어, 군무[群舞] 같은 것은 신학적으로 영향력이 없다고 말하는 것은 아니다). 더 나아가 구체적으로 말하면, 나는 이 장을 춤의 기독교 관행, 즉 내가 "성상으로서의 춤"이라 일컫는 부분에 국한한다. "공연으로서의 춤"과 "성상으로서의 춤"을 구분하는 것은 단지 종교적인 내용(주제가 성경적이거나 종교적인 훌륭한 "세속적" 춤 작품도 많다)이 아니라 안무가, 공연자, 관객의 의도이다. 이들은 각기 동방 정교회 전통에서 성상에 접근하는 동일한 믿음 깊은 태도로 "희미하고 거룩한 빛"을 붙잡으려는 소망을 가지고 춤으로 나아온다.

3. 장애물로서의 춤

여러 인류학자에 의하면, 춤은 자연의 변화와 자연의 순환을 종교적으로 표현한 것이다. 그리고 춤은 이러한 자연의 생명력과 연결되려는 (그리고 다스리려는) 인간 욕망을 종교적으로 표현한 것이다. 그러나 성스러운 춤은 이스라엘의 주변국처럼 자연의 생명력을 조작하려는 시도가 아닌 여호와의 경배로써, 일상적인 유대인 삶의 자연스러운 부분이었다는 사실을 성경 연구와 탈무드, 역사적 자료들이 충분하게 설명한다. 그럼에도 몸의 움직임과 춤은 기독교회의 여러 전통과 잘 어울리지 않는 것처럼 여겨진다.

1) 정적(stillness)과 물질성

초대 교회에서 몸의 움직임과 춤에 반감을 갖게 된 것은 성경이 아닌 그리스의 인체 개념에서 유래된 것 같다. 트레버 하트(Trevor Hart)는 그의 서문에서, 몇 가지 초대 교회 사고 패턴을 깊이 형성한 그리스 철학의 어떤 이원론적 경향을 보여주었다. 몸과의 문제는 몸의 **물질성**에 있었다. 인간의 몸은 이런 덧없음과 타락성의 한 전형으로 생각되기 쉬웠기 때문에 "영혼의 적"으로 여겨졌다.

이런 태도는 부분적으로 기독교 의식 부분으로 스며들었다. 키케로(Cicero)가 상술하고 몇몇 교부들이 지속시킨 수사법은 물질보다 정신의 우위를 입증하려 했다. 수사학이 규정한 몸의 움직임은 거의 사용되지 않는 얼굴과 손에 초점을 맞췄다.

강조된 것은 중용이었다. 이상적인 몸짓은 물질보다 정신의 우월을 드러낸다 … 고대에서 중세에 이르기까지, 엘리트 집단은 몸짓보다 신과 같은(godlike) 부동성(immobility)의 이상을, 육체보다 정신을 점차 선호하게 되었다. 부동성은 육체의 움직임에 반대되는 정신의 몸짓으로 이해되었다.[7]

건널 수 없으며, 분명 성경적이라기보다 그리스적 개념인 "부동의 원동자"(the unmoved mover)로서의 하나님 개념은 이처럼 인간의 정적(stillness)에서 나타난다. 움직임의 **부재**는 이상적인 것, 정신적인 것의 기표(signifier)가 되었다.

신체의 움직임이 육체적 삶을 방해하지 않도록 관심을 가졌다. 초신자들은 교단 가입 선서를 할 때, 특유한 몸동작을 버리고 그 종교 단체의 규정에 따르는 억제된 동작을 해야 했다.[8] 영적인 것을 의미하는 정적은 물질보다 "이상적인 것"의 선호와 더불어 적절하게 조화를 이루었다.

예배 형태로서 춤은 대체로 초대 교회에서 금지되었는데, 이는 특히 그리스 문화에서 춤을 관능성 유발이나 신비 의식 같은 것과 관련지어 생각했기 때문이다. 계속해서 춤은 수 세기에 걸쳐 교회에서 대중 수준에서 다양하게 선보였지만, 초대 교회와 교부 시대 이후로 예배에서 춤은 거듭 단속의 대상이었다.[9]

7　Elochukwu Uzukwu, *Worship as Body Language* (Collegeville, MN: The Liturgical Press, 1997), 6-7.
8　Ibid., 8.
9　예배에서의 춤의 역사에 대한 훌륭한 논점을 참조하려면 John Gordon Davies, *Liturgical Dance* (London: SCM Press, 1984)를 보라.

몸의 정지, 육체 활동의 중단이 권장되었다. 수 세기 후, 데카르트는 몸을 더욱 격하하여 마음을 담는 물리적 용기(容器)로 보았다. 이 견해는 서구의 근대성의 많은 부분에 깊이 반영되었다. 철학자 라일(Ryle)은 이 광범위한 마음 이론을 이렇게 요약한다.

> 인간은 특이하면서 여전히 분리된 육신과 영혼(혹은 마음)으로 형성된다. 몸은 마음의 주인 역할을 하거나 마음을 담는 용기 역할을 하거나, 혹은 영적 진보나 죽음을 통해 자유가 추구될 수도 있는 감옥의 역할까지도 할 것이다.[10]

예를 들어, 용기 비유가 죽음 이후 영혼의 존재를 개념화하려는 목적으로 사용될 수는 있지만, 다른 목적으로 그 비유는 잘못된 인지 수단이다. 여기서 기본적 오류 하나는 마음(혹은 영혼)을 **본질적으로**[11] 두뇌(그리고 몸)와 다른 것으로 간주하는 것처럼 여겨질 수 있다는 것이다. 이것을 그리스도에 적용하면, 용기 비유와 더 저급한 인식론상의 감정 상태는 하나님이시자 인간이신 그리스도의 통합된 본성에 대한 우리 이해를 제한하기 쉽다.

더욱이, 우리의 접근 대상인 그리스도는 그분이 점점 더 우리와 같지 않은 분으로 묘사되면서 우리 인간의 이해에서 멀어진다.

10　Paul Davies, *God and the New Physics* (London: Simon & Schuster, 1983), 79.
11　긴 역사가 있는 "본질"(substance) 개념이 특별한 종류의 은유로 쓰이고 있음이 분명하다. 은유의 주된 기능은 다른 종류의 일에 비추어 한 종류의 일을 부분적으로 이해할 수 있게 하는 것이다. 우리가 우리만의 은유를 과신할 때, 그리고 그 은유를 일대일의 상관관계를 갖는 것으로 믿을 때 문제가 생긴다. Janet Martin Soskice, *Metaphor and Religious Language* (Oxford: Clarendon Press, 1985)를 보라.

세실 B. 드밀(Cecil B. de Mille) 감독이 연출하는 예수님을 보면, 그분은 기이하게 조용하며, 하늘을 향해 눈을 올려뜬 채, 외따로 멀리 떨어져 계신 모습으로 나타나신다. 교회에서 몸을 분리된 것으로 취급하고, 영혼이나 마음보다 열등한 것으로 취급하는 태도로 말미암아, 춤은 교회에서 홀대당하거나 사라지게 되었을 뿐만 아니라, 그로 인해 그리스도께서 완전한 인간의 몸을 입으셨다는 진리를 이해하기 어렵게 되었다. 이런 태도들이 우리를 위해 성육신하신 하나님의 아들, 그리스도의 "인성"을 충분히 알 수 없게 만들었다.

2) 성별 그리고 체현(體現, embodiment)의 두려움

중세 예배에서 가끔 춤이 등장했지만, 기독교인들은 여전히 몸을 혐오하였다. 대체로 많이 먹고 많이 자는 것을 절제하는 것은 수도원 전통의 규범이었다. 종교적으로 경건한 중세 여자들은 굶어 죽을 정도의 극단적인 거룩함을 추구하기도 했다. 분명, 음식을 준비하고 나누는 것은 여자들의 권한이 행사되었던 분야이다. 그런 일이야말로 여자들이 "활동"할 수 있었던 무대였기 때문이다.[12]

그러나 이런 견지에서 볼 때에도, 먹기, 마시기, 배설하기, 생리하기와 같은 생체 기능을 여자들이 억제하려 했던 방법을 다룬 미화된 전기(hagiography)는 체현에 대한 문화적 반감을 반영하며, 이는 여자들에게 더욱더 비판적이었다. 여자들은 흔히 저급한 본성과

12　이런 현상의 명백한 논점을 참조하려면 Caroline Bynum, *Holy Feast, Holy Fast* (Berkeley, CA: University of California Press, 1987)를 보라.

동일시되었으며, 세상에 죄를 들여온 책임이 있다고 간주되었다. 이는 대부분 어거스틴(Augustine)의 창세기 이야기 해석과 사실상 원죄를 성적인 것으로 오해한 탓이다.[13] 경건한 여자들은 체현의 오점을 제거하기 위해 더욱더 열심히 일해야 했다.

몸에 대한 그런 편견은 기독교의 불가피한 산물이 아니라, 오히려 초기 기독교의 문화화(inculturation), 특히 그리스 상류 문화의 "우연한" 산물이다. 구약성경에서 인간성 개념은 육체적, 정신적, 감정적, 의도적 속성의 복합 혼합물로 묘사되며, 그들 안에 서열은 존재하지 않는 것처럼 보인다.[14]

신약성경의 저자들은 인간을 별개의 영혼과 별개의 육체로 되어 있는 존재로 보는 것처럼 여겨지지 않는다. "영혼"은 전인적 인간을 나타내며, "육체" 또한 그렇다고 보았다.[15] 몸, 즉 소마(soma)라는 말은 완전한 사람을 의미했으며, 보통 신체의 본성을 강조하기도 한다. 예를 들어, "너희 몸을 거룩한 산 제물로 드리라"(롬 12:1)는 말

---

13 오늘에 이르기까지, 타락한 본성과 육체의 관능성을 동일시하는 오해가 널리 파급되어 있다. 이는 타락한 본성을 훨씬 더 만연된 것으로 묘사하는 성경의 기록과 대조된다. 하나님과 별도로 인간의 잠재력으로 살아가려는 욕망, 하나님처럼 되는 것, 우리 자신이 신이 되는 것이 이에 속한다.

14 구약에서 "영혼"이라는 말은 종종 네페쉬(nephesh)로 나오는데, 이는 헬라어로는 프쉬케(psyche)로 번역된다. 그러나 몸에 대한 말이 나오지 않는 것은 대체로 저자들이 몸을 영혼과 별개의 것으로 간주하지 않았기 때문일 것이다. 네페쉬는 주검(레 21:11)으로 사용될 수 있었다. "육신"에 해당하는 히브리어 단어는 영혼(시 63:1)과 비슷한 말로 사용될 수 있었다. 시 84:2에서 몸은 살아계신 하나님을 갈망한다. 용기처럼 몸에 거하는 영혼 개념은 없다.

15 "육체"에 해당하는 단어 사륵스(sarx)는 적어도 세 가지로 사용된다. 첫째, 전 인간을 의미하는 것으로(갈 2:16), 둘째, 인간이 물질적 존재임을 나타내는 것으로(고후 4:11), 셋째, 저급한 본성을 지적하기 위한 도덕적 암시(갈 5:13)로 사용된다. 고전 5:23은 3분설(영/혼/몸)을 암시하는 것으로 여겨지지만, 그곳에서 사용하는 언어는 수사적인 것으로 인간의 전체성을 강조한다.

씀은 우리 몸뿐만 아니라 우리의 전 자아에 관련된 명령이다.

성육신 메시지는 체현된 인간에 대한 확인으로 더 철저히 이해될 수 있다. 그러나 마리아의 동정성이 근본적인 것으로 강조된다면, 성육신은 체현에 대한 부정 및 인간의 성(sexuality)에 대한 부인으로 해석될 수 있다. 춤이 금지되었을 뿐 아니라, 유럽 몇몇 지역의 여자들은 성찬에서 빵을 받으려면 린넨(linen: 천의 일종 – 역주) 조각으로 손을 가려야 했다. 이렇게 인간의 체현, 특히 여성의 체현은 더러운 것이었다.

우리가 살펴보았듯이, 문화와 관련된 체현의 두려움은 여성성에 의해 강화되었다. 여성성은 전통적으로 비합리적, 감정적 의존과 본성에 관련되어 왔다. 계몽주의 시기 동안 남성들은 그들만이 합리적 사고 능력을 갖췄다는 지배적인 생각으로, 그들 신체를 뛰어넘는 어떤 우월감을 갖게 되었다. 반면, 여성들은 보다 더 본성에 묶였기에 죄에 묶인 것으로 간주되었다.

오늘날 우리 문화에서, 그들의 본질적인 부분으로서의 몸과 일치되는 사람들은 여자, 어린아이, 노인, 흑인, 장애인이다. 그리고 이 모든 계층의 사람에게 문제가 되는 것은 몸이다. 이를테면, 그들은 몸의 영향을 피할 수 없다.[16] 여기에 숨은 의미는 몸은 **제어되어야 할 대상**이라는 것이다. 페미니스트들은 이런 관점의 논리적 진행을 발 빠르게 지적했다.

체현으로서 여자들은 객체가 된다. 따라서 여자들은 남자들의 목

---

16 Elaine Graham, *Transforming Practice: Pastoral Theology in an Age of Uncertainty* (London: Mowbray, 1996).

적에 따라 욕망이나 출산의 대상으로 이용될 수 있다. 체현된 흑인들 또한 객체이다. 따라서 그들에게 낮은 임금을 지불하고 노예처럼 일하게 하는 것은 정당화된다. 늙었거나, 죽었거나, 장애를 당한 사람들은 언젠가는 우리가 겪어야 할 죽음을 떠올리는 대상이다. 말하자면, 그들은 눈에 띄지 않게 숨겨져야 한다. 그러한 문화 전반의 관행은 한결같이 "당연한" 모습을 띤다.

그러나 약간의 빈틈은 여전히 있다. 몸의 객체화(objectification)가 "자연 상태"라기보다 사회 구조라는 증거가 구조의 특성에서 종종 드러나 입증된다. 사랑하는 사람에게서 거절당해 보아야 비로소 우리는 성적으로 몸의 거절이 얼마나 사람 근본에 대한 거절로 느껴지는지를 알게 된다.

성애(性愛)의 영역은 여전히 우리 몸이 **우리 자신임**을 느낄 수 있는 탁월한 장소다. 남자와 여자로서 우리 몸은 서로에 대한 "근본적인 취약성"이 드러나는 영역이다. 서로에 대한 이런 취약성은 우리 존재 근본에 속하는 것이라고 주장하는 사람들이 있을 것이다.[17] 우리의 체현은 위험투성이다. 따라서 어떤 희생을 치르더라도 우리는 몸을 제어해야 한다. 몸이 우리의 취약성이 "제어"될 수 있는 대상이라면 삶은 한층 단순해질 것이다.

기독교는 다양한 이원론 형태의 문화를 옷 입고 우리의 성별이 반영된 체현과 그 취약성에 대한 부정을 강화시켰다. 이원론은 남녀 모두에게 영향을 주지만, 방법은 다르다. 여자들에게 이원론은

17　Rowan Williams, *Our Selves, Our Souls and Bodies*, ed. C. Hefling (Cambridge, Boston, MA: Cowley Press, 1996)의 "The Body's Grace," 58-68를 보라.

열등한 존재가 됨을 뜻했으나, 남자들에게 이원론은 그들 스스로와 다른 사람들에게서 단절됨을 뜻했다.

이런 맥락에서, 기독교를 표현하는 수단으로서의 춤은 생각할 수 없는, 곧 "여자의 것"으로 간주되는 그야말로 당혹스러운 것이었다. 특히 서양의 기독교는 부주의로 인간 실재의 모든 영역을 차단하고 우리에게 기독교인이 되는 것의 우선적 특징을 제시했다. 이를테면, 지적이며, 현실과 유리되며, 남성적이며, 감정을 절제하며, 서열에 질서가 있는 특징이다. 빈번하게 우리는 이와 비슷한 말로 예수님을 묘사했으며, 동시에 예수님을 이해할 수 있는 우리의 능력을 축소시켰다. 보통, 우리는 **마음만으로** 예수님을 알고, 그 분도 우리 **마음만을** 알아주시는 것에 만족한다.

3) 개인주의

이원론 초기의 다른 영향은 개인의 존엄성을 지나치게 강조하는 것이었다. 소위 말하는 개인의 "육신"의 죄에 대한 싸움이 주로 기독교계를 사로잡게 되었다. 이는 가난하고 압제 받는 사람들을 돌보고 이웃 사랑하기를 자기 자신을 사랑하듯이 하라는 구약 선지자들의 강조와는 현저하게 대조되었다.

이렇게 개인의 경건으로 방향이 바뀐 것은 부분적으로, 계속해서 주후 첫 몇 세기 동안 공적인 신앙 표현을 금지했던 박해 때문일 것이다. 박해가 있었다는 것은 기독교인들이 비밀리에 만나고, 신분을 숨기고, 고문과 죽음을 무릅쓸 각오를 해야만 했음을 뜻한다. 그들은 몸을 하잘것없는 것으로 여길 각오를 해야만 했다.

하지만 개인의 몸을 부인하는 경건 강조는 삶의 외형적인 면에 다소 관대하신 예수님 태도와 비교되어야 한다.

> 인자는 와서 먹고 마시매 말하기를 보라 세리와 죄인의 친구로다(마 11:19).

하나님 나라 헌신에 방해가 되지 않는 한, 예수님은 먹고 마시는 일들에 대해 분명 엄격하지 않으셨다. 실제로, 예수님은 몸을 더럽히는 것에 대한 이해를 뒤집으셔서, 사람을 더럽히는 것은 입으로 들어가는 것이 아니라 입에서 나오는 것이라고 말씀하셨다(마 15:17-20). 예수님은 기독교인의 삶을 다른 사람들과의 본질적인 관계로 묘사하셨다.

> 내가 너희를 사랑한 것같이 너희도 서로 사랑하라 하는 이것이니라(요 15:12).

우리의 인간 지식이 풍부해지면서, 어떤 사람은 어디서 시작하며 또 다른 사람은 어디서 끝나는지 판단하기 힘들어진다. 우리의 경험, 선택 그리고 개인의 기억 모두를 근거로 우리는 독특한 정체성을 지닌다.

또한 우리는 사회적 정체성도 지닌다. 이것은 과거에서 현재까지 이르는 타인과의 상호작용과 우리가 속한 공동체에 대한 평가 그리고 보다 더 중요한 것으로 우리에 대한 그들의 평가의 결과이다. 이런 우리 정체성의 부분은 밀접하게, 어쩌면 불편하게, 다른 사람들과 관련되어 있다.

우리는 개인적, 사회적 양 극단의 정체성 사이에서 연약하고 역동적인 갈등의 삶을 살아가고 있다. 심리적으로나 사회적으로, 우리는 밀폐되어 있지 않다. 우리 정체성이 사회적, 개인적 측면에서 뒤섞여 있음은 사회심리학 연구에서 점점 더 증명되고 있다.

정체성의 형성, 그리고 사고 행위조차 개인의 개별 행위에서 기인하는 것이 아니라, 가치와 의미를 공유하면서 알아가는 공동체와 함께함에서 기인한다. 인간의 정체성은 여전히 역설이다. 말하자면, 우리는 개인적인 존재면서 사회적인 존재이다.

그렇지만 우리가 계속해서 인간을 용기 모형(영혼 혹은 정신이 거주하는 "객체"로서의 몸)의 관점에서 생각한다면, 우리는 어쩔 수 없이 자신을 본질에서 서로 분리된 것으로 생각하게 되지 않을까! 서구의 근대성에서 우리는 공유하는 사회적 정체성보다 습관적으로 개인의 정체성을 높인다.[18]

이에 맞추어, 그리스도를 성부와 성령 혹은 다른 사람들과 상관없는 근본적으로 고립된 개인으로 묘사해야 한다는 견해가 권장되었다. 또한 멀리 존재하며 움직임이 없이 차분하고 중립적인 개인으로서의 그리스도는 고립되고, 무력하고, 실체 없는 정적(stillness)에 있는, 똑같이 고립된 개인들에게 가장 잘 알려지게 될 것으로 보인다. 기독교인으로서 우리는 종종 우리가 사회생활에 영향력을 행사하기에 역부족임을 느끼는 것은 당연한 일이다.

---

18 마음을 획기적으로 이해하는 입장에서 개인의 정체성은 그것이 의존하는 사회 정체성을 지지하는 구조에서의 **발현**으로 이해될 것이다.

4. 춤과 이원론

이런 문화유산에 직면하여, 춤은 교회생활과 특히 우리의 성육신 이해에 무엇을 이바지할 수 있을까?

나는 교회생활에서 춤이 자동적으로 선이 될 것이라고 주장하지 않는다. 춤은 관객의 공유하는 의미와 가치에 부적절한 표현, 그리고 그 표현의 진부함을 알리는 신학을 전달하는 잘못을 행할 수도 있다.[19] 체현에 대한 두려움의 문화를 고려할 때, 춤은 다른 좋은 뜻을 전달하기보다는 평범한 예술적 기여에 그칠 수도 있다.

시폰(chiffon: 속이 비치는 천-역주) 스카프를 흔들고, 팔을 휘두르고, 하늘을 향해 눈을 치켜뜨는 무용수들의 기독교 춤은 그 춤이 타도해야 할 바로 "심리적 가현설"(psychological docetism)의 죄를 범할 수도 있다.[20] 그렇지만 춤은 우리가 인간 그리스도에 접근하는 길과 우리가 알고 있는 분인 그리스도에 관련하여, 이원론의 영향을 타파할 잠재력을 갖는다. 춤은 그리스도를 알 수 있는 우리 자신에 대해 더 많은 것을 생각나게 할 수 있으며, 어떤 의미로 **그리스도에 대**

19　일반적으로 기독교 맥락에서 춤에 대하여, 그것이 설교를 대체하게 될 수도 있을 것이라는 불안감이 있다. 그러나 그 점은 염려할 필요가 없다. 춤은 혼자 이루어질 수 없기 때문이다. 신학적 목적이 담긴 춤은 종종 같은 목적으로 섬기는 예배의 부분으로 말과 몸짓이 사용될 때 가장 강하게 표현된다. 춤은 최종적인 "말"이 아니라, 말들을 넘어섬으로써 말씀을 섬기는 행위다.

20　"심리적 가현설"은 그리스도의 인성을 약화하고 그리스도의 신성을 강조한다. 가장 최근에 기독교 춤이 급증한 시기(1960년대에서 1970년대에 이르는), 무용수들은 춤이 시작된 이후로 춤을 부인해온 교회가 받아들이기에 "적합"하게 하기 위해 춤에서 이 심리적 가현설을 강조하고 움직임의 방식을 수용한 것 같다. 불행하게도 이런 방식은 종종 원래 창조성에서 오는 정통성을 약화하고 "복제"했다. 이러한 과오가 있었지만, 오늘날 다양한 교파에 속한 많은 기독교인은 춤이 예배에 기여한 점을 높이 평가한다.

해 더 많은 것을 생각나게 할 수 있다.

1) 우리 자신에 대해 더 많은 것

춤은 역설적으로 우리 몸과 마음, 남성과 여성, 개인적 특성과 사회적 특성을 전달한다. 체현된 예술 형태로서, 무용수들의 몸은 내적 본성을 숨기는 "무덤"이라기보다, 바로 사람의 존재와 사람됨을 전달하는 수단이다. 우리가 몸을 혐오하는 것과 남성과 여성 구분을 혐오하는 것은 마음과 몸의 교묘한 분리를 나타낸다.

그뿐 아니라, 이런 혐오와 구분은 성화하시고 구속하시는 창조자의 임재 안에서 남자들과 여자들이 자신들의 체현을 축하할 때 바뀌게 된다. 춤은 기독교에서 말하는 몸의 창조에 대한 찬양을 생각나게 하며, 하나님의 자녀가 되는 자유를 생각나게 한다. 춤에서, 몸은 객체가 아니라, 역동적 움직임이나 관계에서 주체다.

기독교인은 춤을 통해 다른 사람들, 그리고 삼위일체의 각 위격과 역동적인 관계를 맺을 수 있다.[21] 즉, 춤은 우리가 되어야 할 것의 한계를 지은 기독교와 연결된 문화적 전제로부터 우리를 해방시켜 주는 하나의 방법이 될 수 있다.

---

21 춤은 대체로 군무(群舞)로 행해진다. 안무가 잘 된 춤은 유기적, 집단적 통일체이며, 춤의 각 부분 이상의 것을 창조하는 무용수들의 총체다. 춤은 사람을 관계망 안에 내장된 개인으로 묘사하며, 우리 인간 공동체의 순전한 기쁨과 힘을 불러일으킬 수 있다.

2) 그리스도에 대해 더 많은 것

비록 체현된 인간 삶의 복잡함과 그런 삶에서 느끼는 고뇌와 육신의 고통에서 우리 자신을 분리하고, "영적인" 기독교를 선호하기가 더 쉽지만, 그로 인해 우리는 대체로 지상의 삶을 사신 인간 그리스도의 실재를 놓친다.

우리의 육신적, 감정적 측면에 자양분이 될 수 있는 경험을 통해, 우리는 우리 자신의 사람됨을 더 깊이 알게 되며, 비록 몸의 모습으로 계속 우리와 함께하시지는 않지만, 우리와 인성을 공유하시는 그리스도를 부지중에 더 깊이 알게 된다. 비록 명제적 지식보다 감정적 지식과 더 관계가 있지만, 춤은 그리스도에 대하여 우리가 더 풍성한 명제적 지식을 갖게 하며, 그 지식에 암시된 것을 잘 드러나게 한다.

역사적인 시간과 공간에서 춤은 신체와 관련된다. 이는 특별히 유대-기독교 전통의 특징을 강조한다.

부활하신 예수님이 유령이 아닌 살과 뼈를 갖춘 인간이심을 강조하려는 것이 아니라면, 복음 저자들은 정상적인 시공의 한계라는 장애가 없었음에도, 왜 부활 후 나타나신 예수님이 아침에 무엇을 잡수셨는지와 같은 다소 평범한 일상사를 집어넣었을까?

일찍이 복음서에서 우리는 예수님이 말로는 부족한 깊은 진리를 전달하시려고 문둥병자를 만지시고, 값비싼 향유를 "넘치게" 붓도록 그냥 두시고, 빵을 떼며 잔을 나누시고, 십자가에 달리시는 일 같은 상징적인 움직임을 하시는 것을 볼 수 있다.

진정 그런 몸의 행위도 없이 제자들은 그분의 성품을 파악했을까?

예수님의 메시지를 절실히 깨닫게 하려면 죽음과 부활 같은 육신에 관련된 더 큰 사건이 필요했다. 예수님의 수치스러운 죽음의 충격과, 뒤이어 믿기 어려운 몸의 부활은 제자들이 유랑하는 이 유대 랍비와 동행한 3년 동안 내내 들었던 그 놀라운 주제를 요약한다.

인간 예수님은 인간의 형상을 하신 하나님이시라는 것이 그 주제다. 예수님은 그분의 십자가 죽음 전후로, 이 세상에서 자기의 진실한 인간되심을 드러내시는 방법으로 몸의 움직임을 사용하셨다.

춤은 예수님이 몸소 진정한 인간 실존을 사셨다는 이 모든 것을 우리 마음에 떠올리게 할 수 있다. 인간 실존은 우리가 공통으로 갖는 근거이다. 그래서 인간 실존은 우리가 예수님을 만나는 곳이다. 더 나아가, 우리는 예수님이 취하신 이 역동적, 물리적 인성이 우리 미래의 언약으로 하나님 생명에 영원히 포함되었음을 마음에 떠올리게 된다.

5. 삼위일체의 춤

성육신은 우리를 향하신 하나님의 출중한 움직임이며, 하나님의 최고의 분방한 움직임이다. 이런 담대하고, 무모하기조차 한 초대를 통해 우리는 삼위일체 생명에 참여하라는 부르심을 받는다.

춤은 우리에게 성육신의 이런 참여적인 면을 드러낼 수 있다. 하나님의 춤은 기독교를 포함한 세상의 여러 종교에서 사용된 은유이다. 히폴리투스(Hippolytus)의 부활절 찬송의 외침은 다음과 같이 터져 나온다.

오, 신비한 원무(round-dance)의 인도자이신 주여!
오, 영적 혼인 잔치의 인도자이신 주여!

여기서 **로고스**(*Logos*)는 "세상을 움직이는 춤의 인도자"로 묘사된다. 삼위일체의 영원한 상호침투(perichoresis)는 삼위일체 하나님이 추시는 영원한 원무로 묘사할 수 있을 것이다. 이 원무로부터 서로 관통하는 피조물의 리듬은 메아리처럼 서로 맞춰 상승한다.[22]

이것을 반영한 유명한 루브레프(Rublev)의 성화 "성삼위일체"(작품 1, p. 258)는 하나님이 아브라함에게 약속하신 씨를 보증하려고 그를 찾아온 세 사자(messenger)를 묘사한다.

비록 사자들은 함께 앉아 저녁을 먹는 모습으로 묘사되었으나, 그들 셋의 우아한 리듬, 그들의 약간 숙인 머리와 손짓하는 손들은 한 사람에게서 다른 사람에게로, 이어서 또 다른 사람에게로, 처음에는 한 방향으로, 이어서 다른 방향으로 진행하는 관계 춤을 암시한다. 사자들이 입은 옷의 선을 따라가노라면, 그들의 시선에서, 심지어 그들의 발을 꼰 방식에서도, 안락한 일체감이 암시된다. 그렇지만 이 일체감 안에 각 인물의 독특한 정체성이 있다.

더없이 행복한 삼위일체가 우리가 자주 경멸하는 체현된 인간 조건을 수용하는 그러한 춤을 방해하시는 것일까?

삼위일체의 성부 하나님이 아들에게 연약한 태아(胎)의 몸을 입게 하셨으면 어땠을까?

하나님이 아들을 고통당하고, 멸시당하고 죽음에 이르는 인간 상

---

22 Jürgen Moltmann, *God in Creation* (London: SCM, 1985), 307.

태에 두시어 그분을 "잃어버리셨으면" 어땠을까?

하나님은 아들이 철저하게 수모당하게 하신 이후, 즉 예수님의 부활 이후에는 아들의 유기(遺棄)를 더 지속하지 않으셨다. 인간으로 예수님이 겪으신 상처, 기억, 짐은 삼위일체의 춤 속에 포함되었다. 예수님이 아버지께로 가셨을 때, 모든 것은 삼위일체의 품에 안겼다.

우리는 이 삼위일체의 춤에서 이런 놀라운 반전을 통해 일어나는, 어떤 심오한 조정과 가파른 "학습 곡선"(learning curve: 학습 결과로 일어나는 변화를 도식화한 것-역주)을 상상할 수 있을까?

삼위일체의 춤은 이제 우리에게 문을 열었으며, 우리는 거기에 참여토록 초대받았다. 우리는 이 춤에 속한다. 더는 우리가 다른 사람들을 비난받을 "몸-객체"로 취급해서는 안 된다. 우리 몸은 예수님을 통해 하나님께 속하게 되었다.

그리고 인간은 나뉠 수 없기에, 우리 몸, 감정, 마음과 정신 모두가 하나를 이루는 이런 통합의 춤에 합류된다. 우리가 감당하고 겪은 고통은 삼위일체의 춤 안에 받아들여졌다. 이제 우리는 우리 행위가 무엇을 필요로 하는지를 더 분명히 알 수 있다. 삼위일체처럼, 우리의 개체성이나 자유는 전혀 소멸되지 않는다. 우리는 더 완전히 우리 자신이 되며 더욱더 자유로워진다.

6. 성육신을 향한 창(窓)으로서의 춤

우리가 하나님의 겸손을 과소평가하지 않는 한 성육신을 향한 창으로서의 춤은 가능하다. 땀흘리고, 신음하고, 호르몬에 이끌리는 육체가 하나님을 위한 장막과 같을 수는 없다. 그럼에도 하나님은 우리가 거부하는 우리의 몸, 감정, 상처, 죽음을 끌어안으신다. 우리가 경멸하는 것을 하나님이 스스로 선택해 한계성을 갖게 된다는 사실을 우리가 받아들일 수 있다면, 우리는 거기서 그리스도를 어렴풋이 감지할 수 있다.

그런데도 우리는 종종 기분이 상했다. 기독교 역사를 통틀어, 성육신이 우리에게 맡기는 역동적인 긴장 상태를 놓치고, 어떤 쉬운 이원론 형태에서 하나님을 상상하려는 경향이 되풀이된다. 이는 하나님을 분리되고 서로 교재할 수 없는, 우리 인간 너머의 존재로 상상하려는 경향이다. 우주를 물질(material)과 이상(ideal)의 뚜렷한 두 영역으로 구분하는 철학의 해법은, 특별히 우리가 심한 고통과 응답 없는 기도에 직면할 때 의존하는 자구책이다. 그러한 해법은 우리가 일시적으로 "살아남게" 도와줄 수 있다.

금세기의 대학살 전쟁은 하나님에 관한 우리 생각에 분수령을 조장했다. "이 땅에 하나님이 없다"는 생각은 지난 한 세기 역사를 선포한다. 하나님을 고집하는 사람들은 때로는 하나님이 그리스도 안에서 체현하셨음을 망각하고 그렇게 한다. 왜냐하면, 잔인한 현실에 직면하여, 역설 같은 성육신을 고집하는 것이 불가능하다는 느낌을 주기 때문이다. 우리는 완전함이 어딘가 다른 곳에 존재한다고 믿을 수밖에 없게 한다.

이 무의미한 고통 속에 하나님이 친히 계셨을 것이며, 지금도 다른 방식으로 여전히 계시며, 앞으로도 계실 것임을 우리는 견지할 수 없다. 감정적으로 그리고 지성적으로, 이원론자의 해법은 때로는 매력적인 것처럼 여겨질 수 있다.

그렇지만 성육신에 관련해, 그리스도께서 완전한 하나님이거나 완전한 인간이라는 양극단 그 어느 것이든, 그 뒤에는 우리 자신을 인간의 고통에서 멀리하려는 강한 소원이 있을 수 있다. 우리는 하나님도 이것을 원하시리라 생각한다.

경건한 로마 가톨릭 교도였던 작곡가 올리버 메시앙(Oliver Messiaen)은 그가 실레지아(Silesia)의 괴르리츠(Gorlitz) 나치 수용소에 전범으로 갇혀있던 1940년에 "종말을 위한 사중주"(Quartet for the End of Time)라는 곡을 썼다.[23] 메시앙의 사중주 중 끝에서 두 번째 곡인 "예수님의 불멸성에 찬양을"(Louange à l'Immortalité de Jésus)은 죽음의 상황과 명백히 대조된다.

음의 정지, 계류(繫留), 끝없이 상승하는 바이올린 선율로 예수님의 불멸성을 묘사하는 이 곡은 시대의 참화에 영향받지 않는다. 메시앙에게, 선율이 최고 음역에 도달하는 것은 하나님을 향한 예수님 인성의 상승을 반영한다. 완벽은 진정 존재한다. 완벽은 "별개의 것"이며, 완벽은 초월한 것이며, 완벽은 현 세상이 접촉할 수 없는 것이다. 완벽은 현재에서 끝없는 영원 속으로 청중을 멀리 옮겨놓는 황홀한 음악이다.

안무가로서 나는 이 절묘한 음악의 사용을 허락받아, 감정적으로 철학적으로 이 음악에 반대 방향으로 움직이는 춤을 구성했다. 춤의 제목은 십자가에서 죽은 예수님 몸을 내리는 것을 말하는 "그리

---

23 Stephen Pruslin, Olivier Messiaen: *Quatour pour la fin du temps*(London: Lambourne Productions, 1994) CD표지에서 따온 글. "첫 공연은 1941년 한 포로수용소에서 있었다. 메시앙 자신이 건반소리가 났다가 나지 않았다가를 반복하는 피아노를 연주했으며, 공연에 사용된 첼로는 줄이 겨우 세 개밖에 없었다는 말이 전해진다. 얼어붙는 추위 속에서 수많은 프랑스, 벨기에, 폴란드 죄수들이 앉아 듣고 있었다."

스도 강가(降架)"라고 붙였다. 이 춤에 정상인 세 명과 휠체어를 탄한 명의 장애인으로 구성된 남녀 네 명의 무용수가 참여한다. 예수님의 처형 도구의 묘사를 위해 찢기고, 조각난 거대한 삼면화를 사용하며,[24] 이 처형 도구에서 네 "제자"는 알아볼 수 없을 만큼 심하게 훼손된 그리스도의 시체를 끌어내리는 끔찍한 일을 한다. 끝없이 상승하는 바이올린 선율을 배경으로, 무용수들의 움직임은 고뇌와 공포감 속에서 바닥으로 향한다.

춤은 어둑어둑함에서 시작한다. 측면 조명으로 1940년대 강제수용소의 흑백 사진을 환기시키는 짙은 그림자를 연출한다. 유일하게 유채색이 나타나는 것은 삼면화의 어느 한 측면의 천에 수직으로 생긴 조그만 틈이 앞뒤로 움직이는 순간이다. 이 벌어진 틈을 통해 순간적으로 붉은 빛이 희미하게 나타난다.

각 무용수는 지속적인 느린 동작이나, 급격한 복부 수축 동작이나, 휠체어를 급회전하는 기민한 동작과 같은 다양한 움직임을 역동적으로 수행한다. 무용수들은 훼손된 그리스도의 몸을 내리는 혐오스러운 일을 해야 한다. 무용수들은 엉망이 된 이 소름 끼치는 십자가 형태에 자석처럼 몸이 이끌리기도 하고 밀려나기도 한다. 이 은밀한 공포에서 느끼는 상호거리감이 있다. 휠체어의 움직임은 안무의 가능성을 더하지만, 몸의 움직임은 모두 흔들림 없이 상승하는 선율과 대조적으로 엄숙함 속에 빠진다.

춤의 다음 국면은 그리스도의 몸을 십자가에서 내리는 문제와 관련된다. 여러 번 시도와 실패를 거듭한 끝에, 이 일은 무용수들에게

---

24 무대 디자인은 리치몬드의 Jane Hildreth라는 예술가의 손으로 이루어졌다.

는 인간적으로 불가능한 것처럼 보인다. 힘을 합쳐 휠체어와 각 사람의 몸을 "사다리"로 이용해야만 예수님의 몸을 내릴 수 있는 높이에 오를 수 있다. 삼면화에 난 구멍을 통해 무용수들은 손이나 발을 이용해 위를 향해 올라갈 수 있다. 정상인들과 장애인으로 구성된 네 명의 무용수가 모두 삼면화를 단단히 붙드는 것은 고조된 음의 절정과 조화를 이룬다. 뒤틀리고, 고통당하는 무용수들의 모습은 가스로 처형된 송장을 담은 기이하게 율동적인 사진을 떠올린다. 정적이 흐르며, 고요하다.

음악이 반복되면서, 무용수들은 예수님의 몸을 아래로 끌어내린다. 그분의 몸은 "그리스도 강가(降架)" 그림의 이미지를 환기하는 축 늘어진 선과 대각선의 천조각(彫刻)으로 표현된다. 무용수들은 율동적인 한숨 소리와 더불어 삼면화를 타고 서서히 바닥으로 움직여 내려온다. 이제 이 고통당한 몸은 받아들여진다. 이런 죽음을 견딜 만하게 하는 것은 무용수들 위로 늘어진, 천조각 부분으로 떠올리는 훼손된 시체에서 내뿜는 연민이다.

춤이 거의 끝나게 되어 음악이 절정에 달하자, 천 조각이 펼쳐지면서 위로 젖혀졌다가 이내 아래로 떠내려와 무용수들을 완전히 감싸 품는 커다란 날개들을 만든다.

몸이 펴지면서 부활 생명을 나타내는 색채들이 순간적으로 번쩍이지만, 부활의 색채들은 찢긴 몸 반대쪽에 있어 무용수들은 이것을 "보지" 못한다. 무용수들은 조심스레 찢긴 몸을 덮어 무대 밖으로 운반한다. 한 무용수가 돌아와 텅 빈 삼면화를 마주 보고 서 있다. 마지막으로 가장 높은 영역의 음으로 "예수님 불멸성에 찬양을"이 연주되면서 서서히 불이 꺼진다.

나는 왜 이 음악의 사용을 사용했으며, 왜 음악이 의도한 메시지를 뒤엎으려는 것처럼 여겨지는 동작서술 기법을 만들었는가?

그것은, 우리가 비록 하나님과 불화하게 되었음에도, 하나님이 우리에게 오셨기에 우리가 그분의 영원 속으로 들어갈 수 있다고 말씀하는 기독교 계시와, 문화 이원론의 혼란 속에서 살고있기 때문이다.

부활이 암시된 춤의 끝 부분에서, 우리는 올리버 메시앙과 더불어 예수님은 영원하시며, 예수님의 생명은 소멸할 리가 없다고 찬양할 수 있다. 이것이 해결된 것은 영원한 영역에서가 아니라, 죽음의 무력함에 둘러싸인 바로 지금 이곳에서이다.

제5장

성상(Icons)을 통하여: 말씀과 이미지가 함께

짐 포레스트(Jim Forest)

『성상과 함께 기도하기』(Praying With Icons) 저자

성상(icon)은 매우 오랜 전통을 가졌지만, 최근에 이르러 원래의 발생지인 교회를 넘어 광범위한 관심의 대상이 되었다. 동방 정교회 전통에서 글을 쓰는 짐 포레스트가 보여주는 것은 그리스도께서 수많은 성상의 주체이실 뿐만 아니라, 성화(icon-painting) 작업의 정당성과 중요성은 성육신과 밀접한 관계가 있다는 사실이다. 다시 말하면, 성상은 하나님이 예수 그리스도 안에서 볼 수 있고 접근할 수 있는 인간이 되셨다는 진리에 대한 명확한 증언이다. 따라서 저자가 역사를 다루는 부분에서 보여주듯이, 성화 작업을 그리스도까지 추적하는 일과 주후 8-9세기의 "성상파괴논쟁"(iconoclastic controversy)의 의의는 성상이 적절한 성육신 교리를 증거한다는 것이다. 짐 포레스트는 계속해서 성화가 이 땅에서 그리스도의 삶이 끼친 영향을 훨씬 능가하는 성육신의 영향력을 강력히 증거할 수 있다고 설명한다. 루브레프(Rublev)가 제작한 유명한 "성삼위일체"(The Holy

Trinity)는 성육신이 가능케 하는 것이 무엇인지 전해준다. 이것은 우리가 삼위일체의 삶을 서로 나눔으로써 변화한다는 의미로, 동방 정교회에서는 이를 테오시스(*theosis*, "신화")라 부른다. 탄생 성화는 성육신에 의해 우리가 변화하는 것을 넘어, 모든 피조물이 변화함을 증명한다. 더욱이, 성상은 성육신에 의한 우리의 변화를 증명할 뿐만 아니라, 성상 자체가 예배자를 변화하게 하는 수단이 된다.

신약성경에서 다음 두 구절을 연결하는 것보다 성상 연구를 더 잘 이해하는 길은 없다.

> 말씀(로고스)이 육신이 되어 우리 가운데 거하시매 우리가 그의 영광을 보니(요 1:14).

> 그는 보이지 아니하는 하나님의 형상(*eikon*, 에이콘)이시요 모든 피조물보다 먼저 나신 이시니(골 1:15).

말씀이신 그리스도는 형상이신 그리스도이기도 하다. 말하자면, 그분은 로고스이시면서 **에이콘**(형상)이시다. 성육신하신 그분은 보이지 아니하시는 분의 보이는 형상이 되셨다. 그래서 오늘날 우리는 우리 귀로만이 아니라 눈으로도 그분을 만난다.

1. 역사적 뿌리

최근 수십 년 동안, 성상은 오랜 쇠퇴기를 거쳐 서방 교회에서 생명을 되찾았다. 지난 16세기 말부터 20세기까지 성상은 대부분의 동방 교회에서 줄곧 쇠퇴한 상태로 살아남았다. 그럼에도 기독교에서 성상은 복음만큼 그 역사가 길다. 일찍이 4세기에 유세비우스(Eusebius)는 『교회사』(History of the Church)에 이렇게 적고 있다.

> 나는 여태껏 보전되어온 구세주, 그리고 베드로와 바울의 멋진 초상화를 자주 보았다.[1]

유세비우스가 본 것은 "초상화"만이 아니다. 유세비우스는 갈릴리의 가이사랴 빌립보를 방문하는 동안, 그리스도께서 혈루병을 치료해주신 여자의 집 밖에서 한 세기도 더 지난 구원자의 "청동상"을 보았다. 유세비우스가 목격한 것에 더욱 주목하지 않을 수 없는 이유는, 그가 종교 이미지를 교회보다는 이방 세상에 속하는 것이라고 간주했던 사람 중 하나였기 때문이다.

전설에 의하면, 최초의 성상이 제작된 것은 오스로엔(Osroene)의 왕 아브가(Abgar) 때였다. 문둥병으로 죽어가던 아브가 왕은 에뎃사(Edessa)로 와서 자기를 치료해달라고 간청하는 메시지를 예수님께 보냈다. 십자가 처형을 앞두고 예루살렘으로 발걸음을 서두르고 계셨던 그리스도께서는 가시지 못하고, 대신 정방형 린넨 천에 자기 얼

---

1 Eusebius, *The History of the Church*, chapter 7, section 18.

굴을 대어 이미지를 만들어 그것을 치유의 선물로 보내셨다. 이 기적의 성상은 10세기에 콘스탄티노플로 옮겨질 때까지 에뎃사에 있었다. 그러다가 1204년, 십자군이 콘스탄티노플을 약탈한 다음에 그 성상은 완전히 사라졌다. "손으로 짓지 아니한 것" 혹은 "거룩한 얼굴"로 알려진 이 성상은 오늘에 이르기까지 자주 재생되어왔다. 그렇기에 원본은 셀 수 없는 모방품들 속에 살아남았다고 볼 수 있다.

비슷한 이야기가 베로니카(Veronica)라는 이름과 관련되어 서방교회에 전해지고 있다. 베로니카는 예수님이 십자가를 지셨을 때 그분을 위로했던 여자 중 하나였다. 그녀는 예수님께 그분의 얼굴에서 흐르는 피와 땀을 닦으실 천을 드렸으며 나중에 그 천에 놀라운 이미지가 새겨졌음을 발견했다.

오늘날 베로니카와 관련된 "슬픔의 길"(Via Dolorosa)을 따라가노라면 "예수님의 작은 자매들"(Little Sisters of Jesus)이라는 우애회(友愛會) 건물이 있는 곳을 발견한다. 그곳에서 그들은 감람나무 판자에 이 성상을 새겨넣고, 팔아 우애회를 운영하고 있다. 전통이 밝히는 것은, 성육신하셨으며 눈에 보이시는 하나님인 그리스도께서 친히 모든 성상 제작의 근본이 되신다는 신학원칙이다.

세 번째 복음서 저자인 누가는 성화 셋을 그렸으며, 그 가운데 하나를 그리스도의 어머니와 성 요한이 식사한 나무 식탁 위에 그렸다고 여겨진다. 세 성화 중 "다정한 성모"(The Mother of God of Tenderness)에서 아기 예수는 어머니 얼굴에 자기 얼굴을 바짝 대고 있다. "길의 인도자"를 뜻하는 "호디기트리아"(Hodigitria)라는 또 다른 성화는 더 균형 잡힌 배열을 이룬 것으로, 아들을 우리에게 선물하는 마리아를 보여준다. 마지막으로 "오란스의 성모"(The Mother of

God Orans)는 팔을 뻗치고 손을 들어 기도하는 모습의 마리아를 보이는데, 마치 "말씀대로 내게 이루어지이다"(눅 1:38)이라고 말하는 것처럼 여겨진다. "오란스의 성모"는 마침내 "표적의 성모"(Mother of God of the Sign)로 진화되었다.

일반적으로, 마리아 안에 있는 태아는 "하나님이 우리와 함께하신다"는 의미의 그리스도 임마누엘이라는 사실이 드러나는데, 그분은 황금 옷을 입고 계시며 오른손으로 축복을 보내시면서 눈으로는 밖을 응시하신다. 이것은 동방 정교회 제단 위에서 자주 발견되는 이미지로, 마리아가 제단처럼 하늘과 땅을 잇는 다리임을 일깨워준다. 이 성화는 사도 바울의 표현을 드러낸다.

> 그런즉 이제는 내가 사는 것이 아니요 오직 내 안에 예수께서 사시는 것이라(갈 2:20).

약 1000년 전, 콘스탄티노플 주교는 새로이 정화된 러시아 교회에 "블라디미르 성모"(Vladimir Mother of God) 성화를 선물했다. 모스크바에 있는 이 유명한 성화를 보면 알 수 있듯이, 시간의 경과로 너무 어두워졌거나 손상된 옛 성화들은 이들을 회복하려는 성화 제작자들의 작업으로 몇 겹씩 덧칠이 되어 있다.

그러나 "블라디미르 성모"나 다른 어느 고대 성화에는 아마 성 누가가 칠한 물감이 묻어 있을 것이다. 거의 모든 고대 성상들은 첫 3세기 동안의 기독교 박해 기간이나 8세기와 9세기 성상파괴 기간에 거의 소멸하였다. 다행히 순교자 시대에서 전해지는 기독교 이미지가 많이 남아있는데, 소아시아로부터 스페인에 이르는 로마 카타

콤이나 그와 유사한 장소에서 대부분 발견되었다.

단순하고 수수한 이미지를 표현하며, 붓질을 거의 하지 않고 색채 표현에 한계가 있는 이런 프레스코 그림들은 어린 양을 메고 가시는 그리스도, 풀무불 속에서 하나님을 찬양하는 세 젊은이, 다시 살아난 나사로, 성찬과 같은 주제를 다룬다. 카타콤은 기독교인들이 기도하는 곳이라면 어디서든 그들이 하나님 나라를 생각하고, 기도하는 데 도움이 되는 시각적 환경을 만들려고 노력했음을 증명한다.

주로 모자이크로 되어 있는, 더 발전된 형태의 초기 성화들은 로마에도 남아있다. 이 성화들은 주로 모자이크로 되어 있어 기념비적 측면이 있으나, 박해 기간이 끝난 후에야 대중적 기독교 예술 형태가 될 수 있었다. 로마 최초의 대형 교회 중 하나인 산타마리아마조레교회(Santa Maria Maggiore Church)에, 4세기로 거슬러 올라가는 모자이크들이 두 줄로 길게 걸려 있다. 그러나 벽면 높은 곳에 걸려 있으므로 그것들을 자세히 보려면 망원경이 필요하다.

하지만 제단 위와 뒤에 걸린 크고 생생한 5세기 모자이크 성화들은 쉽게 볼 수 있으며 깊은 감동을 준다. 놀랄 만큼 신선한 이 최초의 기독교 이미지들은, 특히 성육신하신 분을 증명하려는 모습에 많은 현대 관객들은 충격을 받는다. 이렇게 충격을 받은 사람 중 1933년에 로마를 방문한 토마스 머튼(Thomas Merton)이 있었다. 당시 열여덟 살 난 작가이자 수사인 머튼은 교회가 동서로 나누어지기 이전으로 소급되는 모자이크들을 대면하기까지는 성상에 흥미를 느끼지 못했다. 머튼은 그의 전기에 이렇게 적고 있다.

나는 비잔틴 모자이크에 매료되었다. 나는 모자이크가 있을 만한 교회를 자주 찾아다녔으며 … 거의 같은 시대에 속했던 다른 교회를 모두 방문했으며 … 그것에 관해 아무것도 알지 못한 채, 나는 순례자가 되었다.²

주된 성화들은 머튼이 그리스도의 눈길을 느낄 수 있는 창이었다. 그는 계속 이렇게 적고 있다.

> 내 생애 처음으로 나는 사람들이 그리스도라 부르는 이분이 누구신지에 관해 무엇인가를 발견하기 시작했다 … 이분은 묵시의 그리스도, 순교자들의 그리스도, 교부들의 그리스도이시다. 이분은 성 요한, 그리고 성 바울의 그리스도이시다 … 이분은 하나님이신 그리스도, 왕이신 그리스도이시다.³

폭풍같이 몰아친 성상파괴운동 때문에, 사도 시대의 성상 원본은 살아남지 못했을 것이다. 그래도, 세대를 거듭하면서 성화 화가들은 초기 성화를 맹목적으로가 아니라, 충실하게 모방하려 했으며, 이 과정은 오늘날까지 계속된다. 따라서 문화, 방식, 미적 감수성은 변했을지라도, 그리스도와 사도들의 이미지는 세기가 거듭되어도 식별할 수 있다. 바울은 대머리였지만 베드로는 머리숱이 많았음을 우리는 안다. 그러나 가장 중요한 것은 성육신하신 하나님의 얼굴, 즉 하나님의 이미지이자 말씀이시며, 성상(icon)이자 로고스이신 그

---

2 Thomas Merton, *The Seven Storey Mountain* (New York: Harcourt, Brace, 1948), 108.
3 Ibid., 109.

리스도의 얼굴에 대한 기억이 보존되어 있다는 것이다.

2. 논쟁

우리 시대에 여전히 이미지 논쟁이 있듯이, 초대 교회에도 성육신 신학과 대단히 밀접하게 관련된 논란이 있었다. 테르툴리아누스(Tertullian), 알렉산드리아의 클레멘트(Clement), 미니키우스 펠릭스(Minucius Felix), 락탄티우스(Lactantius)를 포함한 초기 신학자들의 성상 비판이 이에 속한다.

이방 세계의 예술과 더불어 그 세계의 정신을 담는 것을 두려워한 것은 유세비우스만이 아니었으나, 한편으로는 형상에 제한을 두는 구약성경에 근거하여 반대하는 사람들도 있었다. 어쨌든 기독교는 많은 예술가가 종교적, 정치적 그리고 세속적인 일에 고용된 세상에서 시작되었다. 우상숭배는 이방 종교생활의 정상적인 요소였다. 따라서 우리는 초기 시대에, 영적 삶에서의 종교 예술과 그 위치에 대한 논쟁에서, 기독교인들 사이에 분열이 있었음을 발견한다.

그리스도께서 성육신하신 하나님이심을 인정하려 하지 않은 사람들은 성상에도 반대했음에 주목하는 것은 특히 도움이 된다. 초대 교회의 핵심이 되는 여러 신학 논쟁에서 "예수 그리스도는 누구인가?"라는 것이 가장 초미의 문제였다. 예수님은 단지 지극히 모범적인 의인이셨기에, 하나님이 그분을 아들로 삼으셨다고 주장하는 사람들이 있었다. 더 나아가, 하나님이 갈릴리 사람 예수에게 너무나 압도당하셨으므로 그분의 사람됨이 점차 신성으로 흡수되었다고 믿는 사람들도 있었다.

한편, 예수님은 육신만 가진 인간인 것처럼 보이지만 실제로는 순수한 영이시라고 주장하는 사람들도 있었다. 그들 주장으로는, 육체는 수난, 질병, 부패를 겪기 때문에, 하나님은 결코 육체에 거하실 수 없다는 것이다. 거룩한 삼위일체의 두 번째 위격이 마리아의 태(胎)에서 인간이 되셨으며, 따라서 예수님은 참 하나님이시면서 참 인간이셨다는 전통적인 답변은 많은 사람에게 지나치게 단순하면서, 동시에 지나치게 급진적이었다.

땀 흘리고, 고통당하고, 죽는 상태에서 어떻게 전능하신 하나님이 신성을 입으실 수 있을까?

이 문제와 이 문제의 영향에 관한 토론은 교회 공의회의 중요한 쟁점이 되었다. 325년에 열린 니케아공의회 첫 강령에서 정통 가르침이 이미 명시되었지만, 교회가 다양한 방법으로, 성육신을 부인하는 이단의 영향을 떨쳐버리기까지는 수 세기가 걸렸다.

실제로, 이 고대 논쟁은 오늘날까지 뜨겁게 지속되고 있다. 특히, 성상을 지지한 모든 교회의 회의는, 하나님이 우리가 접근할 수 있고 볼 수 있는 완전한 인간이 되셨다고 주장하였다. 예를 들어, 692년에 트룰로(Trullo)에서 열린 퀴니섹스트공의회(Quinisext Council)는 "수치스런 쾌락을 부추기어 지성을 부패시키는 부정적 회화"를 비난했지만, 성화를 은혜와 진리를 반영하는 것으로 인정했다.

이 공의회는 이렇게 선언했다.

> 모든 이에게 온전한 것을 드러내기 위해, 회화의 도움을 받아서라도, 우리의 하나님이신 그리스도는 지금부터 인간 형상으로

묘사되셔야 할 것을 결정한다.[4]

성상을 둘러싼 논쟁이 최고조에 달한 것은 성상파괴논쟁으로 알려진 8세기와 9세기였다. 그 배경에는 전에 기독교 소유였던 지역에서 발생한 이슬람교의 신속한 확장이 있었다. 725년, 황제 레오 3세는, 콘스탄티노플의 게르마누스(Germanus) 주교와 로마 교황 그레고리 2세의 반대에도 불구하고, 교회와 가정에서 성상을 없애라고 명령했다.

레오는 자신의 명령으로 이슬람 세력이 더 확산하지 않기를 바랐을 것이다. 이슬람 세력도 성상을 강경하게 반대했다. 비잔틴 세계 출신의 많은 성상 제작자는 교황의 보호를 받고자 이탈리아로 피신했다. 동방 정교회 신앙을 지지한 많은 사람은 재산을 잃고 투옥되고, 매맞고 사지가 절단되고, 생명을 잃은 사람들도 있었다.

성상 사용을 거부하고 그것을 없애려 했던 "성상파괴자들"은, 그리스도의 신체적 외모를 묘사하는 이미지들이 그분의 인성만을 드러냄으로써 그분의 신성을 축소한다고 주장했다. 성상파괴운동의 한 가지 유익한 결과는, 성상 제작자들이 그리스도의 신체적 부분만을 표현하기보다 숨어 있는 그분의 영적 실재를 그림으로 표현하는 더 나은 방법을 추구했다는 점이다.

기독교인의 삶에서 성상 사용을 가장 강하게 옹호한 신학자는 다마스커스의 요한(John of Damascus, 676-749)이었다. 수사이면서 시

---

[4] Leonid Ouspensky, *Theology of the Icon*, vol. 1 (Crestwood, NY: Saint Vladimir's Seminary Press, 1978), 91-99.

제5장 성상(Icons)을 통하여: 말씀과 이미지가 함께

인인 그가 성상파괴칙령을 내린 황제의 권력에서 안전할 수 있었던 것은 역설적 환경 때문이었다.

다마스커스의 요한이 거주한 마르사바수도원(Mar Saba Monastery)은 "이슬람 치하"에서, 예루살렘의 남동쪽 사막의 깊은 협곡 꼭대기에 있었다. 여기서 인용하는 『신성한 이미지들에 관해』(On the Divine Images)라는 글에서, 그는 다음의 논리로 성육신에 호소했다.

> 우리가 보이지 않는 하나님의 형상을 만든다면, 우리는 확실히 잘못을 저지르게 될 것이다 … 그러나 우리는 그런 잘못을 하는 것이 아니다. 실제로, 육신의 몸으로 이 땅에 오신 성육신하신 하나님, 형언할 수 없는 선하심으로 인간들과 함께 사셨으며, 육신의 특성, 크기, 형상, 색을 취하셨던 하나님, 그분의 형상을 우리가 만든다 해도 우리는 잘못을 저지르는 것이 아니다.[5]

다마스커스의 요한은 구약성경에서 금지하는 종교적 이미지가 교회에 적용된다고 간주한 사람들의 주장에도 답변했다.

> 보이지 않는 존재가 육신을 입으심으로 보이는 존재가 되셨기에, 우리는 우리가 본 그분의 이미지를 만들 수 있다. 몸도 형상도 양도 질도 없으시며, 탁월한 본성으로 모든 장대함을 뛰어넘으시는 거룩한 속성을 갖춘 그분은, 종의 신분이 되시어

---

5 St. John of Damascus, *On the Divine Images* (Crestwood, NY: Saint Vladimir's Seminary Press, 1980).

인간의 특성을 입으심으로써 양과 질에서 자신을 낮추셨다. 따라서 보이는 존재가 되기를 원하신 그분을 묵상하려면 나무판에 그려서 나타내야 한다.[6]

최초의 성상파괴는 780년까지 계속되었다. 그로부터 7년 후, 일곱 번째 공의회에서 주교들은 성상을 옹호하였다. 숭배를 받는 것은 성상 자체가 아니라 성상에 묘사된 이미지의 원형임을 공의회는 확언했다. 이미지와 그 이미지가 나타내는 인물은 그 둘 사이의 확고한 관련성을 부인하지 않은 채, 신중하게 구별되어야 한다는 것이다. 그러나 성상을 쉽게 우상숭배라고 여기는 동방 정교회 전통에서 벗어난 사람들은 이 구별을 항상 인정하지는 않았다.

거룩하고 생명을 주는 십자가처럼, 작은 돌이나 이 목적에 맞는 다른 물질로 만들어서 여러 색깔을 칠한, 마찬가지로 거룩하고 소중한 성화들은, 우리 주 하나님이자 구원자이신 예수님 성화이든, 흠 없는 지고한 성모 성화이든, 거룩한 천사들과 거룩하고 덕망 있는 사람들 성화이든, 거룩한 하나님 교회 안에, 화병과 성스러운 의복에, 벽과 바닥에, 집과 거리에 놓아야 한다. 왜냐하면, 이미지로 묘사된 그들이 우리 눈에 들어올 때마다, 그들을 우리가 바라볼 때마다, 우리는 그 원형들을 기억하고, 더 사랑하며, 심지어 그들에게 입 맞추고 존경을 증명함으로써 숭배하게 되기 때문이다. 이는 우리 믿음에 따라 우리가

---

6 Ibid.

하나의 거룩한 속성만 경배하는 것이 아니라, 마찬가지로 소중하고 생명력 있는 십자가 상, 거룩한 복음, 그리고 우리 선조들의 경건한 풍습에 따라 우리가 향과 초로 존경하는 다른 성스러운 대상을 경배하는 것이다. 이미지를 존경함은 그 이미지의 원형을 존경하는 것이며, 성화를 숭배하는 사람은 성화에 묘사된 인물을 존경하는 것이다. 진정, 그런 것이 땅 한 끝에서 다른 끝으로 복음을 선전한 우리의 거룩한 교부들과 거룩한 가톨릭 교회 전통의 가르침이다.[7]

그런데도 813년에 첫 번째보다는 덜 심했지만, 두 번째 성상파괴가 황제 레오 5세에 의해 시작되었으며, 저항이 뒤따랐다. 천 명의 수사들은 콘스탄티노플에서 성화를 메고 행진하며 인상적인 집단 불복종 행위로 저항했다.

842년에 데오빌로스(Theophilus) 황제가 죽자, 제국의 성화 반대는 끝났다. 843년, 몸소 성화를 소유하던 황제의 부인 데오도라(Theodora)는 공의회를 소집하여 일곱 번 열렸던 공의회의 가르침을 인정하고, 기독교인의 삶에서 성상의 위치를 재확인했다. 이때부터 대사순절(Great Lent)의 첫 일요일을 정해 "정통주의의 승리"(Triumph of Orthodoxy)로 알려지게 된 것을 축하했으며, 이 풍습은 정교회 권에서 현재까지 지속되고 있다. 이날 신앙심이 깊은 사람들은 각 가정에 있던 성상을 교회에 가져오며, 다음의 가사를 노래한다.

7　Ouspensky, *Theology of the Icon*, vol. 1, 134 이하. 강조는 필자의 것.

설명하기 어려운 아버지 말씀은 오 하나님의 어머니, 당신의 살을 취하여 자기를 설명할 수 있게 했네. 그리고 더럽혀진 인간 이미지를 이전 신분에 맞게 개조함으로써 거룩한 아름다움이 스며들게 했네. 구원을 고백함으로써 우리는 그 이미지를 행위와 말씀으로 보이리.

3. 루브레프(Rublev)-삼위일체와 성육신

비잔티움에서 이슬람과의 만남이 처음에 성상에 압도적인 영향을 끼쳤다면, 13세기와 14세기, 더 북쪽에서, 타타르족의 침입과 점령은 러시아 사람들의 종교생활 전반에 파괴적 영향을 끼쳤다. 러시아 사람들은 10세기 말, 키예프에서의 개종을 시작으로 늦게 기독교에 입문했다. 러시아에는 처음 몇 세기의 기독교 문화에 관한 성상 연구가 거의 남아있지 않다. 그러나 14세기 말부터 16세기 중반까지 러시아의 성상 연구는 절정에 달했으며, 이는 많은 이를 통해 전무후무한 것으로 간주되고 있다.

러시아에서 가장 유명한 성상 제작자는 성 안드레이 루브레프(St. Andrei Rublev)이다. 루브레프는 모스크바 크렘린성당에서 성화의 거장인 그리스 사람 테오판(Theophan)의 도제로 일하는 동안 처음으로 주목받기 시작했다(1988년 러시아 정교회가 그 천 년을 기념하는 기간에 루브레프는 성자 명단에 추서되었다).

1425년 루브레프는 성화 예술의 최고 업적으로 널리 평가된 "성삼위일체"(The Holy Trinity, 작품 1, p. 258)를 그렸다. 그 성화는 말로 표현할 수 없는 하나님 속성의 측면을 말없이 표현한다. 성경에서 그 성화의 토대가 되는 이미지는 아브라함과 사라가 헤브론에 가까운 마므레 나무 곁에서 나그네들을 환대하는 이야기이다.

아브라함 장막 앞에 나타난 무명의 세 방문자는 음식과 마실 것을 대접받았으며, 불임의 사라가 곧 아들을 갖게 될 것이라고 노년의 부부에게 약속했다(창 18장). 아브라함과 사라는 그 손님들이 하나님의 사자인 천사들임을 깨달았다. 세 천사의 행동은 완전히 일치했으며 그들은 한목소리로 말했다.

여기서 초기 기독교 공동체는 삼위일체의 계시, 즉 세 위격의 연합을 한 하나님으로 인식했다. 이 성화는 모스크바 북쪽에 있는 삼위일체수도원(the Holy Trinity Monastery)의 주 교회 성화 벽에 걸기 위해 그린 것으로서, 수도원을 세운 라도네즈의 성 세르게이(St Sergius of Radonezh)의 "삼위일체 묵상이 모든 불화를 없앤다"는 가르침을 잘 보여준다.

성화의 주된 색은 금색과 금도색이다. 세 인물의 의복에는 애저 블루(azure blue: 초록색을 띤 청색-역주)가 사용되었고, 그들의 망토에는 묽은 라피스 라줄리(Lapis Lazuli: 심청색[深靑色]-역주)가 덧칠되어 있다. 각 인물이 들고 있는, 잘 보이지 않는 막대기는 가는 주홍색의 선으로 되어 있다. 나무에 짙은 녹색으로 칠해진 작은 부분이 있으며 오른쪽 인물에 이끼 같은 녹색이 섬세하게 입혀져 있다.

의복 색깔을 제외하면, 전형적인 천사장 모습을 한 세 인물은 모두 똑같다. 머리는 각기 비슷하게 다른 사람 쪽으로 기울어져 있으며, 권위적인 태도를 보이는 인물은 없다. 사랑, 자유, 안식 그리고 가장 친밀한 교제 분위기가 느껴진다. 하나 됨의 느낌은 주로 세 인물의 온화하고, 서로 배려하는 눈 맞춤을 통해 이루어진다.

성화의 구조도 마찬가지로 하나 됨의 느낌이 들게 한다. 가장 중요한 것은 세 인물이 만드는 완전과 영원의 상징인 원이며, 원 안에 시계 반대 방향으로 천천히 움직이는 느낌이 있다. 삼각형도 있는데, 그 정점은 가운데 있는 인물의 머리다. 역투시화법(inverted perspective) 때문에, 성화에 소실점(vanishing point: 평행한 두 선이 멀리 가서 한 점에서 만나는 점-역주)이 없다. 세 인물은 사라지는 면의 부분이 아니라 오히려 성화를 보고 있는 사람에게 훨씬 더 가까이 움직이는 것처럼 여겨진다. 역투시화법의 효과는 우리를 식탁으로 이끌며 이처럼 성찬의 삶을 향해, 우리를 끌어당긴다.

삼위일체를 상징적으로 묘사하고 거룩한 삶을 공유하도록 초대하는 이 성화는 정교회를 훨씬 능가하는 큰 인기를 누렸다. 동시에, 이 성화는 성자의 성육신이 가능케 하는 것이 무엇인지를 묘사함으로써 우리의 성육신 이해의 강화에 이바지한다. 이 성화에는 오직 하나님이 성육신하시어 처음에 우리와 관계를 맺으셨기에, 우리가 하나님 생명에 참여할 수 있음을 환기시켜 주는 것들이 많다.

성화 윗부분에 세 가지 상징이 있으며, 중앙에 한 그루의 나무가 있다. 마므레 상수리 나무였던 이 나무는 천국에서 하나님이 심으신 생명 나무가 된다. 그 나무가지 아래서 아담과 하와가 타락하지만, 그 나무에서 생명을 주는 십자가가 만들어진다. 우리의 타락과 관련되는 에덴 동산의 한 그루 나무는 그리스도를 통한 우리의 구원과도 관련된다. 문 없는 교회 건물은 거룩한 삶을 추구하는 모든 이에게 열려 있다. 우리는 그 안에서 말씀을 통해 그리스도를 들으며 성찬에서 그분을 영접한다.

성령을 나타내는 오른쪽 인물 위에 시내산이면서 다볼산이기도 한 산이 있다. 이 두 산은 사람들이 하나님 영광을 목격했던 장소이며, 그중 다볼산은 종종 그리스도의 변화와 관련된다.

세 인물 사이에 제단이 있고, 제단 위에 황금 잔이 놓였는데, 거기에 하나님 어린 양의 희생적인 죽음을 상징하는 핏빛 양의 몸이 축소되어 담겨 있다. 그리고 가장 중요한 것은 성자를 나타내는 가운데 인물의 의복 색깔인 진홍색, 짙은 청색, 그리고 금색 띠들은 성육신을 암시한다는 것이다. 세 인물 사이에 고요한 대화의 느낌이 있다. 그들 대화와 가장 자주 관련되는 성경 본문은 성육신의 목적을 설명하는 요한복음이다.

> 하나님이 세상을 이처럼 사랑하사 독생자를 주셨으니 이는 그를 믿는 자마다 멸망하지 않고 영생을 얻게 하려 하심이라 하나님이 그 아들을 세상에 보내신 것은 세상을 심판하려 하심이 아니요 그로 말미암아 세상이 구원을 받게 하려 하심이라 (요 3:16-17).

4. 육신이 되신 말씀

성육신은 인간에게만이 아니라, 모든 피조물에 영향을 끼치며 이 영향은 탄생 성화에 생생하게 드러났다. 그리스도의 탄생 절기에, 동방 정교회는 하나님의 아들이신 영원한 말씀이 성육신하신 사실, 성육신의 궁극적 목적은 그야말로 창조된 모든 질서의 변화였다는 사실을 축하한다. 성탄절 저녁 예배의 기도 내용에는 감사와 성육신하신 하나님 환영 행위에 참여하는 모든 피조물이 담겨 있다.

> 우리를 위해 이 땅에 인간으로 오신 그리스도여, 우리가 당신께 무엇을 드리리까? 당신이 지으신 피조물마다 당신께 감사를 드리나이다. 당신께 천사들은 찬송을, 하늘은 별을, 동방박사는 선물을, 목자는 경이로움을, 땅은 동굴을, 그리고 광야는 구유를 드리며, 우리는 동정녀를 드리나이다.[8]

이 풍성한 예배 자료는 15세기 노브고로드학파(Novgorod School)의 탄생 성화 "그리스도의 탄생"(The Nativity of Christ, 작품 2, p. 259)에 반영된다. 중앙에 갓 태어나신 성스러운 아기 주변에서 각 피조물의 대표자들이 그들만의 방법으로 감사를 드린다. 짐승조차 성육신하신 하나님의 아들을 알아본다. 성육신하신 주님을 내려다 보는 소와 나귀는 이사야의 예언을 완성한다.

> 소는 그 임자를 알고 나귀는 그 주인의 구유를 알건마는(사 1:3).

탄생 별빛에 흠뻑 젖은 매혹적인 베들레헴은 없고 식물이 듬성듬성 심어진 헐벗은 산이 있을 뿐이다. 이것은 우리를 반기지 않는, 생존을 위해 우리가 싸워야 하며, 천국에서 쫓겨 난 후 우리가 살아

---

[8] *The Festal Menaion*, tr. Mother Mary and Archimandrite Kallistos Ware (London: Faber & Faber, 1969). 252.

가는 세상이며, 바뀌어야 할 세상이다.

성 프란시스(St. Francis) 시대 이후 서방의 탄생 이미지를 통해 친숙하게 된 아늑한 마구간과 대조적으로, 동방 성화들은 그리스도를 동굴 입구에 놓아, 그분이 바위투성이의 어두운 동굴에서 탄생하셨음을 묘사한다.

성화 중앙에, 그리스도께서 탄생하신 동굴의 황량한 검은색은 인간의 모든 불신, 모든 공포, 모든 절망을 표현한다. 별 하나 없는 한밤중, 절망의 동굴에서 "진리의 태양"이신 그리스도께서 마리아의 몸에서 육신을 입고 역사 안으로 들어오신다. 세상을 덮은 캄캄한 사망의 그늘을 내어쫓으면서 "빛이 어둠에 비친다"(요 1:5). 우리는 아기 예수님의 몸이 "강보"에 싸였음을 본다. 그리스도의 매장을 묘사한 성화들에서, 우리는 그분이 나사로를 일으키시는 성화에서 나사로가 걸쳤던 것과 비슷한 옷 띠를 두르셨음을 보곤 한다. 탄생 성화 "그리스도의 탄생"에서 구유는 관을 닮았다. 이런 식으로 성화는 그리스도의 탄생과 죽음을 연결한다.

성화에서 가장 중요한 인물은 마리아다. 동방 정교회 교도들은 마리아를 **테오토코스**(*Theotokos*), 즉 "하나님의 어머니" 혹은 "신모"(神母)라 부른다. 하와가 "모든 산 자의 어머니"(창 3:20)이듯이, 마리아도 아들의 성육신을 통해 회복하고 변화한 새로운 인간의 어머니이다. 생명의 색인 핏빛 침상에 몸을 기대인 마리아는 하나님께 드리는 최상의 감사, 인간이 그 창조자께 드리는 최상의 제물이다. 레오니드 우스펜스키(Leonid Ouspensky)는 이렇게 적고 있다.

> 성모의 몸으로 드리는 이 제물로, 타락한 인류는 하나님의 성

육신을 통한 구원에 동의한다.[9]

성모의 자세는 중요하다. 몇몇 탄생 성화에서는 마리아가 어중간하게 앉아있는 자세를 취하고 있다. 이는 마리아의 처녀성과 예수님의 거룩한 혈통을 의미하며, 그리스도의 인성이 전적으로 하나님의 계획이 아니라는 사고를 반박한다.

더 보편적인 것은, 마리아가 출산 후 탈진하여 누워 있는 자세인데, 숭배자들에게 그녀의 완전한 인성을 환기하려는 의도가 있다. 성상에서 마리아는 얼굴에 기쁨이 없다. 마리아는 아버지가 인간이 아닌 아이의 신비, 그리고 아이의 장래에 대한 신비를 간직하고 살아간다. 물론, 아이는 장차 통치자가 될 것이다.

그러나 그리스도의 탄생 상황에서 볼 때, 틀림없이 그의 통치 방식은 왕들의 통치와 전혀 다를 것이다. 동굴 속 구유에서 나신 만유의 통치자는 온유하게 다스리신다. 그분의 십자가 죽음은 탄생에 암시되어 있다. 탄생 성화에 반드시 등장하는 것은 천사들로서, 그들은 하나님을 찬양하고 영광스럽게 하는 한편 목자들에게 좋은 소식을 전한다.

노브고로드학파의 "그리스도의 탄생"에서, 천사 중 하나는 아래를 내려다보지만 둘은 위를 올려다본다. 목자는 파이프를 연주하여 천사들의 합창에 인간의 음악 예술을 더한다. 다른 한쪽에서 현자들은 선물을 들고 그들의 길을 안내하는 별을 따라 베들레헴을 향

---

9 Leonid Ouspensky and Vladimir Lossky, *The Meaning of Icons* (Crestwood, NY: Saint Vladimir's Seminary Press, 1994), 159.

해 오고 있다. 별은 단지 천문학적 물체가 아니라 신성한 분이 지상에 태어났다는 소식을 전하는 하늘의 표징이다.

성상 윗변의 중심권으로부터 한 줄기 빛이 아래로 뻗치는데, 이는 평범한 것을 꿰뚫는 천상계를 가리킨다. 목자들은 유대인을, 동방박사는 이방인을 나타낸다. 하나님을 찬양하는 천사들의 합창을 듣도록 허용된 것은 현자들 아닌 목자들이다. 현자들은 연령대가 다르게 묘사되는데, 이는 계시가 사람들의 경험과 관계없이 부여됨을 나타낸다.

성모 아래에 산파들이 아기를 씻기는 모습은 요셉의 탄생 준비에 관한 상세한 묵시적 본문에 근거한다. 산파들은 갓 태어난 모세의 생명을 구원한 산파들을 상기하기도 하는데, 모세는 바로의 법에 따라 태어나자마자 죽임을 당해야 했다. 게다가 산파들의 존재는 그리스도께서 단지 인간처럼 나타났을 뿐이라고 주장하는 이단을 반박하면서, 성육신하신 아들의 인성을 강조한다.

우리는 아래 왼쪽 구석에 웅크리고 있는 요셉을 발견한다. 요셉 앞에 서 있는 늙고 등이 굽은 인물은 요셉의 마음을 의심으로 채우려고 온 사탄을 나타낸다. 이는 요셉의 혼란한 마음 상태를 말해주는 예전서(liturgical texts) 본문과 연결된다. 요셉은 그가 겪은 일을 믿을 수가 없어한다. 요셉은 그 탄생을 목격했으며, 꿈을 꾸었으며, 천사의 음성을 들었으며, 마리아가 낳은 아기가 다름 아닌 바로 기다리던, 기름부음을 받으신, 하나님의 아들이심을 재확인했다. 그런데도 믿음은 쉽게 오지 않는다. 요셉은 예상되는 세상 질서를 뛰어넘는 이 사건을 이해할 수 없다.

성상은 요셉을 통해 "말이나 이성을 넘어서는 것," 즉 하나님의 성육신을 받아들이는 어려움을 겪는 그의 개인적 사건을 밝힐 뿐만 아니라, 모든 인류의 사건을 밝힌다.[10]

우리 눈은 성모에게 되돌아가고, 의심과 믿음의 싸움에 둘러싸인 사람들에 대한 연민을 상징하는 요셉을 향한다. 천사들, 별이 있는 하늘, 산과 굴, 동방박사, 목자들, 양과 염소, 마리아, 요셉 등 성상은 이 모두를 성육신의 의미와 암시라는 거대한 비전으로 모아들인다.

5. 시끄러운 시대에 침묵하는 성상

동방 정교회 교인들과 많은 다른 이에게, 성상은 성육신으로 가능해진 변화 과정을 증명할 뿐 아니라, 이런 과정을 예배자들이 초래하고 경험하는 수단이 된다. 성상은 예배자들이 기독교인의 삶으로 돌아갈 수 있게 했던 시대를 더 조장하는 한 표징이다.

성화는 기독교나 어떤 형태의 "조직화한 종교"에 저항하는 많은 사람에게 매혹의 대상이 되기도 한다. 아마도 말 많고 시끄러운 이 시대에, 성상은 그 조용함으로 우리가 성육신하신 아들을 통해 성삼위일체(Holy Trinity)에 이르는 길을 찾도록 우리를 도와줄 수 있을 것이다.

---

10 Ibid., 160.

제6장

조각을 통하여: 물질의 의미는 무엇인가?

린 올드리치(Lynn Aldrich)
미국 The Art Center College of Design 교수

조각가 린 올드리치는 로스앤젤레스에 거주하면서 활동하고 있다. 이 장에서 그는 독자들이 특별히 돌, 금속 같은 소재와의 관계를 통해 "성육신을 생각"할 것을 요구한다. 조각품을 제작하는 것은 희생이 크지만 물질과 벌이는 가치 있는 투쟁이다. 이 행위로 우리는 물질과 우리 자신의 물질성을 절실히 알게 되는 동시에, 이 물질성 안에서 그리고 이 물질성을 통해 물질 "이상(more)의 것"을 알게 된다. 트레버 하트(Trevor Hart)의 본문을 인용하면, "우리는 예술이 평범한 것의 변형을 통해 우리에게 허락하는 현현(epiphanies)으로, 물리적 수준이나 역사적 수준에서 우리에게 표현하는 것 이상을 인식한다." 올드리치는 "이상의 것"이 하나님과 동일시될 수 있다고 추정하지 않는다. 그는 자기 작품을 비롯한 몇몇 현대 조각품 편력에 우리를 데리고 다니며, "비물질성에 넋을 잃은 문화에서" 그 작품들 나름대로 성육신을 말하게 한다. 이에 우리는 일시적, 물질적 자료

를 취하여 새롭게 변형한 물질에서, 하나님과의 최상의 관련성에 관한 새로운 지식을 얻는다.

나는 나만의 예술 세계인 내 작업실을 벗어나 동료들의 걸작품을 보지 않고서는, 한 달도 지내지 못한다. 그래서 로스앤젤레스의 사람들 대부분이 해변으로 떠나는 햇빛 쏟아지는 어느 오후에, 나는 사랑(이것을 섹스라 말하는 사람들도 있다), 죽음, 로큰롤(Rock n' Roll) 그리고 (개인적으로 생각하는) 하나님과 같은 일상적인 문제를 생각하면서 로스앤젤레스의 한 미술관으로 발걸음을 옮겼다.

그때 혹시나 하며 미술관을 둘러보던 내 눈에 들어온 것은 바로 서양 예술사에서 "이 사람을 보라"(Ecce Homo: 에케 호모)라 명명된 종교화 장르에 있는 가장 최근 작품들이었다! 이 작품들은 가시관을 쓰신 그리스도를 중심으로 전개되고 작품에서 본디오 빌라도는 고발자인 군중들 앞에 태형을 당한 예수님을 끌고 나온다.

이런 표현은 좀처럼 유행하는 주제는 아니지만, "이 사람을 보라"라는 이 옛 외침은 나의 내면의 "스크린"에 갑자기 무언가를 떠오르게 한다. 그것은 그 미술관의 현대 전시실 마지막 방에 들어섰을 때 갑자기 내 걸음을 붙잡았고, 그것은 예수님 인형이 즐비하게 놓인 긴 의자를 마주했을 때 일어난 것이다. 꽃무늬가 박힌 융단 중앙에 놓여있는 이 의자는 실제로 부드러운 푸른색 물결무늬의 비단이 덮힌 2인용 안락의자였다.

다섯 개의 커다란 봉제인형은 소파 위에 앉아있거나 누워있고, 미완성인지 아니면 잘려나갔는지, 머리가 없는 인형 한 개는 융단 위에 누워있다. 인형들은 손으로 짠 것으로 보이는 전통 가운을 입었으며, 밀랍으로 만든 섬세한 발은 작은 갈색 가죽 샌들을 신었다. 각각의 예수님 모양의 봉제인형들은 평화롭고 성스러운 표정부터 찰스 맨슨(Charles Manson) 같은 광기어린 표정에 이르기까지, 저마다 서로 뚜렷이 다른 표정을 짓고 있다. 구불구불한 아프로(Afro: 흑인 특유의 곱슬 모발로, 크고 둥근 모양으로 다듬은 헤어스타일-역주) 머리 모양을 한 흑인 인형도, 푸른 눈을 한 동안의 금발 인형도 있다.

인형들 모두 이상하게 흥미를 돋우지만, 채운 속이 삐져나오는 찢어진 헝겊 몸통부터 바닥에 널린 더러운 헝겊이 담긴 뚜껑 열린 갈색 가죽의 신발 광택제 통에 이르기까지, 곳곳에 투쟁 흔적이 있다.

킴 딩글(Kim Dingle)의 이 작품 제목은 "예수님과 나의 투쟁"(My Struggles with Jesus: 작품 3, p. 260)이다. 이것이 바로 내가 현대 문화로 맞아들여야 하는 것이다. 다시 말하면, "하나님은 누구신가?" 그리고 이 조각품이 분명히 묻듯이, "도대체, 예수님은 누구신가?"와 같은, 궁극적인 문제들을 다시 물어야 하는 투쟁의 갈등을 의미한다.

의도하지 않았으나, 여기서 우리는 "역사의 예수님은 과거에도 현재에도 온전히 하나님이시며 인간이시다"라는 성육신 교리에 다다른다. 이는 신뢰할 수 있는 교리이다. 게다가 성육신 교리는 우주에 내재하는 물질을 사용해 신의 거룩한 신비를 묘사하려는 시도에서 잘 정돈된, 임상(clinical)의 교리라고 생각한다.

토크쇼 진행자처럼, 딩글의 작품은 예수님께 이렇게 묻는다.

"당신은 백인종이었습니까, 흑인종이었습니까, 아니면 황인종이었습니까?"(성육신은 명확하고 구체적이며 매우 인간적이다)

"당신은 거룩했습니까, 냉담했습니까, 아니면 열광적이었습니까?"(성육신은 엄청나게 특별하고 어처구니없을 정도로 비합리적이다)

"당신은 부자였습니까, 가난했습니까, 당신은 강했습니까, 약했습니까, 아니면 둘 다였습니까?"(성육신은 획기적이고 역설적이다)

틀림없이 기독교인들은 복잡한 문제들에도 익숙해 있을 것이라고 생각하기에, 여기서 나의 목적은 성육신을 정의하기보다는 성육신을 **향상시키는** 계시를 찾아 힌트를 주려는 것이다. 또한 현대 조각품을 만들거나 보는 동안 성육신을 묵상하는 것이 하나님과 우리의 실재 조건들을 다른 측면에서 이해할 수 있게 하는 통찰력을 줄 것이다.

하나님이 이런 물질성을 취하셨다는 것에 놀라워하면서, 우리는 물질로 형성된 우리 자신과 우리 환경을 더 잘 알게 될 것이다. 물질성을 취하시면서 하나님은 우리 몸을 포함한 물질 영역이 하나님께 본래의 가치와 중요성이 있다고 확언하신다. 따라서 하나님은 우리가 그 영역에 가치를 주라고 주장하신다. 하나님은 친히 우주에 계심을, 궁극적으로 우리도 우주에 있음을 선포하신다. 이제 조각을 말하기 전에 잠시 더 심오하고 복잡한 성육신 진리에 접근해 보려고 한다.

일반적으로, 현대 서양의 지성인들은 인간이 우주, 타인, 심지어 우리 자신으로부터 복잡하게 소외된 상태에 있다고 말한다. 우리는 이 소외를 최근의 경험으로, 곧 경솔하게 주장한, 일시적 "진리"를 모은 잡동사니 세계관으로 생각한다.

"내가 이를 위하여 태어났으며 이를 위하여 세상에 왔나니 곧 진리에 대하여 증언하려 함이로라"(요 18:37)라고 획기적인 자신의 신적 권위성을 주장하신 예수님에게, 빌라도가 던진 2000년 된 질문을 다시 떠올리는 것은 얼마나 이상한 일인가?

이 선언에 대해 실용주의적인 생각을 가진 로마 총독은 "진리가 무엇이냐?"라고 반문하고는, 이내 화제를 바꾼다.

이런 논의 혹은 대화는 내가 딩글의 예수님 봉제인형 작품을 새롭게 대할 수 있는 계기를 주었다. 예수님에 관한 진리를 알리는 투쟁은 개인적인 것이고 강렬했다. 또한 이 투쟁은 보편적인 것이고 어렵기도 하다. 이 투쟁은 실재와 현상(appearance)의 투쟁이며, 환상과 망상의 투쟁이다.

이 투쟁으로 우리는 화가 치솟거나 정신나간 듯 미쳐버릴 수도 있다. 그러나 내가 예수님의 다양한 얼굴을 응시할 때, 나는 마침내 달콤한 은혜를 생각하기에 이른다. 성육신이 달리 어떻게 묘사되든, 성육신은 놀라운 선물로 간주되어야 한다. 성육신은 각각의 특유한 사람들에게, 그들이 거의 친숙하다고 인정하는 형태로 나타난 삼위일체의 한 위격으로 간주되어야 한다.

1. 우리와 유사한 몸으로

조각품은 그 자체적으로 독특하게 관객에게 인식될 수 있는 힘을 가진 것처럼 보인다. 이 인식의 방법이 가진 몇 가지 더 중요한 특징들을 간단히 말하는 것이 좋을 것 같다. 조각은 철저하게 물질을 다루는 작업이다. 조각은 우주의 물질과 상호작용하는 우리 몸의 물질과도 관련이 있다.

우리 기독교인은 다른 많은 현대인보다도 몸과 더 복잡한 관계가 있는 것처럼 보인다. 기독교 역사가 시작하는 바로 그 시점에서, 로마 정부와 로마의 일반 시민들은 "절대 발견되지 않을 몸"을 찾고자 예루살렘을 샅샅이 뒤졌기 때문이다. 또한 기독교인들은 하나님이 창조를 "좋게" 여기셨고 인간은 하나님의 형상으로 창조되었다는 고대 히브리인들의 견해를 물려받았기 때문이다.

성적 표현이 분방한 문화에서, 개인의 자유를 제한하는 수단으로 성적 순결에 대한 요구는 혼란을 야기시킬 것이다. 장해물이라고 생각하는 물질성을 끝내 피하고 싶은 열망을 가진 대부분의 종교들과 자기 견해에 사로잡힌 사람들은 죽음 후의 일에 관하여 매우 모호하고 신비한 생각을 피력한다.

반면에, 기독교인들은 사람이 죽은 다음에 분명히 인간의 몸은 변화하지만, 온전히 존재하는 몸으로 영생에 들어간다는 생소한 주장을 한다. 이런 주장이 가능한 가장 큰 이유 중 하나는 바로 성육신이다. 성육신은 그리스도께서 이루신 모든 온전함으로 구원된 평범한 육신이 그런 초자연성을 취할 수 있음을 보여준다.

지적으로 더 고상하고 정치적으로 타당해 보이는 대안들은 완성된 우주라는 이상의 틀에서, 다양한 생명체 무리들을 결국 소멸시킬 것이다. 특히, 새로운 가상현실 시대에서, 우리는 당혹스러운 몸의 어설픔과 서툴고 비효율적인 몸의 성향과 기벽 그리고 쇠퇴를 느낀다. 가장 탁월한 기독교의 진리가 무시되는 것은 바로 이렇듯 절대 완전하지 않은 몸으로 우리가 경험하는 삶의 환경 때문이다.

성육신은 예수 그리스도의 몸으로 오신 하나님을 가장 신비로운 타자(the other)이자 동시에 인간들 중 가장 현실적인 사람이라고 선포한다. 그리고 이런 "현실성"은 하나님이 창조하신 것이 좋았다는 확언을 견지하고, 인간의 몸뿐만 아니라 우주에 있는 모든 물질에 위엄을 주고 기쁨을 선포한다. 우리의 육체적 영역에는 이미 장대한 세포와 원자가 있으며, 이 원자 구조 너머에 어찌되었던지 동일하게 구원될 영원한 가치가 있다. 이는 물질은 그저 물질일 뿐이라는 우리 문화의 지배적인 견해와 정반대되는 견해이다.

현재 인기를 누리는 마돈나는 자신의 노래에서 "이곳은 물질의 세계야"라고 노래한다. 물론, 마돈나가 알든지 모르든지, 그녀의 노래 가사는 허무주의를 기뻐하는 현대의 찬가이다. 이 찬가는 삶에 있어서 물질적 실재가 삶의 전부라면, 그냥 물건을 사고, 소비하고, 낭비하는 것만이 삶이라고 해석된다.

철학자의 자극적인 담론은 점차 유행가까지 스며들어, 우리가 단지 더 많은 물건을 얻으려고 혈안이 될 뿐만 아니라, 우리 또한 사물이 되어 서로를 물건 취급하는 존재로 전락시킨다.

우리가 충분히 시간을 내어 물질세계의 본성과 아름다움을 묵상한다면, 그 구조와 기이함은 근본이 되는 "말씀"을 보여준다는 것이 성경적 세계관이 소개하는 놀라운 변증법이다.

우리는 자연계시를 나타내는 물질에 관한 증언을 "읽는다." 말하자면, 자연계시는 지상의 존재이자 인격적 하나님의 존재를 암시한다. 훌륭한 조각품이 그 작품을 만든 예술가의 인품, 마음 그리고 영혼에 대한 단서를 주고, 조각품의 각 부분을 모두 합친 것 이상으로 많은 해석의 의미를 드러내듯이, 우주에는 창조자의 속성을 나타내는 흔적을 갖고 있다.

이처럼, 실제 시간 속, 실제 공간에서, 실제 물건의 실제 존재에는 그 외부에서 주어지는 의미가 담겨져 있다. 이 존재는 특정 한계 너머의 획기적인 "합목적성"(purposefulness)을 증명한다. 게다가 우리는 죽을 수밖에 없는 몸 안에서 혼돈의 우주를 경험하지만, 우리 대부분은 우리에게 보이는 것 이상의 인식 가능한 것이 있음을 느낀다. 이것은 종종 예술에서 전달되는 인간 인식의 특성이다. 예술에서 사람이 목격하는 물체나 공연은 실재보다 크거나 실재를 능가하는 것을 가리키거나 암시한다.

트레버 하트는 이 사실을 이미 제1장에서 말했다.[1] 전통적으로 조각이라 불리는 것은 바로 이런 일을 하는 것 같다. 그리고 모든 예술, 특히 조각품은 관객들이 머리로 분명하게 의미를 깨닫고 구체적인 예술 형태의 감상을 통해, 한편으로 영감을 받은 보이지 않는 영혼에게 느낌으로 자극하고, 다른 한편으로, 조각품의 물리적 존재를 본능적으로 깊이 깨닫게 하는 능력을 줄 수 있다.

조각품은 양감의 재료로 구성되어 있으며, 물리적 우주 법칙에 물질이 종속됨을 증명한다. 우리는 조각품을 감상하려고, 작품의 앞뒤를 걷거나 그 주변을 돌거나 3차원 공간에서 3차원 물체들 사이를 통과하기도 한다. 관객의 몸은 시간을 통해 작품의 3차원성과 4차원의 움직임을 경험한다.

그러는 동안 줄곧, 관객은 사고와 감정 그리고 보이는 것을 묘사하고 해석하는 복잡하고 보이지 않는 행위에 참여한다. 여기에서 지식을 획득한다. 그리고 이런 지식을 산출한 행위는 **영혼인 동시에 몸인 관객**의 현실을 더 예민하게 인식하게 한다. 관객은 추론을 통해 하나님이신 그리스도께서 우리와 유사한 몸으로, 물질을 입으시고 물질을 구원하셨다는 성육신 신비를 더 잘 알 수 있게 된다.

---

1 본서 제1장을 보라.

제6장 조각을 통하여: 물질의 의미는 무엇인가?

앞으로 살펴볼 부분에서, 나는 "시대를 검토하면서" 문화 환경에 접근하여, 변화무쌍한 조각의 "역사"를 제시하고 수단으로서의 조각의 속성 몇 가지를 서술하고자 한다. 그 과정에서 우리는 세상과의 이런 관계를 "상상"하면서 현재 문화에서 증가하는 철학의 난제들을 인식하고, 성육신의 영향을 진지하게 생각할 것이다. 이를 통해, 오늘날 제작되는 조각품 몇 가지를 다루고, 그 영향을 피할 수 없는 우리 시대정신의 혼란과 모순을 뒤돌아보기 위한 기초를 확립할 것이다.

2. 태초에 조각이 있었다

인간이 그들의 삶을 더 살맛나게 하는 데 필요하다고 여기는 모든 객체와 사물 중, 조각은 여러 이유로 진귀하고 특별한 항목에 속한다. 조각이 진귀한 항목에 속하는 이유는, 양으로만 보아도 더 유용해서, 제작에 들어가는 재료의 수십억 톤에 비해, 조각품으로 제작되는 재료는 매우 적기 때문이다. 조각이 특별한 항목에 속하는 또 다른 이유는, 디자인된 객체와 달리, 쓸모없이 남는 부분이 많긴 하나, 조각은 무언의 재료로 인간의 사고와 감정을 표현하려는 시도이기 때문이다. 조각은 재료에 지성을 주입하려는 시도일 뿐만 아니라 재료를 가지고 생각하려는 시도이기도 하다. 대체로 조각은 예술가가 한낱 돌조각이나 진흙덩이 같은 주변의 평범한 재료를 가져다가 미리 정한 개념을 표현하는 형태로 만드는 것이 아니다. 오히려 조각은 예술가가 재료와 나누는 대화로 만들어진다. 재료는 새로운 형상으로 나타나게 되며 조각가는 스스로 새로운 내용과 새로운 의미를 부여했음을 발견한다.
―요하임 피터 케스트너(Joachim Peter Kastner), "연결된 기둥"[2] ―

여호와 하나님이 땅의 흙으로 사람을 지으시고 생기를 그 코에 불어넣으시니(창 2:7).

하나님이 제일 먼저 우주를 창조하려 하신 것도 장차 있을 성육신의 암시이다. 하나님은 "좋은" 것을 만드시고, 자기가 만드신 것을 좋아하신다. 하나님의 창조는 독특하게 "무"(無)에서 이루어지지만, 그 고대 본문은 거친 의인법으로 창조하시는 하나님을 묘사한다. 우리들 인간은 이 단순하고, 직접적인 "인간의 말"(human talk) 때문에 일어나고 있는 일의 중요성을 어렴풋이 알아챈다.

그리고 인간은 예술을 제작하는 종이다. 비록 "무"에서 작품을 만드는 것은 아니지만, 작업실에서 솜씨를 부려 엄격하게 작업에 임하는 예술가는 누구든지, 자신의 손작업을 통해 창세기에서 표현된 하나님의 기쁨을 다소 이해할 수 있다. 커다란 물질에 불과했던 것을 꾸미거나, 빚어서 어떤 사물의 형상을 만들어 세상에서 장소와 시간을 위해 구성된 공간을 차지하게 하는 조각가에게는 더욱 그러하다.

덧붙여 말하면, 많은 경우, 조각품을 만드는 것은 힘든 육체노

---

2 Anthony Cragg의 전시회 목록(Viersen: Skulpturensammlung, 1996), 21.

동이다. 예술가는 재료를 구부리고, 들고, 운반하고, 끌고, 밀고, 도구나 기구를 사용하여 재료를 파고, 몇 번이고 그 주위를 돌면서 다른 각도에서 그것을 바라보고, 모양을 바꾸기 위해 단단한 그것을 부수기도 한다. 다시금 조각가가 그 물질의 한계를 상기하고 당황해하는 이유는 바로 물질의 저항 때문이다. 구상 중인 형상으로 변화되기를 완강히 거부하는 "의지"가 재료에 있는 것처럼 생각될 때가 있다.

조각을 주제로 한 훌륭한 시나리오인 예레미야의 토기장이와 진흙 이미지(렘 18장)가 생각난다. 하나님의 택함을 받았으나 반항하는 백성을 상징하는 흙덩이와 토기장이 사이의 바뀐 계획, 시험, 싸움 그리고 대화의 과정을 통해, "터진" 그릇은 하나님 손으로 다시 빚어진다. 물질성과의 씨름 같은 것은 땅 위의 아들이 하늘 아버지와 이야기하는, 성육신 사건의 "대화"에서도 일어난다.

인간이면서 영원한 아들이신 예수님이 십자가 처형에 사랑으로 기꺼이 순종하시기 전에 엄청난 노력을 쏟아 부으신 겟세마네에서의 투쟁을 상기해보라. 토기장이의 물레는 고통스럽고, 괴롭고, 희생적인 원을 돌고 또 돌아, 이윽고 몸을 입으신 그리스도께서 놀랍게 영원히 변화하신, 완성된 형태로 부활하신다. 이렇게 일그러진 우리 인간성은 하나님이 생각하시는 온전함으로 재창조된다.

간혹 조각가는 자신의 작품이 "실패작"이 될 수도 있음을 인정해야 한다. 그것은 작품이 조각가의 기대에 못 미쳐서가 아니라, 자신의 오판에 따른 모험의 결과이거나, 다시 손봐야 할 소소한 부분이 많기 때문일 것이다. 일단 조각가가 작품에서 변형하고자 하는 부분을 발견하고서 그것을 고치기 어렵다거나 비용 부담이 크다고 생각되면, 결국 그 작품은 작업실 구석에 방치되기 마련이다. 이것은 주로 그 물질의 순수성을 파괴함으로써 어떤 개념을 집어넣으려는 시도 가운데, 그 재료의 원래 속성에 맞지 않게 작업함으로써 도출되는 결과이다. 또는 예술가는 특별히 떠오른 생각에 어떤 재료가 적절한지를 생각하지 않음으로 인해, 그 작품의 완성도가 떨어지게 되는 경우도 있다.

조각가들은 자신들이 다뤄야 하는 재료의 고유한 속성과 상태에 대해 심사숙고해야 함을 배워야 하고, 이런 속성과 상태를 제한사항으로 보기보다는 최상품을 만들 수 있는 공간의 한계로 보아야 한다. 이것에 주목할 중요한 언급이 있다.

> 성육신은 물질의 구조와 선함을 훼손하지 않았다. 물질은 중시된다. 예수님은 순전한 인간이시다. 하나님의 아들은 우리의 인성을 취하시나 그것을 훼손하거나 제거하시지 않는다.[3]

한편, 조각가가 특정 작품 완성을 "포기"할지라도, 그 과정에서 무엇인가를 배웠다고 기대할 수 있는 근거가 있다. 아마도 버려진 조각품의 우수성은 부분적으로 다음의 시도에서 드러날 것이다. 또한 조각가가 더는 적절하지 않은 것 같은 이전의 발상을 지나서, 새로운 작업을 시작할 때를 알게 될 것이다.

분명, 예술가들과 디자이너들은 공룡을 창조하신 하나님이 수백 년, 수백만 년 동안 그들을 즐기신 다음, 감탄할 수밖에 없는 또 다

---

3 1999년, Jeremy Begbie와 주고받은 편지에서.

른 것을 창조하시기 위해 그들을 도외시하시는 의인화한 그분의 모습을 상상하는 것은 어렵지 않을 것이다.

예술은 일종의 예견치 못한 즐거움이기에, 어느 날 즐겁게 공룡을 찾아 그것을 발굴하고, 그 해골을 박물관에 진열하는 인간의 모습을 구상하시는 하나님을 상상해보라. 이런 장엄한 조각품들 사이를 감탄하며 걷는 우리를 계획하시는 하나님을 상상해보라. 미학(Aesthetics) 이론에서 "장엄한 것"(the sublime)의 개념은 자연의 광대한 전경이나 대규모의 예술 작품에서 두려움을 드러내는 압도적인 미의 존재로 묘사될 수 있다. 관객은 광대한 공간과 태고의 시간에서 인간의 연약함, 수명의 무의미성을 떠올린다. 그러나 거기에 환희가 있다.

성경에서 이스라엘 백성이 여호와 뒤를 따라 광활한 사막을 건너고, 그분의 말씀이나 위대한 구원 사건을 기념하기 위한 장소를 표시하려고 돌무덤을 세우는 묘사에서 우리는 환희를 느낀다. 보통은 문양을 새긴 돌이나 돌무더기로 신상과 제단과 무덤 표식을 만들었으나, 대부분의 고대 사람들에게는 공통으로 초월적인 것에 대한 경외감으로 조각품을 만드는 충동이 있었다. 독특하게도 유대인들은 사물로 하나님을 만들기보다는, 여전히 재료 덩어리로 남아 있을지라도, 조각품은 하나님을 나타내거나 하나님의 필요성을 우리에게 일깨워줄 수 있다고 주장했다.

온전히 영이신 하나님이 육신을 입으시고 물질세계에서 인간과 관계하실 수 있고 관계를 바라신다는 사실을 이해하는 것은, 근본적으로 서구 문화에 큰 영향을 주었다. 이는 아마도 메시야의 오심

곧, 성육신을 예시하는 것으로도 이해할 수 있을 것이다.[4]

수 세기를 통해, 조각은 계속해서 기념비와 기념물을 나타내는 역할을 해왔다. 예술의 한 형태인 조각에는 왕의 통치를 기념하는 내용이나 육중한 돌이나 깎은 대리석이나 금속 같은 자료, 그리고 클수록 더 좋은 크기에서 거대성을 지향하는 경향이 있다. 이런 경향으로 조각은 놀라운 불멸성이나 영원성의 느낌을 주는데, 특정 예술 작품이 필연적으로 그런 인상을 조성해야 한다면 이는 적절한 일이다.

그러나 19세기 중반, 서양 예술은 빠르게 변하는 문화에 대한 사고와 상태를 반영하려는 시기로 바뀌는데, 이를 모더니즘(Modernism)이라 칭하기도 한다. 과학의 혁신, 공업화 그리고 도시화는 사회생활과 정치적 기대감으로 인해 큰 변화를 초래했다.[5] 대부분 공공장소에 놓인 조각품 같은 부동의, 단단한 예술 형상은 영웅적이기는 고사하고, 더는 필요치 않은 사람들과 사건들을 기념하는 것처럼 여겨졌다.

사고와 행위 양쪽에서 "거짓된" 꿈에 대한 환멸은 예술과 문학에서 좀 더 솔직하게 현실을 추구하게 한다. 이런 세속화는 결국 예술과 삶에서 자기 외에 어떤 것도 필요하지 않고, 참조하지 않으려는 현대적인 자주성에 이르게 될 것이다. 우리가 보는 것 그대로이다. 이런 변화의 이면에는 하나님은 살아계시며 우주에서 일하신다는 감정적이고 로맨틱한 개념을 우리 문화가 잊어야 함을 촉구한다.

---

4 Thomas Cahill, *The Gifts of the Jews* (New York: Nan A. Talese, Doubleday, 1998), 226.
5 Richard Hertz and Norman M. Klein (eds.), *Twentieth Century Art Theory* (New Jersey: Prentice Hall, 1990), 8.

3. 상대성, 다원성, 반(反)이상향 그리고 당신

내일을 기억하라

탐구를 위한 출발점이
피조물로 하나님을 증명하는 것이라면 더는 불가능하기에
여전히 하나님을 제외할 수 없네.

유일하게 가능한 출발점이, 오직 사람의
강퍅한 무관심이라는 기이한 사실, 그것은
혹시 증거가 드러나고 하나님이 몸소
보여주셔도, 달라지는 것은 없으리. 여기에
가장 신기한 사실이 있네.

아브라함은 하나님의 표적을 보고 믿었네. 이제
유일한 표적은 세상의 모든 표적이
차이가 없다는 것이라네. 이는 역설적 하나님의 복수일까?
그러나 나는 하나님을 의지하리.
　　　　　　　－워커 퍼시(Walker Percy), 『영화팬』(The Movinegoers)[6]－

---

[6] Walker Percy, The Moviegoer (New York: Fawcett Columbine, 1960), 146.

새로운 것은 없네, 낡은 것도 없네.
−로버트 스미선(Robert Smithson), "초현대적인"(Ultramodern)[7]−

우리는 컴퓨터화한 삶을 꿈꾸는 네트워크 이상주의자의 열정을 가늠하기를 배워야 할 것이다. 이는 현실주의자가 우리의 주요 현실로 확인하는 땅에 우리 자신을 더 깊이 뿌리내려야 하는 삶이다.

−마이클 하임(Michael Heim),
"사이버공간 변증법"(The Cyperspace Dialectic)[8]−

이상적 진보를 암시하는 근대성과 예술 작품의 자기 지시적(self referential), 물리적 존재에 내재하는 이상을 주장하는 모더니즘이 얼마 동안 사회에서 널리 성행했다. 하지만 터는 다시 흔들리고, 유토피아적 환상은 문제가 되기 마련이다. 1960년대 말, 주로 개념미술(Conceptual Art)과 대지미술(Earth Art)에서 활약하는 조각가 로버트 스미선(Robert Smithson)은 풍자와 어수선하고 다면적인 암시를 자신의 작품을 통해 재현함으로써, 현재 우리의 사고와 창작에 변화를 일으킨 선구자이다.

더 좋은 용어의 부족으로 우리는 당대를 흔히 포스트모던 시대라 표현한다. 현실은 여러 모습으로 나뉘며, 언어가 상대성의 바다에서 자유롭게 떠다니는 시대이다. 질서와 우연 사이의 아주 오랜 변

---

7 *Robert Smithson: The Collected Writings*, ed. Jack Flam (Berkeley, Los Angeles, London: University of California Press, 1996)의 Robert Smithson, "Ultramodern," 62-5.
8 Cahill, *The Gifts of the Jews*, 41에서 재인용.

증법의 명확성과 합리성은 다양한 즐거움의 주관적 활동들로 인해 흔들린다. 한때 진리를 내포한 지표로 인정된 "표적들"은 지표의 대상에서 분리되며, 시간을 두고 축적된 지식은 단명하는 컴퓨터 네트워크의 문서들로 인해 도전을 받는다.

사이보그 미래학자는 디지털 문화인 "소프트웨어 도시"와 "가상 사회"를 낙관적으로 촉진한다. 공업기술이 가속화되고 어느 때보다 정교해졌다 할지라도, 현재의 "네트워크 이상주의"는 19세기 산업화에 대응하는 모더니스트 낙관론과 많이 유사한 것처럼 여겨진다. 실제 시간 속에서 살아가면서 알게 된, 몸을 입고 있는 지성인들에게 획득하는 데 느리지만 깊이 있는 지식은 얄팍한 컴퓨터 화면 공간에 잠시 떠도는 과잉 공급된 공허한 정보에도 포함된다.

조각은 이런 환경에서 어떻게 흘러왔을까?

포스트모던 예술이나 현대 예술을 관람하는 큰 즐거움 중 하나는 예술의 가장 고귀한 가치들 가운데 하나를 경험할 때 생겨난다. 그 즐거움은 예술 작품을 보고 듣고 해석하는 관객의 공로를 인정하게 만든다. 의미의 형성은 관객이 이런 전체 노력에 기여하는 과정에서 발생한다. 어떤 사람들은 "기준"이 없음을 유감스러워하고 예술과 문화가 지향하는 방향을 모르겠다고 불평하지만, 우리 앞에 펼쳐진 발상과 물체의 다원적 "축제"가 있음을 인정해야 한다. 지나치게 달콤하거나 신 것도 있고, 지나치게 익었거나 분명 독성이 있는 것도 있지만, 묘하게 맛있거나 놀랍게 식욕을 돋우며, 동맥경화 치료에 도움이 되는 것도 있다.

시각 예술 축제에서 조각이 맡은 역할은 그 범위가 토공(土工, earth work), 건설현장과 설비에서부터 지정된 지역, 유명한 물건,

개념미술 전시와 비디오 투영에 이르기까지, 다양한 종류의 미디어와 자료를 포함한다. 1950년대에 바넷 뉴먼(Barnett Newman)은 "조각은 당신이 회화를 보려고 뒷걸음질할 때 우연히 마주치는 것이다"라고 말했다.

작고한 이 모더니즘 화가의 세련된 재치는 물질성에 대한 서툰 당혹감, 그리고 추상화만의 일종의 "보다 순수한" 묘사를 선호하는 것에 대한 근본적 경시의 태도를 피력해준다.

반대로, 상대성의 냉소주의를 피할 수 있다면, 포스트모더니즘은 건전한 비관주의의 가능성을 소개한다. 이상향으로 향하는 총알 열차는 탈선했으니, 이제 우리가 혼란 속을 애써 헤쳐나가 우리의 참된 상태를 표현하는, 흥미롭고 가치 있는 무엇을 발견할 수 있는지 해보자는 것이다. 어쨌든, 더이상 분명한 매체가 아닌 "조각"(Sculpture)은 이제 적절한 분류를 회피하는 다양한 종류의 "불순한" 작품을 위한 일종의 잡동사니 장르가 되었다.[9]

책임과 신뢰성보다 신속함과 사라짐을 갈망하는, 새롭지 않지만 변화가 일어나는 새로운 시대의 아침에, 우리는 무엇을 조각에서 기대할 수 있을까?[10]

C. S. 루이스(C. S. Lewis)는 『천국과 지옥의 이혼』(The Great Divorce)에서 천국을 우리가 지상에서 익숙하게 겪는 모든 일을 실제로 더 고통스럽게 겪는 곳으로 묘사하고 있음을 기억하라.

그런데 새롭게 열린 가짜 영성 시대에, 어떻게 현대 조각품을 보

---

9 Rosalind Krauss, *Theories of Contemporary Art* ed. Richard Hertz (New Jersey: Prentice Hall, 1985)의 "Sculpture in the Expanded Field," 215-25.
10 Paul Vrrilio, *The Aesthetics of Disappearance* (New York: Semiotext[e], 1991), 104.

는 것이 현실에 대한 성육신적 이해를 강화할 수 있을까?[11]

그리스도께서 참으로 죽고 완전히 부활한 실제 몸으로 실제 시간에 들어가지 않으셨다면, 기독교 믿음은 어리석은 허구이며 시간 낭비(고전 15장)라는 바울의 판단을 상기하라. 이런 질문들을 마음에 담고, 우리의 예술 순례로 돌아가, 현대 문화의 이미지 생산과 특히 조각의 에이콘(형상) 몇 가지를 조심스레 살펴 서술하기로 하자.

4. 광야를 지나는 여행

> 앙상한 나무들 사이에서 베일을 쓴 누이는
> 그녀를 공격한 이들을 위하여 기도하네
> 그리고 두려움에 떨지만 굴복할 수 없네
> 세상 앞에서 인정하고, 바위들 가운데서는 부인하네
> 최후의 푸른 바위들 사이에 있는 최후의 사막에서
> 정원의 사막과 사막의 정원의
> 가뭄에서, 말라버린 사과 씨를 입 밖으로 내뱉으며
>
>   오, 나의 백성.
>   — T. S. 엘리엇(T. S. Eliot), "재의 수요일"(Ash Wednesday)[12] —

---

11 Paul Virilio, *Pure War* (New York: Semiotext[e], 1983), 131-14.
12 *Collected Poems 1909-1962* (London: Faber & Faber, 1963), 103.

우리에게는 계속 제자리에 돌아오게 하는, 반복의 원에서 사막 속 정원에 이르는 길로 우리를 처음으로 불러준, 고마워해야 할 유대인들이 있다.[13] 서양 사고에서 지속적으로 강조되는 비유는 가뭄과 역경을 통과해 영적 성취와 풍요와 번성의 즐거움이 약속된 장소로 향하는 장대한 여행에 대한 것이다.

최근 나는 따분한 일상에서 벗어나 기분전환을 위해, 캠핑차에 애들을 태우고 뜨거운 모하비(Mojave) 모래 사막을 가로질러 호사스러운 무절제의 도시 라스베이거스로 향하는 흥미로운 여행을 했다. 미국 서부 끝에 위치한 또 하나의 멋진 전원도시인 로스앤젤레스로부터 출발해서 시원하고, 어두운, 자색 사막의 밤 그리고 땅을 가르며 펼쳐지는 고속도로가 놀라웠다.

이스라엘 백성과 다를 바 없이, 지면을 비추는 불기둥을 살피다가 마침내 피라미드 모양의 호화로운 룩소르(Luxor) 호텔과 카지노 꼭대기에서 비추는 빛을 발견했다. 호텔 로비를 가로질러 비옥한 나일 강을 흐르도록 축소해 꾸민 오아시스에서 나의 심신은 이내 새로워졌다.

맨해튼, 로마, 파리, 베니스 등을 본따 설계한 카지노의 유혹에도, 온 세대를 위한 새로운 "건전한 게임"이라는 유혹에도, 나는 면역성이 없다. 그러나 라스베이거스 광경을 보면서 나른한 권태감을 느끼는 데 오래 걸리지 않았다.

갓 태동한 20세기의 자유와 열정의 거창한 약속이 속박과 무관심으로 변하는, 황무지에 대한 엘리엇의 예언이 떠올랐다. 나중에,

---

13 Cahill, *The Gifts of the Jews*, 250-52.

그의 회심을 노래한 "재의 수요일"(Ash Wednesday)에서 엘리엇은 내가 더불어 살 수 있는 정원을 묘사한다. 이 정원은 녹색 플라스틱 층 아래에 사막을 숨기지 않고, 살아남으려는 실제 내 시간의 상황으로 나를 초대한다. 영적 가뭄을 동반하는 물자와 선택권이 넘쳐흐르는 곳이 나의 특별한 사막이다.

그러나 하나님을 이런 풍경으로 맞아들임으로써, 나는 갑자기 기쁨의 정원으로 변하는, 회복된 황량함을 경험한다. 한때 그리스도로 성육신하신 하나님은 우리가 있는 땅에 내려와 거하셨다.[14] 죄악의 도시(Sin City)의 반대인 천사의 도시(City of Angels)로 돌아오자마자, 나는 예술을 찾아 나섰다. 라스베이거스를 근거지로 활동하는 예술가인 에단 에이커스(Ethan Acres) 목사의 놀라운 조각을 대면한 나는 기운을 회복했다.

에이커스는 자신이 고향이라 부르는 엄청난 도시 라스베이거스만큼이나 현대 예술계의 획기적인 인물이다. 그는 네바다대학교(University of Nevada)에서 예술 분야의 석사 학위를 받았으며, 복음적 성직자로 한 성경 학교에서도 학위를 받았다.

에이커스는 자기 작품을 전시하고 있는 미술관 옆 주차장에서 주일 예배를 드린다. 그는 캠핑카를 고쳐 만든 이 초라한 "하이웨이 예배당" 아랫부분에 네온 조명을 설치하고 착색 유리에 미늘창을 냈으며, 출입구 가까운 곳에서는 거품이 솟구치는 착색된 물이 깨끗한 배관을 통해 회전하도록 꾸몄다.

---

14   Gil Bailie, "T. S. Eliot's Poetic Parable of Conversion: From Prufrock to Ash Wednesday and The Four Quartets" (lecture series, The Florilegia Institute, Sonoma, California, 1993)를 보라.

여기까지는, 흥미롭고 재미있다. 원래 나는 남쪽 전원도시 출신이기에 "바이블 벨트"(Bible Belt: 미국 동남부와 중남부 지역으로 근본주의, 복음주의 등이 성한 종교 지역–역주)에 근거한 여러 순수 예술의 극적인 기이함, 노골적인 집요함, 자유로운 신앙 표현에 "젖어" 이에 호응하게 되었을 것이다. 그러나 그곳을 오래 전에 떠났기에 적어도 머리로만 그렇다는 말이다. 너무 많이 알기에 오히려 신실한 믿음을 표현하기 힘든 이런 상태는 감상주의나 교훈적 경향에 회의적인 예술 관객에게는 더할 것이다. 나는 최악의 상태를 예상한다. 아마도 에이커스는 서양 예술에서 간헐적으로 다시 떠오르는 강한 반어적 상투어로 기독교를 비판할 것이다.

미술관을 들어서는 나를 곧바로 사로잡는 것은 털실로 짠 커다란 낙타 모습이었다. 담뱃갑에 그려진 모습처럼 보이는 낙타는 성냥개비를 풀로 붙여 만든 사막을 배경으로 서 있었다. 분홍색 털실로 짠 음경이 있기에 수컷임이 분명한 이 낙타는 벽을 가로질러 길게 뻗어 나가, 튀어나온 커다란 바늘귀를 통과하는, 한 가닥의 실로 풀어져 갔다.

내 눈은 갈색과 분홍색 털실이 엉켜 바닥에서 끝나버리는 비참한 실 덩어리를 계속 쫓았다. 깊이 감동했다. 상태는 다르게 바뀌었으나 그 완전한 정체성을 여전히 보유하고 있는 물질성이 여기에 있었다. 이것은 모든 것이 변했으나, 아무것도 잃은 것이 없는, 끝내 고통스러운 길의 과정을 통과한 몸이었다.

예술 평론가가 예술 작품을 비평하는 글을 쓸 때, 간혹 작품에 대한 자기의 특별한 환상만을 언급한다고 한다. 흔히 예술가들은 평론가가 그들의 예술에 관해 이런저런 것을 "이해하지" 못한다고 불평한다. 이는 헛된 일이다. 일단 관객에게 작품을 내놓은 예술가는 그 작품의 의미를 통제할 수 없으며, 자기 생각과 경험을 관람 과정에 제시할 특권을 포기해야 하기 때문이다.

그래서 "바늘귀를 통과하는 낙타"(Camel Passing Through the Eye of a Needle)라는 작품 제목을 읽을 때, 눈가에 눈물이 번짐을 느꼈다. 점액질 내장처럼 보이는 소박하게 덩어리진 실타래 더미를 응시하면서, 기적을 목격하고 있다는 생각이 들었다. 예수님은 말씀하셨다.

> 낙타가 바늘귀로 들어가는 것이 부자가 하나님의 나라에 들어가는 것보다 쉬우니라(눅 18:25).

나는 항상 이 상황에서 절망했다. 그러나 그것은 내가 성육신을 포함하여, "무릇 사람이 할 수 없는 것을 하나님은 하실 수 있느니라"(눅 18:27)는 예수님의 그다음 말씀을 간과했기 때문이었다.

에단 에이커스가 자신의 "어처구니없는" 재료로 드러내는 것은, 절망할 가능성이 있는 진정한 변신이었다. 다시 말하면, 낙타 전체가 정말로 작은 바늘귀를 통과하지만 철저히 초라하게 변했다. 단순하고 평범한 재료에 영원한 의미가 담겨있는 것처럼 보였다.

이제 나는 미술관의 다른 전시실에서 가장 특이한, 회전하는 조각품을 대했다. 플라스틱 흔들 목마에 발포 단열재를 뿌려 만든, 양처럼 보이는 이 작품은 바닥에서 몇 인치(inch) 떨어진 곳에 설치한 전동 회전 팔에 매달린 채 걸려 있었다. 눈동자 없이 엉겨 붙은 안구가 오렌지 빛을 비추는 데 반해, 말 머리로부터는 회색 플라스틱 뿔이 둥글게 말려 있었다. 나중에 세어보니 뿔과 눈이 일곱 개였다.

말 머릿속 스피커에서 흘러나오는 희미한 그레고리 성가의 선율에, 종교적 갈망이 한창이던 순진한 어린 시절의 카니발과 회전목마가 떠올랐다.

에이커스는 자신의 조각품에 "하나님의 어린 양"(Lamb of God)이라는 제목을 붙였으나, 이미 나는 사도 요한의 요한계시록에서 온 구체화된 비전을 인식했다. 기이한 형상 묘사로 구체화하고, 우스꽝스러운 "하찮은" 재료로 만들고, 전기로 충전한 이 작품은 상상을 초월하는 놀라운 우주의 주님을 말씀하고 있었다.

그런데 이 존재는 약하고 무력하지만, 그럼에도 우리가 이해할 수 없는 힘과 신비를 지닌 분으로 등장하셔서는 안 되는 것일까?

이것이 성육신의 역설이다.

이 역설은 장차 계시가 완성될 때에야 비로소 완전히 이해될 것이다. 휘장을 찢는 묵시는 언어를 통해 궁극적으로 가장 현실적인 것, 즉 마침내 회복되는 결함 있는 질료의 창조를 묘사하려는 것처럼 보인다. 이곳 미술관에서 나는 승리의 어린 양을 나타내는 놀라운 말씀을 묘사하는 소란하고, 입체감 있는 물질성을 마주하고 있다. 나는 "보이는 대로의 사물들"이 주는 평온한 느낌에서 불현듯 벗어나 잠깐 기이한 영광을 묵상했다.

작은 도시 한복판에 위치한 미술관에서 또 다른 경험이 나를 기다렸다. 그곳에 들어가자마자 커다란 조각품 앞으로 발길이 갔다. 이 작품은 충분히 알아볼 수 있고 친숙한 사물을 다뤘지만, 으스스한 거리감을 주었다. 그것은 부서진 자동차였다. 간혹 고속도로 경찰이 "감속하라, 아니면 당신도 이런 일을 당할 수 있다"라고 경고하기 위해 전시할 수 있을 정도로 심하게 부서졌다.

적어도 한 사람이 생명을 잃었다는 것, 지금 내가 보는 것은 붕괴된 건축 같은 죽음 현장의 흔적이라는 것을 나는 직감했다. 타이어와 내부 덮개를 비롯하여 구겨진 모든 금속 조각의 표면색은 전체가 자동차 몸체에 에나멜을 칠하기 전에 밑칠로 사용하는 부드러운 잿빛 녹청으로 도색되어 있었다. 전체적으로 골고루 매끈하며, 서늘한 중간색으로 되어 있기에, "비현실적"인 작품이지만, 이상하게도 실제로 사고를 당한 진짜 자동차를 보고 있다는 느낌이 들었다.

이어서 나는 그 작품을 만든 찰스 레이(Charles Ray)가 실제로 찌부러진 "폰티액 그랜드 에이엠"(Pontiac Grand AM: 폰티액 자동차 회사가 만든 1970-1980년대 차종—역주)을 사들여, 그것을 해체한 후 유리섬유로 수백 개의 부품을 주조하여, 이 조각품처럼 제자리에 복원했다는 설명을 읽었다. 자동차 뒷부분으로 가보니, 손상되지 않은 범퍼에서 "예수는 주"라는 스티커가 눈에 들어왔다.

이 마지막 세부묘사를 넣음으로써 작품 제작자는 심각한 모순을 구체화했다. 분명, 운전자는 돌연 비극적인 사고로 죽었을 것이며 예수님의 다스리심을 믿었을 것이다. 이것은 심오하고 역설적인 믿음의 어리석음이다. 여기서 욥과 하나님의 가장 오랜 논쟁이 생각났다.

"왜 고통이 있습니까?"

특히, "왜 제가 고통을 당해야 합니까?"

해체했다가 정성스레 다시 조립한 생생한 잔해를 보여주는 레이의 조각품은 그런 질문을 다시금 생각나게 했다. 이 작품은 주의를 기울여 계획되고 정교하게 제작되었다.

그러나 "칠하지 않은 조각"(Unpainted Sculpture: 작품 4, p. 261)이라는 작품 제목은 이것이 아직 완성되지 않은, 끝나지 않은, 부분적인 상태에 있음을 뜻한다. 시드는 꽃, 쪼개진 빵 그리고 절반만 따른 술잔 같은 것을 묘사한 네덜란드 프로테스탄트 풍의 그림처럼, 심하게 일그러진 자동차는 알레고리가 뛰어난 정물이었다. 이 작품은 나의 덧없음을 떠올리지만, 영생을 향한 완전함의 소망을 가리킨다.

레이는 "조각을 보는 당신이 무신론자인지 가톨릭 신자인지 나는 알 수 없다"라고 말했다. 레이가 관객에게 허용하는 것은 의미를 창조한 조각가의 작품과 "대화"할 수 있는 장소였다.

계속 자동차 주위를 도는 동안 나는 또 다른 느낌을 받기 시작했다. 움직이는 내 몸을 의식하면서 나는 운전자의 몸이 없다는 생각에 사로잡혔다. 작품 속에 사람은 없었다. 그러나 작품 반대쪽으로 앞좌석의 휘어진 공간을 응시하면서, 나는 어떤 이미지를 통해서도 알 수 없는 많은 것을 인간의 몸에 관해 깨닫게 되었다. 육신은 약하며, 부서지거나 깨지기 쉬우며, 고통스러우며, 죽을 수밖에 없다.

"말씀이 육신이 되어 우리 가운데 거하셨다."

그리스도께서는 이런 식으로 우리와 유사한 존재가 되셨다. 그러나 그것이 전부가 아니었다. 금속이 뒤틀려 함몰된 부분에 몸이 없는 것은 그리스도의 몸의 부활과 승천을 말해준다.

"그는 여기에 계시지 않다."

빈 무덤을 만나는 곳이 내가 처음으로 부활의 가능성을 생각하기 시작하는 곳이다. 이제 좌절감 속에서 공들여 조각하고 있는 내 작업실로 우리의 예술 여행은 계속된다. 예술가로서의 내 방법이 일용품, 흔한 물건, 그리고 일상생활에서 쉽게 구할 수 있는 재료 같은 무척 단순한 것들의 관찰에서 시작함을 이제 나는 깨닫는다.

"조각" 기법은 수준 낮은 기술이다. 또한 "조각" 기법은 납지, 전

등갓, 인조모피, 종이접시, 플라스틱 지붕 자재, 알루미늄 목발, 정원 가구 덮개, 울타리 말뚝 등의 각 매체를 내가 알아감에 따라 계발된다. 선인장, 이끼, 솔잎이나 곤충 사체를 이용한 몇 가지 장치의 일시성은 우리 일시성의 인식이다. 재료는 그 실재에 적절한 방식으로 작동할 것이다.

예를 들어, 최근에 나는 종이로 된 커다란 장식 접시를 받침으로 하여 그 위에 10피트 높게 종이 접시를 쌓아올렸다.

이 작품은 구석으로 심하게 쏠렸으며, 중력에 의해 기적적으로 겨우 제자리를 잡았다. 아름답고 단순한 그리스 풍의 흰색 기둥이 있는 이 작품 제목은 "서양 문명"(Western Civ., 작품 5, p. 262)이다. 어떤 면에서, 이 작품은 안정성과 영원성이라는 사고를 비판한다.

나는 이 작품에 "하나님 형상"이라는 사실과 결함 있는 인간으로 존재하는 현실을 통합하는 부적응의 순간성을 역설적으로 담았다. 나의 예술 매체를 통해 "성육신을 생각"하는 것은 다양한 형태의 구체적인 사물들과 씨름하는 것이며, 불멸성이 스며든 문화에서 양감과 질감을 "창출"하는 것이다. 나는 제작에 임하면서 각 작품의 최종 형태는 하나님이 자기 피조물을 찾으심을 암시할 것임을 상상했다.

현재 내가 만들고 있는 것은 대양을 깨트려 산산조각낼 태세인, 한쪽을 고정해 만든 큰 "파도"(Breakers, 작품 6, p. 263)이다. 파도는 철 막대와 유리섬유로 구성된다. 그래서 나는 정원용 호스 몇 가닥을 사서 그 표면에 붙이려 했다. 여러 번의 시행착오 끝에 마침내 적합한 공업용 접착제를 구했다. 다행히 이것은 "효과"가 있었다.

나는 놋쇠로 된 호스 노즐이나 그 끝에 강철 버팀쇠를 부착한, 뱀 가죽 문양의 녹색 호스 여러 가닥이 바다 거품의 근원지로 쏟아져

들어갈 때의 기이한 아름다움을 즐기기 시작한다. 비유로 말하면, 고대 히브리인들에게 바다는 혼란의 세계이며, 호쿠사이(Hokusai)의 유명 판화 "큰 파도"(Great Waves)나 "바다"(Marine)를 다룬 앨버트 핑컴 라이더(Albert Pinkham Ryder)의 그림들에 묘사된 바다는 다스릴 수 없는 자연에 위협당하는 연약한 인간의 모습이라 할 것이다.

몇 달이 지나가고, 나는 여전히 이런 고조된 열망의 절정에 있다. 햇빛 가득한 어느 오후, 나는 베니스 해변(Venice Beach)에 있는 미술관에서 개최할 전시회를 위해 완성한 작품 "파도"를 설치한다. 수로를 연결하여 건설된 초기 로스엔젤레스 부동산 개발지역인 이곳에는 멋진 아치형 다리가 서 있다. 크게 창문을 두드리는 소리에 올려다보니 팔 밑에 서프보드를 낀 금발의 두 여인이 내 "파도" 조각품을 가리키면서 잘 알겠다는 듯 신호를 보낸다. 내 열망의 일반성이 내 상황의 구체성과 만나는 순간이다.

성육신이란 그런 것이다. 인간 역사의 흐름으로 뚫고 들어오는 것이 있다. 하나님은 어떤 인간적인 것에도 충격을 받거나 당황해 하지 않으시며, 하나님은 우리 노동, 예술, 발명의 다양성을 소중히 여기신다. 하나님은 우리의 실재와 우리의 다양한 현실을 완전히 파악하신다.

우리는 하나님을 정화하거나 지지하거나 해를 당하지 않도록 보호하지 않아도 되며, 혹시 세상이 너무 많이 변해 하나님이 그것을 인식하지 못하실까 봐 염려하지 않아도 된다. 우리는 사물을 먼 거리에서 "유리를 통해 어둡게" 보는 존재들이다. 하나님은 가까이 오셔서 어둠이 짙어질 때 주변으로 걸어 오신다.

제7장

대중 음악을 통하여: "온전히 거룩한"

그레이엄 크레이(Graham Cray) 박사
영국 Ridley Hall, The University of Cambridge 교수

성육신을 진지하게 생각하는 것은, 곧 예수님이 받으신 시험들을 진지하게 생각하는 것이다. 그러나 종종 교회는 이 둘을 한데 묶을 효과적인 방법을 찾으려 애썼다. 즉, 그리스도의 시험이 연극이었다는 주장, 또는 그리스도는 완전한 하나님이 아니라 죄가 있으셨다는 주장, 어느 쪽 주장에서건 구원은 절충되어 있다. 그레이엄 크레이는 모든 쟁점을 삼위일체의 맥락에 놓는다. 우리 때문에 인성을 입으신 거룩한 아들은 성령을 통해 하나님 아버지 뜻대로 "되돌아" 가셨으며, 이에는 반드시 진정한 투쟁이 수반된다는 견해이다. 그러나 크레이는 이 견해를 직접적인 방법을 통해서가 아닌, 소울(Soul: 대중 음악의 한 장르-역주) 가수인 마빈 개이(Marvin Gaye) 연구를 통해 강조한다. 크레이는 개이의 음악 스타일, 삶의 방식, 그리고 특히 기독교 배경을 포함한 다양한 상황 안에서 그가 부른 노랫말을 연구한다.

대중 문화의 관점에서 성육신의 여러 측면을 접근할 때 더 잘 이해할 수 있다는 의견은 세상을 보는 모더니즘과 포스트모더니즘의 관점에 문제를 야기시킨다.

전형적인 계몽주의 관점에서 "순수" 예술과 "대중" 예술은 명백하게 구분된다. 순수 예술은 고상한 주제에 어울리는 고상한 수단으로 간주되었다. 반면, 대중 예술은 교육받지 못한 사람들을 위한 가치 없는 오락거리로 간주되었다.

아직도 계속되는 이러한 태도가 비교적 최근인 19세기의 혁신적 태도였음을 기억해야 한다.[1] 20세기에 와서, 프랑크푸르트학파(Frankfurt School)는 대량 생산된 대중 문화에 대해 이와 유사한 이분법적 비평을 계속 적용해왔다. 이 비평은 "문화 산업"을 "대중 기만"의 한 형태로, 평준화와 대량 생산이 거둔 또 다른 승리로 인정했다.[2] 이런 입장에서 "하잘것없는" 매체로서 예술은 그 성격이나 그 상업화로 초월적 주제에 이르는 관문이 될 수 없음을 의미한다.

포스트모던 이론은 이에 이의를 제기한다. 이 이론은 대중 문화를 초월적 주제에 적절하지 않은 전달 수단으로 보기보다는, 초월적 주제에 접근할 수 없을 뿐 아니라 심지어 초월적 주제가 있다는

---

1 "계몽주의가 심각하게 와해되기 전인 17세기와 18세기에는 문화 전반에 걸쳐 통일성이 있었다. 음악에는 분명, 다른 종류의 흐름이 있었다…그러나 사회는 단절되어 있지 않았다. 교회에 다니는 평범한 라이프치히 사람들은 교회에서 바하(Bach)의 칸타타를 들었다. 음악의 최고 질과 깊이를 이해하지 못했을지라도, 그들은 음악을 즐길 수 있었다. 음악은 엘리트를 위해 작곡되지 않았다. 또한 교육받은 사람들의 귀에도 단순하고 서민적인 종류의 음악이 이상하게 들리지 않았다. 음악을 모든 사람의 음악이 되게 한 것은 이 모든 음악에 대한 정상성과 순수성이 있었기 때문이었다. Hans Rookmaaker, *Modern Art and the Death of a Culture* (London: IVP, 1970), 186.
2 예들 들어, Theodor Adorno and Max Horkheimer, *Dialectic of Enlightenment* (London: Verso, 1977)를 보라.

것마저 부인한다. 단순히 대중 문화를, 주어진 의미 외에 다른 암시가 없는 하나의 부호 체계로 이해한다. 말하자면, 현상 이면에 감추어진 실체가 없으므로, 드러난 현상 그 자체를 즐겨야 한다는 것이다. 포스트모던 문화는 "서로를 비추는 탈출구 없는 거울 같은 미로"로 묘사되어왔다.[3] 이런 시각의 입장에서 팝송, 영화, 컴퓨터 게임 등 많은 대중 문화는 현재 그 자체를 즐기기 위해 고안된 것처럼 보인다. 실제로, 몇몇 포스트모던 이론들은 삶이 "영구적 현재"의 연속에 지나지 않는다고 여긴다.[4]

이 장은 모던적 극단과 포스트모던적 극단, 두 가지에 반대하는 의견을 제시할 것이다. 나는 가장 중요한 인간 실존 문제를 감당하고 깨우칠 능력이 대중 문화에 있음을 보일 수 있기를 기대한다. 더욱이, 기독교 신학은 인간이 하나님 형상으로 창조되었으므로 직관적이고 "내적인" 감각을 초월하여 소통하는 작품들을 창조할 수밖에 없다고 주장한다. 즉, 대중 문화도 이 초월성의 순간들을 가질 수 있다는 것이다.

대중 문화를 전문적 의제로 이끌어 온 분야는 상대적으로 새로운 문화 연구이다. 레이먼드 윌리엄스(Raymond Williams)는 "문화는 일상이다"[5]라고 기록했다. 이 표현은 "순수 예술"과만 관련되지 않음을 의미한다. 오히려, 대중 문화와 인문과학 분야 전반에서, 문화는 특히 인간이 의미를 만들거나 발견하는 방법에서 사회 전체와 관계

---

3 Richard Kearney, *The Wake of Imagination* (London: Routledge, 1994), 31.
4 Fredric Jameson, Hal Foster (ed.) *Postmodern Culture* (London: Pluto Press, 1983)의 "Postmodernism and Consumer Society" 119, 125.
5 Raymond Williams, *Resources of Hope* (London: Verso, 1988)의 "Culture is Ordinary."

를 맺는다. 문화 연구는 사람들이 일상적 삶의 자원으로 의미를 만든다는 것을 인식한다. 의미를 만드는 과정에서, 소니 워크맨(Sony Walkman)[6]은 의미의 창조와 마케팅에 관련된 사회적 경제적 영향력보다 더 많은 영향력을 발휘하고 있다.

> 삶의 일반적인 방식으로 인식되고, 사람들이 살아가는 세상에서 의미 있는 말들을 만들어 내는 행위로서 인식되는 문화는 대중 음악의 소리, 가사 그리고 이미지를 만들고 의미를 부여하는 환경의 구성적 상황(constitive context)으로 이해해야 한다.[7]

사실, 문화와 의미의 관계를 이렇게 이해하는 것은 엘리트 예술 형태를 포함해서 모든 문화적 양상에 적용된다.
한스 베르텐스(Hans Bertens)는 이렇게 말한다.

> 포스트모더니즘은 엄청난 문화 연구의 진보에 도달했다…직접적이든 간접적이든 보다 근본적인 생산 양식(mood of production)으로 인해 고정되어 있다고 여겨지던 문화는 이제 중요한 구성적 힘을 갖게 되었다.[8]

기독교 신학은 문화 혹은 언어를 통해 실재(reality)가 형성된다고

---

6 Paul Du Gay, et. al., *Doing Cultural Studies: The Story of the Sony Walknan* (London: Sage/Open University, 1997)을 보라.
7 Keith Negus, *Production of Culture/Cultures of Production*, ed. Paul Du Gay (London: Sage/Open University, 1997), 101.
8 Hans Bertens, *The Idea of the Postmodern* (London: Routledge, 1995), 11.

주장하는 문화의 연구 경향을 명맥히 거부한다. 오히려 기독교 신학은 계속 진행 중인 하나님의 초기 창조성과 인간의 청지기직 그리고 하나님과의 동반관계 발견을 결합하는 견해를 수용한다.

> 우리의 문화 개입이 가지는 참된 신학적 의미는 하나님 임재와 행위 때문이다. 우리는 하나님의 약속을 세상에 나타내라고 부르심을 받았다.[9]

그럼에도 신학은 대중 문화를 포함하여 문화가 의미 파악은 물론 의미 형성에도 참여한다는 것에 동의할 것이다.

나는 이 장에서 대중 음악에 초점을 두려고 한다. 내가 음악을 중요하게 생각하는 이유는, 20세기에 출현하여 21세기로 이어지며 대중 매체가 포화상태에 이른 상황에서, 음악은 영화와 더불어 중요한 대중 예술 형태로 자리잡았기 때문이다.

이런 문화의 모습에서, 대중 음악은 자신만의 고유한 규칙을 가진 간단한 매체로 이해되기보다 음악을 형성한 다른 문화 차원과 관련지어 해석되어야 한다. 그래서 문화적 상황에서 고립된 음악은 그 자체로 의미를 상실한다. 오히려 음악을 음악이게 하고 중요한 의미를 부여하는 것은 상황(context)이다.

음악은 본질적으로 가장 다양한 문화 행위를 위한 공개된 진술

9　William Dyrness, *The Earth is God's: A Theology of American Culture* (Maryknoll, New York: Orbis, 1997), 69.

무대가 된다. 그리고 이 과정에서 음악의 대부분은 텍스트로서의 특질(textual quality)을 잃는 대신 **매체로서의 특성**(media character)을 획득한다.¹⁰

대중 음악이 청중의 일상생활과 경험 속으로 실제적인 주제들을 가져올 수 있는 이유는 단지 그것이 대중 매체이기 때문이다. 사람들은 대중 매체를 통해 이런 주제들과 접촉한다.

피터 위크(Peter Wicke)가 다음과 같이 주장한다.

> "록"(rock) 음악은 예술에서 새로운 경험을 산출한다. 곧, 높은 수준과 기술에 의존적인 대중의 틀 안에서, 음악 개발자와 수용자의 관계가 완전히 달라졌음을 드러낸다. 또한 일상생활, 창의성, 예술 그리고 매체가 새로운 상황에서 하나가 되었다.¹¹

록 음악과 팝 음악이 예술과 일상생활의 새로운 관계 형성에 도움이 되었기에, 적어도 얼핏 보기에는, 이 사실이 성육신 이해에 도움이 될 것 같다. 이런 이론적인 주장에 사적인 주장을 보태려 한다.

1960년대에 성장했던 내게 팝 음악은 자기 인식에 중요한 역할을 했다. 나는 성경 공부를 통해 믿음을 갖게 되었으며 기독교 이야기와 그 이야기에 담긴 세계관에 접하게 되었다. 그리고 록 음악을 통해 내 믿음은 더욱 "온전하게" 되었다.

---

10 Peter Wicke, *Rock Music: Culture, Aesthetics and Sociology* (Cambridge: CUP, 1990). 181.
11 Ibid., 174.

나는 내 감정을 어떻게 확인해야 하는지, 신체적이고 "감정적인" 내 본성을 성장하는 내 믿음과 어떻게 통합해야 하는지를 배웠다. 한때 "흑표범 단"(Black Panther) 리더였던 엘드리지 클리버(Eldridge Cleaver)는 로큰롤(Rock n' Roll) 세대가 "모든 백인들이 자신의 몸으로 회귀하는"[12] 세대라고 말했다. 내게는 맞는 말이었다. 물론, 주일에 배운 기독교적 가치와 음악을 통해 표현된 가치 사이에 다소 갈등이 있었으나, 결코 그 안에 모순은 없었다. 음악을 통해 나는 구속받은 전인적 인간으로서의 나 자신을 더 많이 발견했다.

1. 진정한 시험?

동시에, 음악은 기독교인으로서 나의 헌신적 삶의 방식에 모순되는 하나의 시험 수단으로 작용했다. 내가 말하고자 하는 것이 바로 이 시험의 주제이다. 왜냐하면 그리스도께서 받으신 시험은 성육신의 중요 부분을 조명하기 때문이다. 그리스도의 시험이 사실이라면 구원의 능력은 그리스도의 성육신에만 있다.

"그리스도께서 받으신 시험은 연극이 아닌 진짜 공격이었다."[13]

신약 저자들에게 그리스도께서 진정한 인성을 우리와 공유하셨음은 분명했으며, 이는 그분이 실제 투쟁과 진정한 시험에 마주하셨음을 뜻한다.

---

12 Mick Farren이 *Melody Maker*에서 인용(정확한 출처가 알려지지 않음).
13 Thomas Smail, *Reflected Glory* (London: Badder & Stoughton, 1997), 90.

우리에게 있는 대제사장은 우리의 연약함을 동정하지 못하실
이가 아니요 모든 일에 우리와 똑같이 시험을 받으신 이로되
죄는 없으시니라(히 4:15).

여기서 신학적으로 문제가 되는 것은 바로 우리 구원의 효용성
이다. 그리스도께서 우리와 같은 인성을 갖지 않으셨다면, 우리는
지금처럼 구원받지 못했을 것이다. 신약성경의 서신서들은 교체
(exchange)라는 용어를 사용한다. 바울은 그리스도께서 우리가 그분
몸에 참여할 수 있도록 우리처럼 되셨음을 다양하게 진술한다(고후
5:21, 8:9; 갈 3:13, 4:4-5; 롬 8:3-4; 빌 2:6-8).

"바울이 묘사는 남자들과 여자들을 그리스도와 동일시하는 것인
데, 결국 하나됨은 그리스도의 몸에 참여함으로 이루어진다."[14]

교부 시대의 교리 논쟁에서 이에 대한 부정적 암시가 강조되었
다. 예를 들어, 아타나시우스(Athanasius, 296[?]-373)는 "무엇이든
선택되지 않는 모든 것은 정화되지 않는다"고 진술했으며, 나지안
주스의 그레고리(Gregory of Nazianzus, 329-389)는 "그리스도 안에
서 선택받지 않은 것은 정화되지 않았다"라고 진술했다.

또한 크리스토퍼 콕스워스(Christopher Cocksworth)는 다음과 같
이 진술했다.

그리스도의 수태로 하나님이 택하신 인성(humanity)은 성령으

---

14 Morna Hooker, *Theology and Ethics in Paul and His Interpreters*, ed. Eugene Lovering and Jerry Sumney (Nashville: Abingdon 1996)의 "A Partner In The Gospel," 90.

로 말미암아 완전한 인간 삶의 실재와 조건 속에서 살아가며 아버지께 순종함으로 재형성되고 새롭게 변해야만 했다. 시험 기사와 겟세마네 기사는 예수님이 시험과 두려움이라는 인간 현실에 완전하게 참여하셨음을 보여준다.[15]

이 성육신 이해 중심에 반복 개념이 있다. 시험당하시는 예수님에 대한 누가의 설명에서(눅 4장), 예수님은 이스라엘이 받은 소명의 반복으로 광야에서 시험받으신다. 이스라엘 백성이 40년 동안 그랬듯이 예수님은 40일 동안 광야에서 성령에게 이끌리신다(눅 4:1-2). 예수님은 또한 아담과 하와를 타락하게 한 시험을 반복해서 받으신다. 그래도 예수님은 굴복하시지 않으셨다.[16]

그렇지만 우리는 계속해서 그리스도의 시험의 실제를 회피하려는 경향이 있는데, 그리스도의 신성을 두둔하려는 잘못된 정보에 기초한 갈망에서 비롯한다. 이는 우리가 안주하고 있는 구속신학 분야를 제거하려는 시도에 지나지 않는다.

이 문제에 관한 성경 증거의 난해성과 중요성을 밝히기 위해, 나는 소울(soul) 가수인 마빈 개이(Marvin Gaye)의 작품, 특히 그의 최고 전성기에 발표된 음반과 관련지어서 이에 접근하려 한다.

1971년 5월에 발표된 개이의 앨범은 "무슨 일 있나요?"(What's Going On?)이며, 다른 음반은 1973년 8월 발표된 "이제 시작해요"

---

15 Christopher Cocksworth, *Holy, Holy, Holy: Worshipping the Trinitarian God* (London: DLT, 1997), 154.
16 누가복음에 기록된 족보는 아브라함까지 예수님 혈통을 추적하는 마태복음에 기록된 족보다 더 거슬러 올라가 "아담의 자손, 하나님의 자손"(눅 3:23-38)까지 추적한다. 이 구절은 "마지막 아담"이신 예수님의 그리스도론을 암시한다.

(Let's Get It On: 성관계를 요청하는 말-역주)이다. 이 두 음반은 약 25년 전 출시되었지만, 비평가와 독자들 여론조사에서 록 시대의 최고 음반 자리를 계속 차지하고 있다. 이 둘은 오늘날 활동하는 예술가들에게도 계속 영감을 주고 있다. 과거 몇십 년 동안 출시된 개이(Gaye)의 주요 음반은 일반 CD 구매가격으로 구입할 수 있다. 이는 과거 개이가 음악계에 어떤 영향을 끼쳤는지를 잘 알려준다.[17] 개이의 삶과 죽음은 여전히 많은 팬을 매혹하고 있으며, 그의 전기도 계속 집필되고 있다.[18]

2. 교회에서 내린 뿌리

대략 록이나 팝이라 명명된 다양한 음악 전통에서, 소울 혹은 R&B(Rhythm and Blues)로 알려진 아프리카 계통의 미국 음악은 그 뿌리가 교회에 있기에 우리 연구에 가장 큰 도움이 된다. 1740년대에 절정에 달한 제1차 대각성운동 시기에 수많은 노예들이 그리스도를 믿게 되었으며, 그 결과로 노예들의 서아프리카 전통과 유럽 전통에서 온 성가와 운문율 시편을 합성한 음악이 태동했다. 현재 우리는 이 음악을 "영가"(Spirituals)라고 부른다.

영가에서 블루스(Blues), 가스펠(Gospel), 재즈(Jazz), 래그타임

---

17 예를 들어, "비틀즈"(Beatles)가 "오아시스"(Oasis) 밴드에 끼친 영향을 보라.
18 최근작으로 Steve Turner, *Trouble Man: The Life and Death of Marvin Gaye* (London: Michael Joseph, 1998)이 있다.

(Ragtime)이 시작되었으며,[19] 블루스와 가스펠은 백인의 컨트리 뮤직과 합쳐져 로큰롤을 형성했다. 이처럼 가스펠이 록 음악 형성에 영향을 끼쳤기에, 어느 작곡가는 이렇게 주장한다.

> 모든 록 음악의 가장 강한 특성인 박자, 극적 요소, 그룹 바이브레이션은 가스펠에서 온다. 록 심포니에서 세제 광고에 이르기까지, 아레사 프랭클린(Aretha Franklin)의 현란한 음악 기교에서 잭슨 형제들(the Jacksons)의 화음(harmonics)에 이르기까지, 가스펠은 실제로 우리의 모든 청취 예상을 바꿔놓았다. 우리가 무의식적으로 예상하는 클라이막스인, 박자 간의 긴장은 애초에 교회 음악에서 비롯된다.[20]

그럼에도 19세기 초에 있었던 제2차 대각성운동 시기부터, 새롭게 모습을 드러내는 음악 해석에 엄격한 이원론이 도입되었다. 마침내 "가스펠"은 교회의 음악으로, "블루스"는 악마의 음악으로 분명하게 구별되기에 이르렀다. 이것이 록과 팝 역사로 전달되어 긴

---

19 William Edgar, "On the Off Beat", *Third Way*, 9(1986), 18-20을 보라. 이 관련성을 다룬 문헌이 상당히 많다. 그중 특히 다음을 보라. Viv Broughton, *Black Gospel* (Poole: Blandford, 1985); James Cone, *The Spirituals and the Blues* (New York: Seabury, 1971); Dena Epstein, *Sinful Tunes and Spirituals* (Chicago: University of Illinois, 1977); Eugene Genovese, *The World the Slaves Made* (New York: Vintage, 1976); Michael Harris, *The Rise of Gospel Blues* (New York: OUP, 1992); Anthony Heilbut, *The Gospel Sound* (New York: Limelight Editions, 1985); Gerri Hirshey, *Nowhere to Run-The Story of Soul Music* (London: Pan, 1984); Paul Oliver, *Songsters and Saints* (Cambridge: CUP, 1984}; Samuel A. Floyd, *The Power of Black Music: Interpreting Its History from Africa to the United States* (Oxford: OUP, 1995).
20 Heilbut, *The Gospel Sound*, x.

장감이 유발되었으며, 교회에서 성장하여 "세속적인" 가수가 된 여러 예술가들을 통해 그 사례로 나타났다. 1950년대부터 현재에 이르기까지, 시험과 깊은 내면에서의 투쟁이라는 현실은 이러한 음악인들과 그들 음악의 특징이 되었다.

1950년대의 로큰롤 가수인 리틀 리처드(Little Richard)는 성적 방종, 회한, 기독교 사역의 시기를 오가며 재기했다. 소울 음악의 선구자들 중 한 사람인 샘 쿡(Sam Cooke)은 팝에서 명성을 얻기 이전에 "소울 스터러스"(Soul Stirrers)의 리드 싱어로 가스펠 순회공연에서 유명해졌다. "세속적인" 명성이 절정에 달했을 때, 쿡은 다시 "소울 스터러스"와 공연하려 했으나, 가스펠 관객의 야유를 받고 무대에서 내려와야 했다. 쿡은 애인이 쏜 총에 살해당하는 비극적 죽음을 맞았으며 "변화가 오리라"(A Change Is Gonna Come)라는 사후에 발표된 가슴 아픈 노래로 인기를 얻었다.

> 사는 게 너무 힘들어도
> 나는 죽기가 두려워
> 저 하늘 너머에
> 무엇이 있는지 모르기 때문이지
> 오래, 오래 걸리겠지만
> 변할 것임을 나는 아네
> 아! 그래, 분명 변하겠지.[21]

---

21 Daniell Wolff, *You Send Me: The Life and Times of Sam Cooke* (London: Virgin, 1996)을 보라.

다음에 등장하는 사람은 우리가 곧 살피게 될 마빈 게이(Marvin Gaye)다. 게이 뒤이어 알 그린(Al Green)이 등장한다. 그린은 거의 죽을 뻔했던 사건을 겪은 후, 소울 음악에서 화려한 정상을 구가할 때 목사가 되었다. 그린은 "벨르"(Belle)라는 노래를 통해 그의 삶을 이끄는 두 갈래 길 사이, 곧 그리스도와 애인 사이에서 자신의 최종 선택을 선포했다.

이 곡에서 그린은 "내가 원하는 것은 당신이지만, 내게 필요한 것은 그분이라네"라고 노래했다. 휘트니 휴스턴(Whitney Houston), 마이클 잭슨(Michael Jackson), 프린스(Prince, 일명 "예술가") 같은 예술가들에게서 이 이야기는 아직도 계속되고 있다. 특히 프린스에 대해서는 "우리는 성스러운 죄에서 화해한 리틀 리처드(Little Richard)의 양면을 본다"[22]라는 말이 회자되었다.

3. 문제의 사나이

앞에서 우리가 마빈 게이에 주목할 때, 대중 음악은 상황(context)을 알아야만 해석할 수 있다고 한 말을 떠올리는 것이 좋을 것이다. 실제로, 상황은 다양하고 복잡하다. 노래 가사가 음악 이해의 유일한 열쇠인 것 같지만, 가사 분석만으로는 충분하지 않다.

대체로 팝 음악 가사는 전체적 음향으로 혼합되는, 인간 음성이라 불리는 한 악기의 자원일 뿐이다. 심지어 이런 음악의 총체도 예

---

22 Dave Hill. *Prince: A Pop Life* (London: Faber & Faber, 1989), 129.

술가의 이전 작품, "라이너 노트"(liner note: 음반에 따라 나오는 음악, 연주자에 대한 해설지-역주)와 삽화(artwork)를 비롯해 정밀하게 묘사된 이미지 그리고 예술가의 이전 작품의 상황에서 분석되어야 한다.

덧붙여 말하면, 확고히 안정된 예술가라 해도, 새 음반은 그것이 출시될 때마다 이미 널리 알려진 사생활의 또 다른 부분을 드러내는 것으로 이해되곤 한다. 그뿐만 아니라, 예술가와 청중이 공유하는 그런 음악의 의미에 관한 근거 없는 이야기들까지도 의미가 된다.

개이의 두 음반은 클래식으로 간주되며, 그의 이야기는 꽤 유명하다.[23] 그는 "하나님의 집"(House of God) 교파 소속인 오순절성결교(Pentecostal Holiness) 가정에서 자랐다. "하나님의 집"은 보통 오순절파에서 강조하는 성령의 역사에 유월절 준수와 음식에 관한 몇 가지의 구약 율법, 그리고 토요 안식일 준수를 결합한 교파였다.

그리고 개이의 아버지는 자유로움과 율법주의를 결합한 이례적인 이 작은 교파의 "주교"(bishop)였다. 음악에 재능이 많았던 개이는 아주 어릴 때부터 교회와 그의 아버지가 인도하는 집회에서 노래했다. 아버지와 개이의 관계는 충격적이었으며, 이는 평생 개이를 따라다녔다. 아버지에게 조종당한 개이의 삶에는 매질이 포함되었다. 이로써 어린 개이는 아버지를 기쁘게 하고픈 갈망과 아버지에게 저항하려는 마음가짐 사이에 갇혀버렸다. 결국 개이는 그의 아버지 손에 죽을 운명이었다.

개이는 1960년대에 "풍문으로 들었소"(I Heard It Through The Grapevine)와 같은 클래식 싱글 음반들을 가지고 탐라 모타운(Tamla

---

[23] David Ritz, *Divided Soul* (London: Grafton, 1986); Steve Turner, *Trouble Man*을 보라.

Motown) 음반사를 유명하게 한 예술가들 중 한 사람이었다. 개이의 생애와 음악에는 분리할 수 없는 두 가지 갈등이 있었다. 하나는 종잡을 수 없는 율법주의를 지향하는 기독교식 가정 교육과 섹스와 마약에 탐닉한 클래식 팝 스타의 방종 간의 갈등이었다. 또 하나는 자신의 아버지를 원망하는 마음과 아버지의 사랑을 깊이 갈망하는 마음에서 비롯한 갈등이었다.

그리스도의 시험에 수반된 엄청난 투쟁에 우리가 참가한다면, 그리스도에게 제시된 강한 유혹의 시험에 우리가 직면한다면, 그리고 사랑하시는 하늘 아버지와 신뢰 관계의 중대한 의미에 우리가 참여하고자 한다면, 양자간에 뚜렷한 차이는 있지만, 개이의 음악을 통해 우리가 이런 주제들에 접근할 수 있지 않을까?

개이의 활동은 "무슨 일 있나요?"라는 음반을 출시하면서 완전히 새로운 국면에 접어들었다. 이 음반은 전통적인 모타운 음반사와의 결별을 의미했다. 아프리카적 미국 교회 음악의 진수를 가져다가 인상적인 짧은 멜로디의 사랑 노래의 매체로 사용한 모타운의 음반은 매우 성공적 양식으로 구축되어 있었다.

개이는 이 양식과 결별했다. 그는 첫 제작으로 35분 동안 9곡의 모음곡을 녹음하였다. 주제는 폭력과 전쟁, 마약, 인종차별, 도심지에서의 싸움, 어린아이들의 곤경과 생태계 재난 같은 것으로, 그가 알고 지내던 사회적 고통과 어려움이었다. 그는 모타운 가스펠 양식 대신에 "라틴 박자, 부드러운 소울과 백인 팝(white pop), 그리고 때로는 스캣 창법(scat: 재즈에서 목소리로 가사 없이 연주하듯 음을 내는 창법-역주)과 할리우드식 감상주의"²⁴로 멋지게 통일된 완전체를 형성한 팝 교향 모음곡을 함께 엮었다.

노래도 전형적인 모타운 음반사의 음향보다 길게 만들었다. 그러나 보컬 스타일은 순수한 가스펠 그대로였다. 게이는 다중트랙(여러 개의 소리를 낼 수 있는 음 재생 트랙-역주)에 자기 목소리와 간절한 노래를 녹음한 최초의 복음 설교자 가운데 한 사람이었다. 게이는 "무슨 일 있나요?"를 세계 상황에 비추어 물었을 뿐만 아니라, 그의 기독교식 가정 교육으로 익히 알고 있었던, 무엇이 되어야 하는지에 대한 비전에도 질문을 던졌다.²⁵

누가복음에 기록된 그리스도가 시험받는 이야기는 또한 하나님 나라라는 비전 안에 형성되었다. 예수님이 세례 받으실 때 들려온 하나님의 음성(눅 3:22)은 이사야 42:1의 "이방에 정의를 베풀" 한 종을 언급한다. 광야에서 돌아오시자(눅 4:1 이하) 예수님은 이사야 61장을 인용하여 그분이 받은 소명을 선포하신다.

---

24 Ritz, *Diuided Soul*, 195에 인용된 「타임」지에 실린 비평.
25 "무슨 일 있나요?" 노래의 가사는 다음과 같다. "어머니, 어머니 / 당신을 너무 많이 울게 했어요 / 형제, 형제, 형제 / 너무 먼 곳으로 와서 죽어가는 군요 / 당신은 우리가 갈 길을 알고 있어요 / 오늘 이곳에 약간의 사랑을 가지고 왔어요-예 / 아버지, 아버지 / 우리는 학대받길 원하지 않아요 / 당신은 전쟁이 대답이 아니라는걸 알고 있어요 / 단지 사랑하기 위해 미움을 정복했어요 / 당신은 우리가 갈 길을 알고 있어요 /오늘 약간의 사랑을 여기에 가지고 왔어요 / 피켓 라인과 피켓 사인 / 나를 야만스럽게 벌하지 마세요 / 당신이 볼 수 있을 정도로 나와 말해봐 / 오, 계속되는 것 / 무슨 일 있나요 / 당신 / 아하 / 한편으로 / 움직이고 있는 우익 / 그래, 그래 / 아버지, 아버지 / 모두들 우리가 틀렸다고 생각해요 / 누가 우리를 재판하는 건가요 그들인가요 / 단지 우리의 머리가 길기 때문에 / 오, 당신은 우리의 길을 알고 있어요 / 오늘 약간의 이해를 이곳에 가지고 왔어요 / 피켓 라인과 피켓 사인 / 나를 야만스럽게 벌하지 마세요 / 저에게 말해 주세요 / 당신이 볼 수 있을 정도로 / 무슨 일이 있는가 / 당신 / 무슨 일 있는지 나에게 말해주세요 / 나는 무슨 일이 있는지 당신에게 말할 거예요 / 아—우익에 관해서 / 바로 우익을 위해서"-역주.

주의 성령이 내게 임하셨으니 이는 가난한 자에게 복음을 전하게 하시려고 내게 기름을 부으시고 나를 보내사 포로 된 자에게 자유를, 눈 먼 자에게 다시 보게 함을 전파하며 눌린 자를 자유롭게 하고(눅 4:18).

개이는 그가 살던 1970년대 초 (그리고 오늘날) 문화에 대한 비전을 외쳤다. 이것은 그리스도의 비전과 소명을 강하게 반영한 것이었다. 개이는 그 자신의 교회 배경에 의지했으며, 또한 베트남에서 갓 돌아온 자신의 형제 프랭키(Frankie)의 경험에 커다란 공감대를 형성했다. 개이의 묘사 중심에는 그리스도가 있었다. 말하자면, 세상이 원하는 자비는 예수님에게서 온다는 것과 예수님은 기꺼이 자비를 베푸시려 했다는 것이다.

개이가 자신의 아버지에 관하여 몇 가지 긍정적 진술을 했는데, 그중 하나가 그를 예수님께 인도한 사람이 아버지였다는 진술이다. "아버지는 예수님이 내게 살아나시게 했으며, 그것은 남은 내 인생에 아버지께 감사할 충분한 이유가 된다."[26]

개이는 자신이 부른 "하나님은 사랑"(God Is Love)과 "온전히 거룩한"(Wholy Holy)이라는 노래를 통해 소망을 가져야 할 근거와 그것을 행동으로 옮겨야 할 근거를 설정한다. 이는 하나님에 의해 지탱되는 세상에서 갖는 거룩한 삶의 비전, 교회에서 형성된 소리는 세상을 향한, 또한 세상을 위한 간구였으며, 개이는 설교하는 가수였다. 또한 이런 비전에 중요한 요소는 성경이었다.

---

26   Ritz, *Divided Soul*. 199에서 인용.

개이는 이렇게 노래했다.

> 예수님은 우리에게 책을 남겨 믿게 하셨죠. 그 책 안에는 우리가 배울 것이 참으로 많아요.[27]

개이는 음반과 더불어 가사를 출판함으로써, 그리고 자신의 라이너 노트(음악 해설지)에서 "하나님을 찾아서 십계명을 확인하여 계명을 따라 산다면 크게 잘못될 리가 없다"고 청중들에게 말함으로써, 모타운 음반사의 관행과 또다시 결별했다("하나님의 집" 교파의 모든 예배는 십계명 낭독으로 시작되었다). 진지한 예술가들은 청중에게 제시하는 비전과 똑같은 비전을 자신들에게 제시했다. 그뿐만 아니라, 개이는 자신이 만든 이 음반의 출시권을 얻기 위해 모타운 음반사와 싸울 때도, 자신이 하나님의 영감을 받고 있다고 믿었다. 그는 다음과 같이 말했다.

"이건 아주 신성한 계획이었고, 하나님은 내내 나를 인도하셨다."[28]

그러나 이 시기에도, 개이의 사생활은 그가 권했던 계명과는 거리가 멀었다. 그가 곧이어 출시한 중요한 음반 "이제 시작해요"에는 그의 감춰진 삶의 모습과 자신의 교회의 근원에서 크게 벗어난 그의 변화된 모습이 잘 묘사되어 있다. 수치심도 없이, 이 음반에는 성적 주제를 담았다.

이렇게 개이의 음반들이 출시되는 동안, 5년 연상인 안나(Anna)

---

27 "무슨 일 있나요"(What's Going On) 음반에 삽입한 "온전히 거룩한"(Wholy Holy)의 가사에서 따옴.
28 Turner, *Trouble Man*, 133.

와의 결혼생활은 점차 한계에 이르렀으며, 그의 마약 소비도 늘었다. 이 음반의 표제곡을 녹음하는 동안 개이는 그보다 15년 연하의 고등학생 잰(Jan)을 만났다. 잰과 함께 작업실에서 녹음한 이 음반은 대부분 그의 인생으로, 그의 침대로 들어오라고 그녀에게 애원하는 부끄러움을 모르는 노래였다. 이 음반이 출시될 무렵에 잰은 고등학교를 중퇴하고 개이와 동거에 들어갔으며 후에 그의 아내가 되었다.

이 음반에서 마빈 개이는 표제곡이 끝나갈 무렵에 원래 가사 이외의 즉흥적인 연주를 녹음했다. 이는 가스펠 가수의 레퍼토리에서 직접 따온 스타일이었다. 개이는 잰과의 관계가 분명 올바른 것이라는 증거로 성령의 임재를 청했다.

> 이제 시작해요! 그대, 내 사랑과 함께
> 나는 내 마음을 따르리
> 성령이 당신을 움직인다면
> 당신은 잘못일까 걱정할 필요가 없소. 당신을 즐겁게 하리라
> 당신의 사랑을 나타내요, 마음 가는 대로, 어서, 사랑아
> 당신은 내게 행복을 주고, 깨끗하게 될 것이오
> 사랑하고 싶다면, 마음 가는 대로 따라요.

이 곡에서 마빈 개이는 가스펠 어휘를 사용했지만, 스튜디오에서 라이브로 녹음한 이 노랫말은 유혹자의 간청에 지나지 않았다. 음악적으로, 이 음반 스타일은 초기 음반보다 모타운 가스펠에 훨씬 더 가까웠다. 배경을 아는 사람들에게는 음악 스타일과 가사 내용 사이의 갈등이 느껴진다. 교회 음악은 죄에 대해 탄원하고 있었

다. 프린스가 녹음 활동을 시작하기 훨씬 전인 이때에는, 죄가 신성한 것으로 묘사되고 있었다.

데이비드 릿츠(David Ritz)는 이 노래가 "마빈 개이의 강렬한 두 가지 감정적 열정의 원천인 하나님과 섹스를 통합하려는 시도였다"라고 논평하며, "마빈 개이는 자신의 오순절파 교회 배경, 심지어 그 자신의 라이너 노트(음악 해설지)와도 논쟁하고 있었다"라고 덧붙인다.[29]

얼핏 보기에 이 음악은 수치심을 느끼지 못하고 성적 쾌락을 간구하는 것처럼 보이지만, 그리스도의 시험 이야기의 맥락에서 보면 문제의 사나이는 시험에서 패배하고 있었다. 잰은 이렇게 말했다.

> 우리가 만난 이후, 마빈 개이의 작품은 그 강조점이 "무슨 일 있나요?"라는 사회적 인식에서 섹스에 초점을 두는 것으로 바뀌었다…나는 그것이 그가 섹스와 죄에 대해 느끼는 내적 감정에 맞닥뜨리는 그만의 방식이었다고 생각한다. 왜냐하면, 그는 무엇이 옳고 무엇이 그른지를 알고 있었기 때문이다. 내가 보기에 그는 자기 스스로 사람들을 변화시킬 수 있다고 생각하고 변화시키게 될 것이라고도 생각했다. 그러나 한편으로, 그는 자기가 잘못이었음을 알고 위축되었다.[30]

개이의 라이너 노트에 대한 데이비드 릿츠의 지적은 훌륭했다.

29　Ritz, *Diuided Soul*, 234, 233.
30　Turner, *Trouble Man*, 158.

개이는 한 라이너 노트에서 십계명을 긍정적으로 역설하고, 그 다음 라이너 노트에서 "섹스는 섹스이고 사랑은 사랑"이라면서 두 가지가 함께 갈 필요는 없다고 주장했다. 그는 다음과 같이 말했다.

"나는 지나치게 도덕적인 철학을 믿지 않는다. 섹스하라. 운이 좋으면 섹스는 아주 흥미로울 수 있다."

개이는 계속 음반에 섹스와 관련된 노래들을 실었으며, 첫 결혼에 안녕을 고하는 "오직 당신을 계속 만족하게 하려고"(Just To Keep You Satisfied)라는 노래를 마지막에 실었다.

> 안녕이라 말할 때가 되었으니, 안녕, 내 사랑
> 아마 번화가에서 만날 수도 있겠지요
> 당신과 내게는 너무나 늦었어요, 당신과 내게는 너무나 늦었어요
> 당신이 울기에는 너무나 늦었어요…
> 그래요, 우리는 오직 행복해지려고 애쓸 수밖에.

그때 개이는 한 음반에서는 예수님의 이름으로 사랑과 정의를 구하고, 십계명을 존중하고, "온전히 거룩한" 비전을 시작했다. 그러나 다른 음반에서는 성령의 이름으로 간음을 정당화하고, 결혼에서 떠났으며, "도덕철학"을 거부하고 죄를 성화로 바꿔 불렀다.

4. 대조의 요소

신학적으로 통찰할 때, 이 음악은 강한 대조의 요소를 지적함이

분명하다. 성경적으로 해석할 때, 이 음악은 이긴 전쟁을 노래한다. 기독교 관점에서 볼 때, 이 가수의 음악 해석은 패한 싸움과 정당화된 항복에 관한 것이다. 마빈 개이는 "분열된 영혼"의 소유자였다. 복음서에 보면, 비록 시험자의 목적이 예수 그리스도께서 분열된 영혼을 갖게 하려는 것이었지만, 그분은 분열된 영혼의 소유자가 아니셨다.

마지막 아담이 받으신 시험은 첫 아담이 받은 시험의 반복이다. 시험의 깊이와 실재는 같다. 다른 것은 결과이다. 그리스도께서 받으신 시험은 어떤 점에서는 독특하다.

> 그 시험의 상황은 도덕적이었을 뿐만 아니라, 하나님 목적에 대적하는 적대 세력의 종말론적 충돌이었다. 그래서 새롭게 부름 받아 권능을 입은 예수님에게로 하나님 아버지 뜻과 세상 구원이 향하게 된다.[31]

이러한 시험들이 독특했던 이유는 구원의 역사에서 차지하는 그들의 중요한 위치 때문이었다. 그러나 바로 이 역사는 그리스도께서 우리처럼 "모든 면에서" 시험을 받으셨으나 "죄가 없으실" 것을 요구한다.

개이의 음악을 그의 이야기 상황에서 서술하면서, 우리는 그리스도께서 받으신 시험의 강렬성에 이르는 통로를 확보한다. 그리스도께서 받으신 시험들이 사실이라면 **적어도** 그 시험들은 개이의 음

---

[31] Smail, *Reflected Glory*, 91.

악을 통해 드러난 개인적 투쟁의 깊이와 관련이 있을 것이다. 물론, 그리스도의 시험들은 개이의 시험들과 달리, 성적 요소의 흔적은 없으나 근본적 방향은 같다. 그리스도께서 받으신 시험은 하나님 아버지의 공급하심을 믿지 말고 자신을 만족하게 하라는 것이었다.

> 마귀가 이르되 네가 만일 하나님의 아들이어든 이 돌들에게 명하여 떡이 되게 하라(눅 4:3).

이 시험은 하나님 아버지를 믿지 말고 스스로 자기 문제를 처리하여 필요를 충당하라는 것이었다. 이에 예수님은 신명기 8:6을 인용하여, 다음과 같이 말씀하셨다.

> 기록된 바 사람이 떡으로만 살 것이 아니라 하였느니라(눅 4:4).

개이는 처음에는 성경 말씀의 중요성을 확인하나, 결국 그 중요성이 자신이 하고자 하는 일에 걸림돌이 되자, 그 중요성을 저버렸다. 예수님은 타협의 대가로 권위와 영광을 제안 받으셨다.

> 마귀가 또 예수를 이끌고 올라가서 순식간에 천하만국을 보이며 이르되 이 모든 권위와 그 영광을 내가 네게 주리라 이것은 내게 넘겨 준 것이므로 내가 원하는 자에게 주노라(눅 4:5-6).

예수님은 세상 통치세력과 협상하여 세상 영광을 누리라는 시험을 당하셨다. 누가의 설명에서, 세상을 거부하는 대가로 얻는 십자가와 악의 세력이 은연중에 대조된다. 사탄은 온갖 과대망상을 통해 일하는 것처럼 보인다. 예수님은 독특하게 메시아적 맥락에서 이런 시험을 당하셨지만, 시험 자체는 보편적인 시험이었다.[32]

개이는 자신의 신념을 바꾸는 대가로 명성과 상업적 성공을 유지했다(그의 "이제 시작해요"라는 노래는 그의 활동경력에서 가장 크게 성공한 노래였다). 그가 자신의 삶의 방식을 도덕적으로 정당화하자, 그의 신학은 자신이 택한 삶의 방식에 맞춰 조정되었다. 어린 시절의 신학에서 떠나면서 그는 갈수록 더 뉴에이지 식의 신념을 받아들였다.

개이는 "무슨 일 있나요?"라는 곡에 표현한 대로, 계속 세상이 심각한 곤경에 처했다고 생각하고 있었으나, 그것을 운명에 맡겨버렸다. 그는 자신이 "고도의 의식을 향해 움직이고 있는, 그래서 궁극적인 파멸을 면하게 될 엘리트의 일원"[33]이라고 생각했다.

시험의 중심에 선택이 있다. 양심에 어긋난 선택은 결과적으로 자기정당화를 낳는다. 최후 공격에서 시험자는 계속해서 예수님이 희생되시지 않을 길을 말씀하는 성경 해석을 예수님께 제공했다.

> 또 이끌고 예루살렘으로 가서 성전 꼭대기에 세우고 이르되 네가 만일 하나님의 아들이어든 여기서 뛰어내리라(눅 4:9).

이때 시험자는 하나님이 예수님의 생명을 보호하신다는 분명한

---

32 John Nolland, *Luke 1-9:20 Word Biblical Commentary 35a* (Dallas: Word, 1989), 178-183. (나의 글은 상당 부분을 Nolland의 주석에서 가져왔다).
33 Turner, *Trouble Man*, 156.

근거를 성경에서 제공했다(장면은 예루살렘으로 이동되었으며, 성전은 하나님의 임재와 보호하심의 중심지로 간주되었다). 다시금, 십자가를 피하는 것이 시험의 중심에 있다.

개이는 다른 종류의 뻔뻔스러움, 예를 들어, 형벌이나 영적 결과가 따르지 않는 자기정당화 같은 죄로 대체했다. 개이는 마음으로는 여전히 자신의 라이너 노트와 싸우고 있었다.

음반의 네 번째 트랙에 실린 "계속 해봐요"(Keep Gettin' It On)는 "이제 시작해요"의 표제곡을 근거로 작업실에서 즉흥적으로 제작되었다. 이 곡에서 개이는 잰에게 더는 간청하지 않고 청중에게 자기 행위의 올바름을 확언하며, "기분 좋게" 하는 "성적 사랑 행위"를 할 것을 다시 촉구하는 설교자가 된다. 이 간곡한 권고는 "예, 주인님"("아니요, 주님"이라는 뜻이 아닐까?)이라는 외침과 더불어 완성된다.

5. 시험과 성육신

마빈 개이의 음악과 성경의 해석 사이의 이런 상호작용은 시험 이야기의 네 가지 요소를 밝혀준다.

첫째, 우리는 **시험의 역동성과 악의 본성**을 살펴야 한다. 누가의 설명에서 그리스도의 시험은 시험자로 묘사되는 마귀와의 직접적인 대면을 보여준다. 오늘날 기독교인들은 인격적인 마귀와 악령의 본성에 대하여 각자 달리 생각한다. 그러나 그들은 대체로 개개인의 힘보다 악이 더 견고한 것으로 이해되어야 하며, 악은 외부로부터 개개인 삶에 영향을 끼치는 세력이라는 점에 동의한다. 심지어 이런 점에서도 개이의 음악에는 그가 마귀를 인식한다는 증거가 없다. 개이는 자기의 욕구 안에서 갈등하며 그의 두 가지 사적인 문제 사이에서 갈등한다. 스스로 계명에서 떠난 것으로 보아, 그는 자신이 굴복했던 힘을 전혀 인식하지 못한 것처럼 보인다.

> 마귀가 또 예수를 이끌고 올라가서 순식간에 천하만국을 보이며 이르되 이 모든 권위와 그 영광을 내가 네게 주리라 이것은 내게 넘겨 준 것이므로 내가 원하는 자에게 주노라(눅 4:5-6).

세상의 사회악을 인식한 그였지만, 개이는 심지어 자신이 시험받고 있을 때에도 그 원인을 알지 못했다. 예수님이 시험을 극복하실 수 있었던 이유는 그분이 무엇을 다루시는지 그리고 누구를 상대하시는지를 알고 계셨으며, 그 갈등에 어떤 이해관계가 포함되어 있는지를 알고 계셨기 때문이다.

그렇다고 해서 예수님 갈등의 깊이와 실제가 약화되지 않는다. 끌림이 없는 시험은 시험이 아니다. 개이가 받은 시험이 자신의 성적 욕구에 뿌리를 두고 있었다면, 예수님이 받으신 시험은 더 깊은 차원의 인간 정체성인 생존 욕구에 뿌리를 두고 있었다.

감정적으로 이런 도전의 강도가 훨씬 더 심각하게 드러나는 것은 겟세마네 상황에서지만, 십자가의 길은 이보다 훨씬 전에 도전받고 있었다. 성육신이 우리 구원으로 이어져야 했다면 여기에는 당연히 인간을 공격하여 그들의 굴복을 유도하는 악의 세력과의 싸움이 수반되어야 했다.

둘째, 성령의 역할이 있다. 놀랄 만큼 모순되게도, 마빈 개이는 십계명을 저버린 행위를 정당화하려고 성령을 들먹였다. 이처럼 개이의 행위는 자신이 성장한 오순절성결교(Pentecostal Holiness) 방식의 가정 교육에 어긋나는 것이었다. 교훈은 분명하다. 성령의 기름 부으심을 아버지의 뜻과 분리하는 것은 성령을 조종하는 것이다.

개이의 경우 성령을 쾌감으로 강등시키는 것은 나쁜 양심을 정당화하기 위함이었다. 기분이 좋아진다면, 그냥 그렇게 마음 가는 대로 하자는 것이다. 그가 영(Spirit)이 들어가는 노래 제목을 정하면서 "거룩한"(Holy)이라는 말을 빼 버린 것은 당연하다. 역설적으로, 그의 타락은 누가복음 기사에서 성령의 역할을 조명하는 일에 쓰일 수 있다.

예를 들어, 그리스도의 시험은 하나님이 성령을 선물로 주시기 전에 일어나지만, 성령에 이끌리어 일어나며, 결과적으로 하나님이 성령을 선물로 주신 목적을 선포함과 더불어 성령의 능력을 더 깊이 경험하기에 이른다는 점을 조명한다. 예수님은 하나님 뜻을 행할 능력을 주시는 성령에 의존하셨으나, 개이는 하나님의 뜻을 피할 핑계로 성령을 이용했다. 이는 기독교 언어를 피상적으로 사용하는 것 이상이다.

개이는 자신이 받고 자란 기독교 교육을 모두 떠나려 하지는 않았다. 그는 성령과 관계를 갖는 **동시**에 잰과 잠자리를 갖고자 했다. 시험의 핵심에서 개이가 그리스도보다 더 약했던 이유는, 그리스도와 달리 그는 이미 삶에서 여러 번 시험에 굴복했으며 영적 유산에 저항했기 때문이다.

크리스토퍼 콕스워스(Christopher Cocksworth)는 말한다.

그리스도와 우리의 차이는 비록 그리스도께서 우리와 같이 모든 일에 시험을 받으셨으나, 자기를 사막으로 몰아넣고 십자가로 향하게 한, 성령의 변혁 사역에 일관되게 열려계셨으므로 아버지께 충실하셨으며 죄를 짓지 않으셨다.[34]

여기서 우리는 다시 성령과 겟세마네를 연결할 수 있다. 하나님과의 친밀한 특권 관계를 분명하게 나타내는 아빠(*Abba*)라는 외침은 성령의 선물이다. 그러나 아빠는 겟세마네에서 그리스도께서 사용하신 말로, 겟세마네를 묘사하는 마가의 설명(막 14:36)과 로마서(롬 8:15)와 갈라디아서(갈 4:6)에만 아람어 원어로 기록되어 있다.

성령의 선물은 희생적 순종을 모면하려는 일탈이 아니라, 희생적 순종을 가능하게 하는 선물이다. 히브리서는 겟세마네에서 하나님 뜻을 구하는 그리스도의 싸움을 넘어 우리를 위해 아버지께 자기를 드리는 그리스도의 갈보리의 순간으로 이 순종 행위를 가져간다.

> 하물며 영원하신 성령으로 말미암아 흠 없는 자기를 하나님께 드린 그리스도의 피가 어찌 너희 양심을 죽은 행실에서 깨끗하게 하고 살아 계신 하나님을 섬기게 하지 못하겠느냐(히 9:14).

개이는 하나님이 합치신 것을 나누려 했다. 그러나 그리스도께서는 마찬가지로 시험 받으시면서도 생애의 마지막 순간까지 변함없이 충성하셨다.

---

34 Cocksworth, *Holy, Holy, Holy*, 154.

셋째, 그것은 그리스도 안에서 새로워진 인간의 속성과 성숙에 이르는 성장에 관한 것이다. 누가는 예수님이 받으신 시험, 곧 지혜와 소명의 본질을 이해함으로써, 예수님이 성장하시는 사건으로 기록한다. 요약하면, 예수님은 시험에 들어가실 때보다 시험에서 나오실 때 더 강하시다.

히브리서는 감히 예수님이 성숙하게 **되셨다**고 말씀한다.

> 그는 육체에 계실 때에 자기를 죽음에서 능히 구원하실 이에게 심한 통곡과 눈물로 간구와 소원을 올렸고 그의 경건하심으로 말미암아 들으심을 얻었느니라 그가 아들이시면서도 받으신 고난으로 순종함을 배워서 온전하게 되셨은즉 자기에게 순종하는 모든 자에게 영원한 구원의 근원이 되시고
>
> (히 5:7-9; 또한 히 2:10을 보라).

성숙에 이르는 길은 세례에서 시험을 거쳐 겟세마네로, 거기서 다시 순종으로, 그리고 마침내 부활로 이어졌다. 그때가 되서야 비로소 우리가 공유할 수 있는 아주 새로워진 인성이 존재했다. 버림받았음을 통곡하는 시편 22편의 인용은 단순히 시기적절한 예언의 성취를 말씀하는 유용한 것이었을 뿐만 아니라, 이런 깊은 고통을 표현할 수 있는 유일한 길, 즉 진정으로 예술을 통한 신학이었다.

하나님 아버지께 순종하며 사는 인간 삶의 반복이 성육신에 포함된다면, 성육신은 "그가 아들이시지만"(아들이시기에) 증가하는 시험과 진정한 갈등 형태를 통한 성숙을 요구한다.

이 시점 이후로 인간 마빈 개이는 성장하기보다 오히려 쇠퇴하였

다. 그의 삶은 점점 더 피해망상, 중독, 나태 그리고 공연에 대한 두려움의 특징을 나타냈다.[35]

그리스도 안에서 우리 인성의 새로운 성장은 우리 믿음의 선진들이 걸었던 길 외의 다른 어떤 길로도 얻을 수 없을 것으로 예측된다. 우리는 시험 결과에 따라 성장하거나 쇠퇴한다. 그러나 우리는 절대로 혼자 시험당하거나 도움 없이 시험당하지 않는다.

"그리스도께서는 그가 받으신 고통으로 몸소 시험당하셨기에, 시험당하고 있는 사람들을 도와주실 수 있다."[36]

넷째, 모든 상황에서 **하나님 아버지에 대한 신뢰**의 중요성이 있다. 개이의 음악을 통한 이런 식의 성육신 접근은 두 분의 다른 아버지의 특성 연구임이 드러났다. 누가복음에서, 예수님은 두 번째 아담과 새 이스라엘로 시험받으시지만, 무엇보다도 예수님은 가정의 명예와 자산을 공유할 특권이 있으신 아들(눅 3:22)로 시험받으신다.[37]

모든 것은 하나님 아버지에 대해 의심할 줄 모르시는 예수님의 순종에 따라 좌우되었다. 개이는 어떤 정당한 사유로 그의 아버지를 증오하고 불신하는 한편, 그의 사랑을 갈구했다. 아버지에 대한 개이 견해의 양면성은 "무슨 일 있나요?" 음반에서 "하나님은 사랑"(God Is Love)이라는 노래로 표현되었다.

---

35 Turner, *Trouble Man*, 236-42을 보라. 저자는 여기서 개이의 생애를 갈라디아서 5장에 나오는 바울의 성령의 열매 설명과 대조한다.
36 히 2:18; 고전 10:13을 보라.
37 Nolland, *Luke 1-9:20*, 178-83.

가지 말고 내 아버지에 관해 이야기 해주시오
하나님은 내 친구, 예수님은 내 친구시니…
어머니를 사랑하시오, 당신을 낳으셨으니
아버지를 사랑하시오, 당신을 위해 일하시니
우리가 그분의 자비를 구할 때, 자비의 하나님이여
그분은 자비로우시리라, 내 친구여.

시험에 대한 저항으로 큰 희생이 따를 때, 하나님 아버지에 대한 신뢰가 중요한 쟁점이 된다. 하나님이 신뢰받으실 수 있다면 그 희생은 감당할 만하다. 성육신 중심에 계시되어 있는 것은 하나님 아버지에 대한 신뢰이다.

개이는 그의 아버지가 쏜 총에 맞아 죽었다. 그는 자신의 아버지에게서 거절당한 희생자였다. 예수님은 그의 죽음을 통해 일하고 계셨던 하나님 아버지 뜻에 따라 우리를 위해 자기 목숨을 버리셨다(고후 5:19). 하나님 아버지와 아들은 우리를 위한 그들의 사랑으로 연합하셨으며 우리를 속량하시려는 그들의 행위로 연합하셨다.

성령은 아들에게 반복하여 사랑의 행위를 하게 하신 하나님 아버지의 선물이었다. 시험자가 무산시키려 한 것이 바로 이 성령이었다.

제8장

음악을 통하여: 소리의 합성

제레미 벡비(Jeremy Begbie) 박사

미국 Duke University, Thomas A. Langford 연구 교수

그레이엄 크레이(Graham Cray)는 특수 음악 형태에 관심을 두었다. 이 장에서 나는 다소 뒤로 물러나 실제로 우리가 듣는, 다시 말해, 동시에 소리를 내는 음을 포함한 모든 음악의 기본 특성을 검토한다. 하찮아 보일 수 있지만, 이 검토를 통해 내가 보이고자 하는 것이 있다. 그것은, 함께 소리 내는 음을 듣고 이에 반응하는 것은 신학을 잠재적인 위협이 될 수 있는 연구 방식에서 벗어나게 하는 능력을 지니며, 장차 철저히 논의되지 않은 새로운 방식을 마련한다는 사실이다. 이 사실은 성육신과 성육신의 동반 교리인 삼위일체를 탐구할 때 특히 두드러진다.

루드비히 비트겐슈타인(Ludwig Wittgenstein)은 자신의 초기 철학적 입장을 뒤돌아보면서 이렇게 기록했다.

그림은 우리를 사로잡았다. 그리고 우리는 그림을 벗어날 수

없었다. 그림은 우리 언어에 있었으며 변함없이 언어는 그림을 반복하는 것처럼 여겨졌기 때문이다.[1]

비트겐슈타인은 자신이 스스로 포기한 언어와 실재의 연결고리에 관한 특별한 사고 방식에 몰두했다. 그러나 그의 언급은 신학, 곧 기독교 신앙을 탐구하는 방법에 쉽게 적용할 수 있을 것이다.

우리가 이론을 중요시하는 신학자이건 아니건, 우리는 모두 진실을 밝히기보다 오히려 모호하게 하는 그림들, 곧 우리가 사용하는 언어에 숨어 있는 그림들에 "사로잡힐" 수 있다. 그리고 "그림"은 반드시 시각 이미지를 뜻하는 것이 아니며, 무엇이든 우리가 생각하는 데 도움을 주는 모델, 비유, 개념, 상징 같은 것을 뜻한다.

우리가 성육신의 깊이와 경이로움을 탐구하려 할 때, 컴퓨터가 새 문서 시작에서 "기본"(default) 페이지 설정으로 바뀌듯이, 우리는 자동으로 어떤 습관적인 사고에 의존한다. 어떤 점에서는 처음부터 모든 것이 목적에 맞게 "정형화"되어 있다. 때로는 이것이 전혀 해롭지 않을 수 있다. 그러나 이미 정형화된 정신 환경 때문에 우리가 이해하거나 표현하려는 그 어느 것도 다룰 수 없다면 문제가 생긴다. 그리고 내가 이 장에서 나타내려고 하는 것처럼, 성육신에도 분명 이런 문제가 있었다.

어떻게 하면 우리는 해로운 "그림들"에게서 벗어날 수 있을까?

마치 개가 고깃덩이가 눈에 보일 때에야 비로소 입에 물고 있던 뼈다귀를 놓아버리듯이, 우리도 더 좋은 것이 제공될 때에야 비로

---

1 Ludwig Wittgenstein, *Philosophical Investigations* (Oxford: Blackwell, 1974), sect. 115, 48.

소 몇몇의 신학 연구 방법을 중단할 것이다.

이 장에서 내가 제안하려는 것은, 음악이 우리를 도와 "너무나 친숙한 신학을 재표현"(말콤 귀트)하게 하는 "더 좋은 것"을 제공할 수 있다는 사실이다. 린 올드리치(Lynn Aldrich)의 말을 빌리면, "그 자체적으로 인식될 수 있는 힘"이 됨으로써, 음악은 일부 우리 신학의 나쁜 연구 방법에서 벗어나게 할 수 있으며, 장차 신학을 활성화할 수 있다. 그리고 나는 하나님이 예수 그리스도로 우리 가운데 오셨다는 "이 가장 엄청난 이야기"를 할 수 있는 것이 음악임을 보이고자 한다.[2]

물론, 음악은 초대 교회 시대 이후로 성탄절 메시지를 전해왔다. 석조 성당에서 부르는 즉흥 성가에서, 바하의 "미사곡 B 단조" 중 고요한 "성령으로 나시고"(*Et Incarnatus*: 에트 인카나투스)를 거쳐, 1990년대의 떠들썩한 대안(alternative) 예배 스타일에 이르기까지, 음악에는 베들레헴 소식이 담겨있었다. 그리고 그레이엄 크레이(Graham Cray)가 자신의 글(제7장)에서 보여주었듯이, 우리의 성육신 관점을 심화시키려는 의도가 없는 노래들은 바로 이런 전달 목적에만 쓰일 수 있다.

그러나 나는 가사 없는 음악에 중점을 두고, 그것이 클래식 음악이든 록 음악이든, 베토벤(Beethovenm)이든 브리튼(Britten)이든, 비밥(bebop)이든 힙합(hiphop)이든, 우리가 듣는 모든 음악의 기본적인 특징에서 시작하고자 한다. 이런 음악에는 소리를 섞는다는 특

---

[2] 신학의 다른 부분은 나의 저서, *Theology, Music and Time* (Cambridge: Cambridge University Press, 2000)에서 가져왔다.

질, 더 정확히 말하면 두 개 이상의 음을 결합한다는 특징이 있다. 분명, 서양의 많은 전통 음악은 음을 섞지 않았다. 그 한 예가 "그레고리 단선율 성가"(Gregorian Plain Song)이다. 그러나 오늘날 우리가 서양에서 만나는 대다수의 음악은 적어도 두 음을 동시에 연주하거나 노래한다.

1. 칼케돈의 시련

이처럼 단순한 사실이 어떻게 성육신과 관련될 수 있을까?

그 질문에 답하려면, 역사적 고찰에 힘입어 우리 신학이 나쁜 습관에 사로잡힐 때 일어나는 일들을 찾아내야 할 것이다.

초대 교회의 가장 대표적이고 유명한 선언문 중 하나가 칼케돈공의회에서 발표되었다. 주후 451년에 소집된 이 공의회는 그리스도 안의 신성과 인성 관계를 우리가 어떻게 이해해야 하는지에 관한 교회의 많은 논쟁을 부분적으로 다루었다. 이 선언문은 기독교 정통성을 확보하는 한 획기적 사건이 되었으며, 그 이래로 교회의 많은 사고를 결정하는 근거가 되었다.

무엇보다도, "한 분이시며 동일하신 그리스도, 독생자이신 주님의 두 본성은 혼합 없이, 변화 없이, 분열 없이, 분리 없이 존재함"을 우리가 인정해야 한다고 선언했다. 다시 말해서, 그리스도의 두 본성인 신성과 인성은 섞이거나 바뀌는 것으로 생각되거나, 나뉘거나 갈리는 것으로 생각되어서는 안 된다는 것이다.

기독교 교리사를 공부하는 사람이라면 알 수 있듯이, 칼케돈 선언은 수 세기, 특히 지난 200년 동안 우여곡절을 겪어왔다. 그것은 공의회가 다룬 문제들과 공의회의 주된 관심사가 종종 온전히 평가되지 않았기 때문이다. 공의회 선언의 의도는 우리가 예수 그리스도 한분 안에서, 어느 쪽에도 타협하지 않고 영원한 하나님의 아들과 제한되고 유한한 인간 모두를 목격한다는 신비를 **설명하려는** 것이 아니라, **지키려는** 것이었다. 그러나 공의회의 선언으로 분명하게 이단은 배제되었다 할지라도, 그 이후로도 그 선언의 긍정적인 가능성은 훨씬 더 분명하지 않았다. 그리고 많은 사람이 지적했듯이, 한 개인 안에 신성과 인성의 두 "본성"이 거북하고 어색하게 나란히 존재한다는, 전체적으로 다소 정적인 느낌을 주었다.

공의회 선언의 목적에 대한 이런 느낌이 얼마나 오해의 소지가 있든, 오늘날 결코 보이지 않는 태도를 대변한다는 생각을 버리기 힘들다. 이런 느낌은 그리스도 안의 인간과 신의 합일에 대한 우리 이해를 향상시키는 데 도움이 되지 않는다는 생각도 지우기 힘들다. "예수님은 어떻게 인간이면서 하나님이 되실 수 있을까?" 이 물음에 대해 우리는 일반적인 세 개 답변 중 하나를 택한다.

첫째, 그냥 손들고 이렇게 말하는 것이다.

> 그것은 단지 신비다. 그리스도께서는 두 본성을 지닌 한 위격이다. 우리는 이것을 어린아이 같은 믿음으로 인정하고 이상한 질문을 하지 말아야 한다.

유감스럽게도, 이것은 무리수를 두는 대답처럼 보인다.

둘째, 본질적으로 무의미한 진술을 거부하고, 그와 더불어 성육신에 관한 어떤 공인된 설명도 거부하는 것이다.

어떻게 무한하고, 무소부재하고, 전지하신 하나님이 제한된 인간과 함께 거하실 수 있을까?

우리는 자가당착의 우를 범하는 말을 할지도 모른다. "신비"와 "역설"을 말하는 것은 단순히 허튼소리를 감추려는 것이다.

셋째, 칼케돈공의회 선언이 성립되지 않으면, 구원은 산산조각 난다고 주장함으로써, 우리는 이 선언을 더 온전케 하려고 노력할 수도 있다. 이것은 예수님이 인간이 아니라면 우리는 구원받을 수 없으며, 예수님께 신성이 없다면 구원하시는 분은 하나님이 아니며 우리는 마음대로 하도록 버려진다는 주장이다. 여기까지는 괜찮다. 그러나 이 방식은 신속하게 더 좁은 두 갈래의 방식으로 나뉜다.

첫째, 서커스로 가는 방식이 있다. 이를테면, 우리가 이단(heresy)보다 높은 곳으로 가서, 굵은 막대기로 정확히 균형을 잡는 "줄타기 곡예사"처럼, 인성과 신성의 균형을 완전한 평형 상태로 유지하는 것이다. 그러나 이것은 위험한 주장이다. 우리가 인성이나 신성 중에 한쪽에 시야를 두면 다른 쪽을 인지하지 못함으로써, 둘 다를 놓치게 된다. 만약, 인성과 신성은 한쪽이 강조되면, 다른 쪽은 약화되어서 서로 반작용하는 것처럼 보이게 된다.

둘째, 서커스를 떠나 "절충자"가 되는 사람들도 있다. 그들은 그리스도의 신성이 어떤 점에서는 축소되었다고 믿거나, 예수님이 하나님의 "축소판"(트레버 하트)이라고 말하는가 하면, 예수님의 인성이 비록 실재라 할지라도, 하나님이라는 압도하는 현존에 맞게 상당 부분 조정되었다고 믿기도 한다.

그러나, 어느 것을 선택하느냐에 따라, 그리스도의 신성이나 인성은 축소되며, 결과적으로 구원은 약화된다. 다시금 우리는 하나님과 인성이 본질에서 공존할 수 없는 것처럼 추론하게 된다. 진정 이런 추정은 앞선 두 가지 중요한 방식에도 감춰져 있는 것처럼 보인다.

나는 이 방식들 중 어떤 방식도 적절하지 않다고 주장하고자 한다. 나는 칼케돈 선언이 신약성경에 일치하는 한, 우리가 "기본" 페이지를 설정하는 식의 사고에서 벗어나 "더 좋은 것"을 발견해야 비로소 칼케돈공의회가 확언하고자 하는 것을 적절하게 들을 수 있다고 주장하고 싶다.

2. 모든 이를 위한 공간

"그림은 우리를 사로잡았다…."

이 경우에, 시각적 그림은 우리가 빠진 딜레마에 부분적으로나마 책임이 있는 것처럼 보인다. 잠시 한 걸음 뒤로 물러나 하나님의 세상과의 관계를 우리가 어떻게 이해하는지 생각해보자. 이것에 어려움이 생긴 이유는 어쩌면 공간에 관한 시각적 사고 방식에 우리가 지나치게 매혹되었기 때문일 것이다.

현대 과학의 아버지인 아이작 뉴턴 경(Sir Isaac Newton)이 공간을 일종의 그릇 같은 것, 그 안에서 진행되는 것과 관계없는 무한한 용기 같은 것으로 보았음은 잘 알려진 사실이다. 이런 공간(용기) 속 사물들은 서로 배타적이다. 다시 말하면, 우리는 동시에 같은 장소에서 두 가지 사물을 가질 수 없다. 마찬가지로, 사물은 동시에 두 장소에 있을 수 없다. 이것은 근본적으로 시각적 사고 방식이다.

이것은 내가 보는 사물에 적용된다. 화폭 위의 같은 공간에 빨간색과 노란색을 쓸 수 없으며, 그것들이 동시에 빨간색이자 노란색으로 보이게 할 수 없음을 화가는 안다.

왜 이런 것일까?

한 색은 다른 색을 감춘다. 젖는 물감이라면 합성되어 주황색처럼 된다. 우리는 동시에 두 곳에서 똑같은 색을 가질 수 없다.

이 모든 것은 명백해 보이지만, 세상을 향한 하나님 존재를 생각하는 방식을 좌우하는 이런 사고 패턴을 용납할 때는 문제가 생긴다. 먼저, 하나님을 세상에서 **활동하는** 분이라고 생각하면서, 동시에 우주의 공간과 시간을 관리하는 **온전하신** 존재라고 생각하기란 힘든 일이다. 어쩐지 하나님은 용기 "안"에 계시거나 "밖에" 계셔야 할 것 같다고 생각하며, 동시에 두 장소에 존재하실 리가 없을 것 같다고 생각할 것이다(여기서 시각적인 공간 모델은 세상 공간에만 적용되는 것이 아니라, 하나님과 세상 관계에 적용된다).

하나님의 "초월성"과 "내재성"은 처음부터 적대적인 성질로 설정되어 있기에 우리는 이 둘을 결합하기 위하여 노력할 것이다. 심지어 기독교적 사유에 얽힌 이야기를 대충만 살펴보아도 이 두 성질을 유지하기 위해 교회가 얼마나 노력했는지 알 수 있다. 그러나 설령 이런 문제가 절충될지라도, 우리가 보이는 것에만 의존하는 한, 문제는 끝나지 않는다.

세상을 우리가 볼 수 있는 거대한 용기로 생각한다면, 어떻게 이런 제한된 공간에 담을 수 없을 정도로 크신 하나님을 위한 "자리"(room)가 세상에 있을 수 있을까?

세상에서 하나님이 더 **활동하실수록**, 세상은 더 제한될 것이며,

세상 자체는 자리가 더 축소될 것이라는 결론에 맞서기란 힘든 일이다. 같은 맥락에서, 현대의 가장 집요한 관점 하나는 분명 하나님을 "밖에" 둔 채, 우주를 아이작 뉴턴 경의 인과율이 지배하는 하나의 폐쇄계(closed system), 곧 하나의 기계로 보는 것이다. 그 한 형태가 "이신론"(theism)이다.

이신론은 주인되신 하나님이 세상을 시작하셨으나 지금은 세상에 계시지도 않고, 세상과 관계도 없는 분이라는 점을 강조한다. 이에 대해, 하나님이 "간섭하신다"고 주장하는 사람들이 있다. 그러나 이 말은 자기 소유가 아닌 곳에 침입하는 도둑처럼, 근본적으로 자족할 수 있는 세상 밖에 계신 하나님 모습을 영속하게 할 뿐이다.

이신론에 정반대되는 것으로, 어떤 의미에서는 세상은 신성하며, 어떤 의미에서는 하나님은 세상이 자기 자신처럼 되기를 원하신다고 보는, 하나님과 세상의 융합이라는 관점이 있다. 우리는 "뉴에이지" 영성과 그 아류들에서 이 관점이 유행하고 있음을 본다.

대체로 세상에 관해 하는 말은 쉽게 인간에 적용할 수 있다. 하나님이 이 세상 공간에서 활동하셔야 한다면, 같은 공간에서 있는 어떤 것은 내몰리거나 흡수되어야 한다. 그 "어떤 것"이 당신과 나라면, 하나님이 우리 가운데서 **활동하실수록**, 우리 것이 될 우리 자리는 더 줄어들 것임은 쉽게 믿을 수 있다. 간단하게, "하나님이 더 활동하실수록, 더 줄어드는 우리의 자리"라고 표현할 수 있다.

하나님이 "여기" 계신다면, 틀림없이 하나님은 나를 옆으로 밀쳐내시거나 나를 집어삼키실 것이다. 하나님과 인간에 관한 이 근본적인 경쟁적 사고 방식은³ 확산하고 있는 현대 회의론자에게서 만연하는 확신에 초점을 두고 있다. 이는 무한한 능력으로 우리 삶에 자유로이 개입하신, 우리와 "다른" 하나님이 우리의 참 자유와 인간성을 억누를 수 있다는 확신이다.⁴

현대의 많은 무신론과 기독교에 대한 두려움은 바로 이런 식의 확신을 이용했다. 우리를 하나님 뜻에 따르는 수동적 객체로 낮추시는, 성경의 억압적이고 독재적인 주권자 하나님은 우리가 "자유로워"질 수 있고 잃어버린 존엄성을 장악할 수 있도록 "쫓겨나셨음이 분명하다"⁵는 것이다. 이에 대하여 보통 "하나님은 모든 것이며, 우리는 아무것도 아니다"라는 보수적 반응은 사실상, 하나님과 인간은 근본적으로 서로 대립한다고 생각하는 무책임한 태도이다. 그리고 인간성을 하나님 존재의 본질적인 부분으로 보거나, 구원을 인간들이 거룩하게 되는 과정으로 보는, 융합 같은 것만이 중요한 선택으로 여겨지게 될 것이다.

이 모든 것은 성육신과 어떤 관계가 있을까?

우리가 이런 식의 사고와 이야기에 연결될수록, 바로 이런 인간

---

3 Nicholas Lash는 이렇게 기술한다. "형이상학적으로 재미없는 상상력으로 하나님과 피조물 간의 관계를 경쟁적 조건에서 상상하기란 너무나 쉬운 일이다." Nicholas Lash, *New Studies in Theology* I. ed. Stephen Sykes and Derek Holmes (London: Duckworth, 1980)의 "Up and Down in Christology," 38.
4 신학자 Karl Rahner는 몇몇 출처에서 하나님은 오직 "피조물을 평가절하고 말살함으로써 더 위대해지고 더욱 실재적이실 수 있다"는 생각에 대해 말한다. Karl Rahner, *Theological Investigations* I (London: DLT, 1961)의 "Current Problems in Christology," 188.
5 예를 들어, Don Cupitt의 많은 저서는, 우리가 번영하는 인간 안에 거하시는 하나님을 "떠난다면" 비로소 우리의 "영적 자율성"을 인식할 수 있다는 가정에 의존한다. Cupitt 저서의 명쾌한 내용을 참조하려면 Anthony C. Thiselton, *Interpreting God and the Postmodern Self: On Meaning, Manipulation and Promise* (Edinburgh: T & T Clark, 1995), 81 이하를 보라.

이자 하나님이신 예수님이 독특하고 과단성 있게 활동하신다는 합리적 주장을 전개하기가 더 힘들게 될 것이다. 우리는 하나님의 아들이 만물을 붙들고 계시며(히 1:3), 그 아들은 아기 예수님으로 만물 안에 계시다고 주장하는 엄청난 문제에 봉착할 것이다.

어떻게 예수님은 "저 밖에" 계시면서 "여기" 계실 수 있을까?[6]

하나님이 어떤 방법으로든 이렇게 하실 수 있다고 우리가 믿을지라도, 정통을 고수하여 예수님의 "신성의 모든 충만"이 인간 안에 "육체로 거하신다"(골 2:9)고 주장하고자 할지라도, 어떻게 신성과 인성이 한 공간에 "자리"할 수 있다고 상상할 수 있을까?

우리는 어떻게 예수님의 인성이 무시되거나 흡수되었다는 결론을 효과적으로 피할 수 있을까?

맹목적인 신뢰로 정통에 매달리거나, 종교적 용어를 차려입은 부조리한 성육신을 버리거나, "줄타기 곡예사"나 "타협자"가 되는 것 같이, 앞에서 강조한 그 넓은 세 갈래 방식이 우리에게 쉽게 주어져 있음은 놀랄 일이 아니다. 우리는 하나님과 세상, 하나님과 인성은 본질에서 상충한다는 가정을 발견했다.

많은 것을 통제하는 것처럼 여겨지는 이 가정에 매이기를 거절할, 설득력 있는 방법이 우리에게 있을까?

---

6 19세기의 "자기비하" 기독론 발흥에 친숙한 사람이라면 이런 문제가 발생할 것임을 알 것이다. 확신하건대, 그런 논의를 방해한 것은 시각적 모델에 대한 지나친 의존이었다. 이런 문제점을 철저히 다룬 T. F. Torrance, *Space, Time and Incarnation* (London: OUP. 1969)을 보라.

3. 음과 공간

가령 우리 자신이 잠시 음(note)의 소리에서 배운다고 해보자. 내가 피아노로 중앙 "도" 음을 친다면, 그 음은 내가 들은 "공간" 전체를 채운다. 나는 음이 소리 나는 곳이 어디이며, 소리 나지 않는 곳이 어디인지 구별할 수 없다. 나는 "그 음은 저기에 있지 않고, 여기에 있다"고 말할 수 없다. 화폭 위에 칠한 빨간색 부분과 달리, 어떤 의미에서 음은 곳곳에 있다. 물론, 나는 음의 근원(떨리는 현)과 그것의 위치("그것은 바로 저기에 있다")를 구별할 수 있다. 그러나 내가 듣는 것은 경계를 가진 공간을 차지하지 않는다. 음은 나의 청각 공간 전체를 채운다.

내가 이번에는 중앙 "도" 음과 함께 중앙 "도" 음 위의 "미" 음을 연주한다면, 이 음 또한 내가 들은 공간 전체를 채운다. 그래도 나는 그 음을 분명히 듣는다. 음들은 "서로 스며들며," 똑같은 "공간"을 차지하지만, 나는 그 음들을 두 음으로 듣는다.

듣는 경험을 말하기 위해, 우리가 볼 수 있는 "실재" 공간을 말하지 않고 은유적으로 "공간"이라는 단어를 사용하고 있다고 내게 반론을 제기하는 사람들이 있을 것이다. 물론, 이는 우리가 보는 것, 즉 가시화할 수 있는 것은 "실제" 공간이 무엇인지를 결정해야 함을 가정한다. 그러나 현대 물리학의 발전은 대충만 살펴도 세상 대부분이 시각화를 문제 삼지 않음을 보여준다. 그것을 차치하더라도, 우리는 적어도 공간에 관한 다른 사고 방식이 가능함을 보여주었다.

여기에는 상호배타적 공간이 아닌 관계적인 공간, 즉 겹침과 상호침투가 있게 하는 공간 같은 것이 존재한다. 자신의 실명 경험을 되돌아보면서, 존 헐(John Hull)은 또 다른 각도에서 그 의미를 강조한다. 그가 하는 말이 음과 음악에 관한 것은 아니지만 그의 말은 인용할 가치가 있다. 시력을 잃은 후에 그는 이렇게 질문한다.

> 소리의 세계란 무엇인가? 나는 밖에서 잠시 시간을 보내면서 음향계의 특성에 반응하려고 애쓰고 있다 … 만져서 알 수 있는 세계는 단지 몸으로 접촉할 수 있을 만큼의 실제 지점을 제공하며, 이는 한 번에 한 가지로 제한되는 것처럼 여겨진다. 나는 손가락 끝으로 공원 벤치 위의 나무 조각들을 더듬어볼 수 있지만, 동시에 엄지발가락으로 집중해서 자갈을 더듬어볼 수는 없다 … 소리로 드러나는 세상은 완연히 다르다 … 성 토요일에 나는 아이들이 놀고 있는 캐논힐 공원에 앉아 있었다 … 양쪽에서 발걸음 소리가 들려왔다. 그 발걸음 소리는 만났다가 섞였다가 다시 갈라졌다. 옆 벤치에서 부스럭거리는 신문지 소리와 소곤대는 대화 소리가 들려왔다 … 나는 지나가는 버스와 트럭 같은 차들의 크고 깊게 꾸준히 울리는 소리를 들었다 … 내가 어느 방향으로 머리를 돌리든 음향계는 똑같은 채로 있다. 이 세계는 시각적으로 감지할 수 있는 세계와 다르다. 이 세계는 내가 머리를 돌릴 때 변한다. 새로운 것들이 시야에 들어온다. 저쪽을 바라보는 것은 이쪽을 바라보는 것과 아주 다르다. 시각적인 세계는 소리의 세계 같지 않다 … 소리의 세계는 내가 닿을 수 없는, 내 주변 전체를 통행하는 세계이며, 그 자체의 생명과 함께

지속하는 세계이다 … 음향 공간은 계시의 세계이다.[7]

이런 일을 의도적으로 하는 예는 거의 없지만, 두 음 측정으로 돌아가서 진동하는 현들의 다른 특질을 생각해보자. 중앙 "도"를 누르고, 한 옥타브 높은 현의 키를 지그시 눌러 그 현을 켠다고 상상해보라. 높은 현은 실제로 켜지 않아도 진동하기 시작할 것이다(이는 "배음열"[harmonic series] 때문이다. "배음열"에서 높은 "도"는 "중앙"의 낮은 "도"의 첫 "배음"이다). 낮은 현은 높은 현을 "울리게" 한다.

그리고 낮은 현이 소리를 **낼수록**, 높은 현은 더 분명하게 소리를 낼 것이다. 현들이 경쟁한다고, 현들이 단지 서로 진동할 자리를 "용납한다"고 생각하는 것은 말이 안 된다. 낮은 현은 높은 현을 강화하여 활기 넘치게 하고, 낮은 현이나 높은 현이 내는 온전한 음을 훼손하지 않으면서 그 음 자체를 내도록 시간을 준다. 더욱이, 어떤 다른 현들이 이 두 현과 나란히 개방 현을 켤 때, 그 현들도 함께 진동할 것이다.

4. 성육신의 소리

성육신 탐구를 위한 이 모든 것의 중요성을 보거나 듣기란 어려운 일이 아니다. 이는 우리가 이해할 수 없어서 느끼는 당혹감이 모

---

[7] John Hull, *Touching the Rock: An Experience of Blindness* (London: SPCK, 1990), 62 이하. 강조는 필자의 것.

두 갑자기 없어져 버린다는 의미가 아니라, 우리가 모호하게 신비를 한 사고의 일부 방식에서 자유로워지고, 신비가 더욱 온전하게 선포되는 새로운 길을 얻게 된다는 것이다.

우리가 왔던 길로 되돌아가 보자. "하나님이 흥하실수록 세상은 쇠할 것이다"라는 가정은 우리가 함께 소리 나는 음이라는 표현수단으로 접근한다면 신랄한 도전을 받을 것이다.

지금 우리가 다루고 있는 것은 같은 공간을 놓고 다투는 두 실재가 아닌 하나님, 즉 세상을 침해하거나 세상과 동화하시지 않고 더 온전해지도록 세상을 자유케 하시면서 세상과 친밀한 관계를 맺으시는 하나님을 우리는 상기해야 한다. 더불어 "하나님이 흥하실수록 우리는 쇠한다"는 가정으로 향할 가능성은 훨씬 줄어들 것이다.

잊거나 경시해서는 안 되는 불화는 죄 때문에 들어왔다. 우리와 창조주가 불화한다는 것은 분명하다. 그러나 이것은 우리의 근본적인 상태도 아니며, 이것이 하나님과 인간관계에 대한 우리의 모든 사고의 발판이 되어서도 안 된다. 우리 삶에 개입하시는 하나님은 우리를 밀어내시거나, 우리를 삼키시거나, 우리를 어떤 분해된 상태로 인도하시지 않는다.

실제로 하나님은 훨씬 더 창의적인 일을 하신다. 하나님은 우리와의 친밀한 상호작용을 통해 우리가 창조된 대로 자유로이 "소리" 내게 하시며, 우리가 더 온전하게 우리 자신이 될 수 있게 하신다. 우리의 인간성이 말살되는 것이 아니라, 회복되게 하신다.

아들이 너희를 자유롭게 하면 너희가 참으로 자유로우리라 (요 8:36).

그리고 이것은 절대 사소한 일이 아니다. 기독교 신앙이 반생명적, 반인간적으로 변해가고 있다고 의심쩍어하는 세상에서, 성경의 증거에 더 진실한 관점을 표현하고 전달할 방식을 찾는 것이 시급하게 필요하다. 성육신도 마찬가지다.

무엇 때문에 가시적인 한 공간에 거룩하고 영원한 아들 곁에 어설프게 앉아계신 (혹은 겨루시는?) 그의 인성을 생각하는 것일까?

우리는 두 분 중 어느 한 분도 잃지 않은 채, 제한된 우리 공간에서 가장 밀접한 **상호작용**인 "중복된" 공간의 이해를 가질 수 있다. 우리는 신약성경에 충실한 칼케돈공의회의 백미를 재발견할 수 있다. 예수 그리스도 안에서 우리는 영원히 하나님 아버지와 영적으로 교감하시는 성자를 목격하며, 혈과 육이 있는 인성을 입기 위해 우리 세상과 그처럼 밀접한 관계를 맺으신 성자를 목격한다.

그리고 여기서 인성은 절대 타협함이 없이 성자와 연합하여 의도했던 운명에 이른다. 반드시 이렇게 되어야 하는 인간의 실존이 여기에 있다. 이 위격 안에서 우리는 "혼합 없이, 변화 없이," 어느 것 하나 타협하지 않고, "분열 없이, 분리 없이" 신의 공간과 인간 공간의 가장 밀접한 상호작용을 목격한다.

5. 그러면 세 가지 음은?

삼위일체로 한발 다가간 독자들도 있을 것이다.

우리가 다룬 두 음 화음에 세 번째 음을 더하는 것은 어떨까?

배타적이지 않으며, 합병하지도 않으면서 서로 내주하는, 각기 같은 "영역"을 차지하지만 분명하게 인식할 수 있고, 더는 단순화할 수 없을 만큼 확실하고, 서로 상승하며 세워주는 생명의 "세 가지 음의 공명"으로 삼위일체를 말하는 것보다 더 적절한 표현 방식이 있을까? 세 가지 음의 화음에 관해 어느 음악 연구가는 이렇게 기록한다.

> 세 음이 소리를 낸다 … 세 음 중 어떤 음도 한 곳에 머물지 않는다. 그러나 세 음은 더 낫도록 동일한 장소 안에서 함께 있어서, 어디서나 들린다 … 장소에서의 다름은 소리를 분열시키지 않는다. 오히려 모든 음은 서로 다른 음색으로 들린다 … 음색은 **서로를 통해** 삼화음(triad)이 된다.[8]

기본적으로 삼위일체를 즐겨야 할 현실로보다는 해결해야 할 문제로, 곧 삼위일체 주일(Trinity Sunday)을 놓고 삼위성(threeness)과 일체성(oneness)에 관해 고심하는 수학 퍼즐 같은 문제로 다루려는 오래된 경향은 아마도 그 가능성과 불가능성을 판단하는 가장 결정적인 위치를 시각(sight)이 차지함으로써 발생했을 것이다.

그리하여 유니테리언주의(unitarianism)처럼 하나님을 두루뭉실한 분으로 생각하거나, 삼신론(tritheism)처럼 하나님을 각각의 위격으로 구성된 천상의회로 생각하거나, 양태론(modalism)처럼 하나님을 그분 안에 구별이 없는 "한" 하나님으로 표현하는 것을 피하기 어려워진다(다음번에 우리가 삼위일체 주일 설교를 들을 때, 모든 설명

---

8 Victor Zuckerkandl, *Sound and Symbol: Music and the External World* (London: Routledge and Kegan Paul, 1956), 297-99.

을 눈으로 볼 가능성이 크다). 그뿐만 아니라, 많은 삼위일체의 묘사가 기본적으로 진지하고 정적이지만, 서로 공명하는 세 현을 통해 설명하는 방식은 삼신론자들의 주장보다 신약성경의 진리인 살아계신 하나님을 훨씬 더 직관적으로 알려준다.

최근 많은 작가들이 주장하기를, 성육신에 접근할 때 더 담대하게 삼위일체 신봉자가 되기 시작한다면 문제가 많이 줄어들 것이라고 했다.[9] 많은 사람들은 너무나 쉽게 "신성"을 "인성"의 개념에 잘 부합하는 "본성"으로 추상화시켰다. 그런데 신약성경의 저자들은 그토록 "신성"에 관심이 있는 것처럼 보이지는 않는다. 실제로 그들의 서술은, 살아계신 하나님이시며, 이스라엘의 하나님이시며, 궁극적으로 인간이신 예수님의 삶, 죽음, 그리고 부활을 통해 결정적으로 자기를 증명하시는 하나님께 사로잡힌 것처럼 보인다.

요한복음이 기록된 주후 90년경까지, 이 하나님은 영원한 관계를 포괄하시는 분으로 언급된다. 예수님이 "아버지"라 부르신 분과 예수님의 관계는 하나님과 마음 속의 관계, 즉 아버지와 아들 관계로 방향을 잡아간다. 관심의 초점은 "신성"이 아니라, 우리가 성령으로 입양되어 형성하는 아들과 아버지의 영원한 사랑의 관계이다.

동일하게, 신약성경, 특히 누가복음과 바울 서신에서도 관심의 초점은 어떤 추상적 의미의 "인성"이 아니라, 우리가 공유할 수 있는 특별한 성령충만함을 나타내는 예수님의 인성인 것처럼 보인다.

"하나님"을 아버지, 아들 그리고 성령의 영원히 공명하는 화음이

---

9 예를 들어, Christoph Schwöbel(ed.), *Trinitarian Theology Today* (Edinburgh: T & T Clark, 1995)의 "Christology and Trinitarian Thought" 113-46을 보라. Schwöbel은 "본성에서 위격으로의 패러다임 전환"(139)이 필요하다고 말한다.

라는 생각에 고무됨으로써, 우리는 이런 성경 전개에 훨씬 더 충실할 수 있다. 우리는 그리스도를 "신의 본성"을 소유하신 분으로 생각하기보다, 성령의 중재로 사로잡힐 수 있는, 아버지와 아들 사이의 영원한 활력 넘치는 공명으로 상상력을 발휘할 수도 있다.

우리는 그리스도를 "인간의 본성"을 소유하신 분으로 생각하기보다는, 그리스도 안에서 인간을 원래 창조된 운명으로 회복하시고, 성령을 통해 아버지께 "적합하게" 되시고, 당신과 나를 같은 성령으로 그분의 인성과 "적합하게" 하시는 분으로 상상할 수도 있다.

이에 덧붙인다면, 물론, 우리는 많은 자질을 갖춰야 할 것이다. 삼위일체의 관계는 아들과 그리스도 인성의 관계와 동일하지 않으며, 우리와 그리스도의 관계와도 같지 않다.

또한 우리가 주장해야 할 것은 우리가 오랫동안 논의된 개신교의 시각적 사고 방식의 경향을 공격하지 않는다는 것이며, 우리는 성육신과 삼위일체에 대한 시각적 표현이 훌륭했음을 무시하지 않는다는 것이다. 하지만 여기서 중요한 점은 우리가 다른 의미를 잃어가면서 오직 한 가지 의미에만 지나치게 의존한다면 심각한 문제가 생긴다는 것이다. 공명하는 음의 세계는 우리가 성육신을 탐구하려 할 때 특별히 아직 개발되지 않은 자원을 공급할 것이다.

6. 뮤지컬 드라마

음악은 어떤 "소닉 아트"(sonic art: 공학 기술을 이용하여 새로운 음향을 창조하려는 전위 예술 분야의 하나-역주)가 가진 형식보다는 소리의 "상호침투"하고 "공명"하는 성질에 훨씬 더 의존한다. 음악회에 가서 여러 음이 동시에 연주되는 것을 들을 때, 그것이 모순된다거나 이해할 수 없다고 불평하면서 자리를 뜨지는 않는다. 일반적으로 우리는 서로 다른 여러가지의 소리를 동시에 듣는 것을 즐긴다. 우리는 소리에 사로잡히고 몰입한다. 네 사람이 동시에 이야기하는 것을 듣는 우리의 반응과 비교해보자.[10]

물론, 현대 서양의 전통에서 음악은 보통 두세 음이 함께 내는 소리로 구성된다. 음악은 기본 선율(잇단음)과 반주가 있는 선율(단성 음악), 그리고 수십 분 혹은 심지어 몇 시간 넘게 연장된 선율을 동반하는 선율(다성 음악)로 구성된다. 그리고 가장 단순한 노래도 우리가 멀리서도 "간파"할 수 있는 정적인 소리의 묶음이 아니라, 우리가 사로잡히는 동시음의 강약으로 되어 있다.

두 부분으로 된 바하(Bach)의 "인벤션"(invention, 대위법에 의한 단일 주제의 곡-역주)을 예로 들면, 흔들거나 발로 박자를 맞추거나 경쾌하게 엇갈리는 모든 음의 혼합에 정신적으로 조금도 매혹되지 않기란 힘든 일이다. 이 작품에는 연속되는 화음의 "순간들"을 넘어선, 우리를 매혹하고 마음을 끌어들이는 활력 넘치는 유기적 통합이 있다.

---

10 단지 말과 비교해서 음악의 이런 특별한 능력은 몇몇 가극에서 강조된다. 베르디의 "오텔로"(Otello) 2막에, 셰익스피어 극에서 각각 다른 장면(데스데모나와 오셀로의 장면, 에밀리아와 이아고의 대화 장면)에서 일어나는 사건을 한데 모아 부르는 유명한 사중창곡이 있다. 동시에 네 음성이 하나로 어우러져 노래한다. 말로 한다면, 각각의 말 자체는 훌륭하게 의미를 전달하겠지만, 함께 들으면 무의미하게 들릴 것이다. 하지만 동시에 하는 말들이 음악의 음표 순으로 나오면 무의미한 것은 의미 있는 것이 된다. 그 결과 의미는 분명해지며 사로잡는 매력을 가진다. Zuckerkandl, *Sound and Symbol*, 331 이하.

앤드류 램지(Andrew Rumsey)는 시(詩)에 다음과 같이 평가했다. "이 음악은 우리를 행동으로 이끈다."[11]

화음 대신 삼위일체로 돌아가 보자.

로버트 잰슨(Robert Jenson)은 하나님의 생명을 심지어 "푸가"(fugue: 모방 대위법적인 악곡 형식의 일종 또는 그 작법-역주)라고 흥미롭게 말하지만, 세 파트의 다성 음악이라고 말하는 것이 더 적절하지 않을까?[12]

이렇게 말하는 것이 주고받는 반응, 세 위격의 특수성, 심지어 하나님의 기쁨을 더 쉽게 암시한다. 잰슨은 "우리가 하나님을 즐거워하는 것은 우리가 삼위일체를 노래하는 상태에 들어갔다는 것이다"[13]라고 쓰고 있는데, 이는 성육신 덕분이다. 성육신에 직접 적용하자면, 다성 음악은 자주 잊혀졌던 성육신의 또 다른 특질 하나를 강조하며, 그것은 내가 이미 언급했듯이 칼케돈의 선언에 의해 쉽게 가려질 수 있는 부분이다.

성육신은 이론이나, 그림이나, 개념이 아니다. 성육신은 베들레헴에서 시작하여 예루살렘까지 이르는, 근본적으로 삼위일체 하나님과 인간 사이에서 일어나는 상호침투의 드라마이다.

성육신은 형상과 투쟁과 방향 그리고 영광스러운 절정에 계신 그리스도의 이야기이다. 다시 말하면, 하나님의 생명으로 온전한 인간으로 세워져, 마침내 계획대로 **동시에** 인간과 하나님이 되신 그리스도의 이야기다.

---

11 Ibid.
12 Robert W. Jenson, *Systematic Theology Vol. I: The Triune God* (Oxford: OUP, 1997), 234 이하.
13 Ibid, 235.

우리는 하나님 안에서, 아들과 예수님의 인성 사이에서, 그리고 우리와 하나님 사이에서 놀라운 상호침투와 공명 양식을 추적해왔다. 이 모든 것이 성육신하신 아들을 중심으로 참으로 다채롭게 아름다운 음성으로 된 구원 교향곡에 참여한다는 사실을 우리에게 상기시킬 수 있는 것이 바로 음악이다.

성 금요일과 성 토요일의 흥미로운 불협화음과 침묵을 비롯하여, 가장 파괴적인 불협화음까지도 포용하는 것이 교향곡이다. 모든 음악처럼, 교향곡은 그리스도의 성육신하신 삶에서 객관적으로 적절하게 우리를 위해 연주된다. 그리고 이제 성령으로 말미암아, 그 교향곡은 다양한 공명으로 우리와 동행하면서, 우리 안에서 그리고 우리를 통해서 연주된다.

"음악이 연주되는 동안, 당신은 그 음악이 된다"(엘리엇).

7. 함께 소리내기

음악의 역동적인 소리의 혼합은 성육신을 또 다른 차원으로 표현할 만한 특별한 잠재력을 가지고 있다. 서구 근대성이 인간을 정의할 때, 스스로 결정하며, 제한된 자신들의 "공간"을 조심스레 지배하는 고립된 개체라고 보는 것처럼, 성육신의 목적에 대한 많은 사유 또한 고독한 개인들을 천국으로 구출하는 것으로 본다. 그러나 성육신에 대한 인간의 진정한 목적은 성육신하신 아들을 아버지께 묶는 사랑으로 묶여서, 성령으로 지탱되는 새로운 사람들을 창조하는 것이다(요 17:22).

우리가 앞서 살핀 상호배타적 공간을 차지하는 유형의 사람들은 여기에 해당되지 않을 것이다. 그들은 "내가 당신과 다른 사람들과의 거리를 더 확보할수록, 나는 더 풍요롭고 자유로워질 것이다"라고 말할 것이다. "내가 더 흥하면, 너는 더 쇠한다"는 말은 인간의 자유를 논하는 많은 현대 글쓰기의 신조로 채택될 수 있을지도 모른다.

최근 남아프리카 방문 동안, 나는 "신이여, 아프리카를 축복하소서"(*Nkosi Sikelel' iAfrika*, 엔코시 시켈렐 이아프리카: 1991년에 남아프리카공화국의 한 부족인 호사[Xhosa] 족 언어로 된 비공식적인 국가[國歌]이다-역주)라는 국가를 많이 불렀다. 이 노래도, 나와 함께 이 노래를 부른 민족도 나는 잘 알지 못했지만, 이 노래를 부를 때마다 내 안에 특별한 유대감이 생겼다. 분명, 내가 그런 유대감을 가졌던 이유는 부분적으로, 수십 년에 걸쳐 끔찍한 **아파르테이트**(apartheid: 인종차별 정책-역주)가 펼쳐지는 동안 수천 명을 연합시킨 것도 이 노래였음을 알고 있었기 때문이다.

또 다른 부분적인 이유는, 대체로 이 국가를 부른 집회에서 내가 받은 압도적인 환영 때문이었다. 그러나 중요한 이유는 이 노래에 들어있는 네 파트의 화성(four-part harmony) 때문이었는데, 이 화성에는, 예를 들어, 영국 국가와 달리 두드러지는 성악 선율이 없다. 남아프리카에서 엄청난 아프리카 음역에 맞춰 이 국가를 부르면, 화음이 이루어진다(서유럽 전통과 달리, 화음을 이루는 노래는 배울 필요가 없다). 당신의 음성과 다른 모든 이의 음성이 "공간"을 채워 똑같이 들리게 될 것이다.

이것은 서로 배타적이고 제한된 "장소"에서 만들어내는 백 가지 음성의 공간이 아니라, 분명한 음성이 서로 세우는, 혼잡하지 않고, "날카로움"이 없는 광대한 중복음의 공간이다.

탄압의 시기에 남아프리카에서는 왜 줄곧 화음으로 부르는 노래로 그들의 결속을 나타냈을까?

여러 이유 중에, 실제로 모든 점에서 자유롭지 **못한** 그들이 캠프장, 흑인주거지역, 교회, 행진에서 만나 노래할 때, **음악**은 진정한 자유의 느낌을 맛보게 해주었을 것으로 생각한다.

왜 그들은 이와 같은 노래를 통해 자유와 화합을 축하했을까?

그 사람들이 심지어 원수일지라도, 다른 사람들과의 관계에서 자유를 구현하는 일종의 화합을 경험하고 있었기 때문이라고 생각한다. 이것을 가능하게 하는 것이 삼위일체의 복음이다. 거대한 강물 같은 재즈의 출현은 그 자원이 흑인에게 있었다. 미홀 오쉴(Micheal O'Siadhail)은 재즈 즉흥 연주에 대해 이렇게 적고 있다.

> 우울한 솔로들. 유례없는 것. 한 음성의 흔적
> 앙상블로 완전한 콘서트의 즉흥 연주가 이어지고,
>
> 상치되는 각기 다른 화음을 들으면서
> 마치 우리가 화음이 된 것처럼 우리는 서로를 더욱 껴안네.[14]

아마도 "방언으로 노래하기"를 경험한 사람은 누구든지 비슷한 노랫말을 추구할 것이다. 토마스 탤리스(Thomas Tallis)가 1570년경

---

[14] Micheal O'Siadhail, *Our Double Time* (Newcastle: Bloodaxe, 1998)의 "That in the End" 96.

에 작곡한 40파트의 모테트(motet: 보통 목소리만으로 연주하는 짧은 교회 음악-역주)인 "주님밖에 희망이 없네"(*Spem in Alium*, 스펨 인 알리움)를 노래했거나 경험한 사람도 마찬가지일 것이다. 여기서 서로 다른 마흔 가지 목소리가 서로 안에서 그리고 서로를 통해 그들의 길을 만들어간다.

자유로이 섞어 넣은 대위법, "4성 진행"(block harmony)에서 응답식으로 바꿔 부르기, 세심하게 배치된 마흔 가지 목소리의 장엄한 합창이 터져 나오면서, 탤리스의 상상력은 듣는 사람을 환상적 소리의 세계로 데려간다. 많은 소리가 나지만, 그 소리는 절대 "막힌" 소리나 혼잡한 소리로 들리지 않는다.

방탕하지 않는 다양성과 서로를 압도하지 않는 일체감으로 각각 목소리는 "우리들로 존재할 때, 우리가 더욱 커진다"는 의미를 더 풍성하게 한다.

음악을 통해 성육신을 탐구하는 것은 가장 뿌리 깊은 우리의 개인주의마저 도전받음을 의미할 것이다. 교회는 많은 신학을 비교적 쉽게 쏟아낸다. 성령을 통해 아들과 아버지와 함께 즐거워하는 공명은 십자가로 가능해진다. 그것은 "음이 안 맞는" 사람들까지 우리에게 묶게 한다. 성육신의 기적으로 마침내 우리는 일종의 앙상블, 즉 "우리들로 존재할 때, 우리가 더욱 커진다"는 것을 깨닫는 "완전한 콘서트"를 열 수 있다.

우리는 성장하며 이전에 우리가 피했던 다른 사람들을 수용할 수 있다. 이것은 성육신하신 주님의 십자가 처형에서 의도된 "상치"(cross-purpose)의 화음이다. 이것이 음악으로 변할 때, 기껏해야 이것은 이 세상에서의 천국 맛보기가 될 수 있다. 이것은 그처럼 많은 묘사에 담긴 메마른 행복이 아닌, 풍성하고, 역동적인 다양성이다.

> 내가 또 보고 들으매 보좌와 생물들과 장로들을 둘러 선 많은 천사의 음성이 있으니 그 수가 만만이요 천천이라 큰 음성으로 이르되 죽임을 당하신 어린 양은 능력과 부와 지혜와 힘과 존귀와 영광과 찬송을 받으시기에 합당 하도다 하더라(계 5:11-12).

더 읽어 볼 자료

1장
Jeremy Begbie, *Voicing Creation's Praise: Towards a Theology of the Arts* (Edinburgh: T & T Clark, 1991)
Hilary Brand and Adrienne Chaplin, *Art and Soul: Signposts for Christians in the Arts* (Carlisle: Solway, 1999)
Denis Donoghue, *Thieves of Fire* (London: Faber & Faber, 1973)
William Dyrness, "Art," in *The Earth is God's: A Theology of American Culture* (Maryknoll, NY: Orbis, 1997), pp. 135-58.
Nicholas Wolterstorff, *Art in Action* (Grand Rapids: Eerdmans, 1980)

2장
Paul Fiddes, *Freedom and Limit: A Dialogue between Literature and Christian Doctrine* (London: Macmillan, 1991)
Nigel Forde, *The Lantern and the Looking Glass: Literature and Christian Belief* (London: SPCK, 1997)
John C. Hawley (ed.), *Through a Glass Darkly: Essays in the Religious Imagination* (New York: Fordham University Press, 1996)
David Jasper, *Postmodernism, Literature and the Future of Theology* (London: Macmillan, 1993)
Leland Ryken, *Realms and Gold: The Classics in Christian Perspective* (Wheaton: Harold Shaw, 1991)

3장
Gaston Bachelard, *The Poetics of Space* (Boston: Beacon Press, 1994)
Dietrich Bonhoeffer, *Christ the Center* (San Francisco: Harper Collins, 1978)
David Brown and Ann Loades (eds.), *Christ: The Sacramental Word* (London: SPCK, 1996)
Colin E. Gunton, *The One, the Three, and The Many* (Cambridge: CUP, 1993)

Michael Mayne, *This Sunrise of Wonder* (London: Harper Collins, 1995)
George Steiner, *Real Presences: Is there anything in what we say?* (London: Faber & Faber, 1989)
T. F. Torrance, *Space, Time and Incarnation* (Oxford: OUP, 1969)

4장

Martin Blogg, *Healing in the Dance* (Eastbourne: Kingsway, 1988)
Sarah Coakley (ed.), *Religion and the Body* (Cambridge: Cambridge University Press, 1997)
Paula Cooey, *Religious Imagination and the Body* (New York: Oxford University Press, 1994)
John Gordon Davies, *Liturgical Dance* (London: SCM, 1984)
Elochukwu Uzukwu, *Worship as Body Language* (Collegeville, MN: The Liturgical Press, 1997)
Rowan Williams, "The Body's Grace," in *Our Selves, Our Souls and Bodies*, ed. C. Hefling (Cambridge, Boston, MA: Cowley Press, 1996) pp. 58-68.

5장

Jim Forest, *Praying With Icons* (Bath: Alban Books; Maryknoll, NY: Orbis, 1997)
Simon Jenkins, *Windows into Heaven* (Oxford: Lion, 1998)
Henri Nouwen, *Behold the Beauty of the Lord* (Notre Dame, IN: Ave Maria Press, 1987)
Conrad, Onasch and Anne Marie Schnieper, *Icons: The Fascination and the Reality* (New York: Riverside, 1997)
Leonid Ouspensky, *Theology of the Icon* (Crestwood, NY: Saint Vladimir's Seminary Press, 1992)
Leonid Ouspensky and Vladimir Lossky, *The Meaning of Icons* (Crestwood, NY: Saint Vladimir's Seminary Press, 1982)
Michel Quenot, *The Icon: Window on the Kingdom* (Crestwood, NY: Saint Vladimir's Seminary Press, 1991)
St John of Damascus, *On the Divine Images* (Crestwood, NY: Saint Vladimir's Seminary Press, 1980)

6장

Gil Bailie, *Violence Unveiled: Humanity at the Crossroads* (New York: Crossroads, 1995)
Thomas Cahill, *The Gifts of the Jews: How a Tribe of Desert Nomads Changed*

the Way Everyone Thinks and Feels (New York: Nan A. Talese, Doubleday, 1998)

Andrew Causey, *Sculpture Since 1945* (Oxford: OUP, 1998)

Richard Hertz and Norman M. Klein (eds.), *Twentieth Century Art Theology: Urbanism, Politics, and Mass Culture* (New Jersey: Prentice Hall, 1990)

Peter Lunenfeld (ed.), *The Digital Dialectic: New Essays on New Media* (Cambridge, MA: MIT Press, 1999)

Paul Virilio, *The Aesthetics of Disappearance* (New York: Semiotext(e), 1991)

7장

Christopher Cocksworth, *Holy, Holy, Holy: Worshiping the Trinitarian God* (London: DLT, 1997), chapter 6.

Paul Du Gay (ed.), *Production of Culture/Cultures of Production* (London: Sage/Open University, 1997)

C. FitzSimons Alison, *The Cruelty of Heresy* (London: SPCK, 1994)

Steve Turner, *Hungry for Heaven* (London: Hodder & Stoughton, 1995)

Trouble Man: The Life and Death of Marvin Gaye (London: Michael Joseph, 1998)

Peter Wicke, *Rock Music – Culture, Aesthetics and Sociology* (Cambridge: CUP, 1990)

8장

Jeremy Begbie, *Music in God's Purposes* (Edinburgh: Handsel Press, 1989)

David Cunningham, *These Three Are One: The Practice of Trinitarian Theology* (Oxford: Blackwell, 1998), chapter 4.

Colin Gunton, *Yesterday and Today: A Study of Continuities in Christology* (London: SPCK, 1997), chapter 6.

Patricia Kruth and Henry Stobart (eds.), *Sound* (Cambridge: Cambridge University Press, 1999)

Alistair McFadyen, "Sins of Praise: The Assault on God's Freedom," in *God and Freedom*, ed. Colin E. Gunton (Edinburgh: T & T Clark, 1995), 32-56.

T. F. Torrance, Space, *Time and Incarnation* (London: OUP, 1969)

Victor Zuckerkandl, *Sound and Symbol: Music and the External World* (London: Routledge and Kegan paul, 1956)

색인

ㄱ

가스통 바슐라르(Gaston Bachelard) 91
감정(emotion)　29, 34, 35, 71, 77,
　112, 113, 115, 119, 121, 122,
　124, 129, 132, 133, 134, 168,
　174, 194, 206, 213
겟세마네(Gethsemane)　171, 196,
　213, 214, 216
계몽주의(Enlightenment) 122, 180
계시(revelation)　51, 52, 53, 89, 105,
　137, 153, 159, 163, 167, 183,
　217, 231
고지(annunciation) 95
고통(suffering) 132-33, 216
공간(space) 225-31, 240
공감(resonance) 91, 102-7
교부(Church Fathers)　13, 48, 89,
　117, 118, 145, 151, 196
교황 그레고리 2세(Pope Gregory II) 148
구약(Old Testament)　63, 121, 146,
　149, 201
그리스 사람 테오판(Theophan the Greek)
　152
그리스 철학(Greek Philosophy) 112, 117
그림(painting)　22, 28, 30, 32, 136,
　148, 184, 186, 219, 220, 225, 238
근대성(modernity) 175
　서구의 근대성(western) 119, 239
기독론(Christology) 53, 99, 228
기억(memory) 26

ㄴ

나사로(Lazarus) 144, 157
나지안주스의 그레고리(Gregory of
　Nazianzus) 100, 196
나치(Nazis) 72, 110, 134
낭만주의자(Romantics) 93
넬슨 만델라(Nelson Mandela) 108
노브고로드학파(Novgorod School)
　156, 158
니케아공의회(Council of Nicea) 89, 145
니케아 신조(Nicene Creed) 53

ㄷ

다마스커스의 요한(John of Damascus) 149
다원성(pluralism) 174
데니스 포터(Dennis Potter) 108
데오도라(Theodora) 151

ㄷ

데이비드 릿츠(David Ritz)　206, 207
데이비드 존스(David Jones)　79, 81, 83
데이비드 흄(David Hume)　23
둔스 스코투스(Duns Scotus)　96
뒤러(A. Dürer)　16
드니스 레베르토프(Denise Levertov)　94
드라마(drama)　30
　뮤지컬 드라마(musical)　237-39
디트리히 본회퍼(Dietrich Bonhoeffer)　94, 103

ㄹ

라도네즈의 성 세르게이(St. Sergius of Radonezh)　153
락탄티우스(Lactantius)　146
래그타임(ragtime)　198
레슬리 뉴비긴(Lesslie Newbigin)　106
레오니드 우스펜스키(Leonid Ouspensky)　157
레이먼드 윌리엄스(Raymond Williams)　191
로고스(logos)　40, 43, 131, 140, 146
로마(Rome)　144, 165, 179
로버트 스미스선(Robert Smithson)　175, 176
로버트 잰슨(Robert Jenson)　238
루드비히 비트겐슈타인(Ludwig Wittgenstein)　220
루이스(C. S. Lewis)　177
르네 데카르트(Rene Descartes)　112, 116
리어 왕(King Lear)　77
리틀 리처드(Little Richard)　199, 200

ㅁ

마돈나(Madonna)　167
마리아(Mary)　122, 142, 143, 147, 157-60
　마리아의 성상(icons of)　142
　마리아의 동정성(virginity of)　122
마빈 개이(Marvin Gaye)　189, 197, 200-218
모더니즘(modernism)　173, 175, 177
모방(imitation)　28, 29, 30, 88, 142, 145
모세(Moses)　98, 159
모자이크(Mosaics)　144-45
모차르트(Mozart)　32, 54
모타운(Motown)　202-6
묵시(Apocalypse)　145, 159, 183
문학(literature)　30, 55-83
　영문학(English)　75, 78
　현대문학(modern)　55
문화(culture)　25, 28, 191-93
　현대 문화(contemporary)　163, 178
　그리스 문화(Greek)　42, 118, 121
　대중 문화(popular)　190-94
　포스트모던 문화(postmodern)　191
물질성(materiality)　117, 161
물질성/물질계(physicality, physical world)　28-40
미홀 오 쉴(Michael O'Siadhail)　241

ㅂ

바넷 뉴먼(Barnett Newman)　177
바실리 칸딘스키(Wassily Kandinsky)

38-40
바울(the Apostle Paul)　42, 45, 141, 143, 145, 146, 178, 195
바하(J. S. Bach)　16, 190, 221,
반 고흐(Van Gogh)　16
밥 딜런(Bob Dulan)　90
배커랙(B. Bacharach)　102
베드로(the Apostle Peter)　141, 146
베로니카(Veronica)　142
베르붐 인판스(Verbum infans)　65
베토벤(Ludwig van Beethovenm)　221
벤자민 브리튼(Benjamin Britten)　221
본디오 빌라도(Pntius Pilate)　162, 164
부재(absence)　26, 98, 106, 118
부활(resurrection)　45, 48, 50, 109, 110, 129, 131, 136, 183, 214, 233
블루스(Blues)　198, 199
레프 비고츠키(Lev Semenovitch Vygostky)　115
비잔티움(Byzantium)　152

ㅅ

사무엘 베케트(Samuel Beckett)　76
산문(prose)　32, 96
삼위일체(Trinity)　128, 131, 132, 140, 147, 152-55, 160, 165 219, 234-36
　삼위일체 춤(dance of)　130-32
　삼위일체 성화(icon of)　131, 139, 153

상대성(relativity)　174, 176, 177
상상(imigination)　21-5, 26, 30, 32, 46, 78
　예술적 상상(artistic)　21-2, 25-6, 32-3, 35, 40-2, 46, 50-1
　문학적 상상(literary)　83
상징화(symbolisation)　26, 27
샘 쿡(Sam Cooke)　199
성령(Holy Spirit)　42, 44, 50, 52, 69, 126, 155, 189, 196, 201, 206, 208, 213, 214, 218, 221, 236, 239, 243
성례(sacraments)　79, 81
성별(gender)　120-24
성상(icons)　17, 139-60
　성상 연구(iconography)　140
　러시아 성상 연구(Russian)　152-55
　성상파괴 논쟁(iconoclastic controversy)　139, 148
성육신(incarnation)　19, 23, 24, 41-54, 55-7, 60-62, 64-75, 86, 89, 90, 94, 95, 99, 100, 103, 111, 116, 122, 132, 152, 166, 171, 196, 212, 232
　그리스도의 성육신(Christ's)　79
　성육신과 현대 문화(and contemporary culture)　162-65
　성육신과 춤(and dance)　132-37
　성육신과 체현(and embodiment)　120-24
　성육신과 성화(and icon-painting)　139

성육신과 음악(and music) 242
성육신의 신비(mystery of) 55,
　62-4, 112-13, 168,
　222-24
성육신과 탄생(and the nativity)
　155-59
성육신에 대한 시(particularity of)
　47-50
성육신과 조각품(and sculpture)
　170-73
성육신과 시험(and temptation)
　195-97, 212-18
성육신 신학(theology of) 55,
　146-47
성육신과 삼위일체(and Trinity)
　152-55
성전(Temple) 68, 69, 75, 211
성찬(eucharist) 79, 80, 81, 82, 89,
　122, 144, 154
성탄절(Christmas) 156, 221
세실 B. 드밀(Cecil B. de Mille) 120
셰이머스 히니(Seamus Heaney) 17, 63
소설(novel) 22, 26, 65
소울 스터러스(Soul Stirrers) 199
소크라테스(Socrates) 87
수도원 전통(monastic tradition) 120-22
수사학(rhetoric) 117
시(poem) 22, 56-62
시그프리드 서순(Siegfried Sassoon) 79
시므온(Simeon) 69
시인(poets) 23, 49, 60, 70, 82, 83,
　86, 91, 93, 95, 98, 99, 103, 104,
　110
신약(New Testament) 41, 140, 195,
　224, 233, 235, 236
신학(theology) 17, 23, 41, 49, 53,
　57, 62, 88, 101, 111, 127, 142,
　191, 193, 195, 208, 216, 218,
　210, 220, 221, 242
　성육신 신학(of incarnation) 56,
　　146-48
신화(myth) 25, 42, 46
신화(theosis) 140
십계명(Ten Commandments) 205,
　207, 208
십자가(cross) 48, 58, 60, 76, 78,
　83, 103, 106, 110, 111, 129, 130,
　134, 135, 141, 142, 150, 154,
　158, 171, 211, 213, 243
십자군(crusaders) 142

ㅇ

아담(Adam) 64, 154, 196, 208, 216
아레사 프랭클린(Aretha Franklin) 198
아르놀트 쉰베르크(Arnold Schoenberg)
　36-39, 47
아리스토텔레스(Aristotle) 88, 89, 90
아리우스(Arius) 99
아브라함(Abraham) 131, 153, 175, 197
아이작 뉴턴 경(Sir Isaac Newton)
　225, 226
아타나시우스(Athanasius) 196
아폴리나리스(Apollinaris) 99

악(evil) 212-15
안드레이 루브레프(Andrei Rublev) 131, 139, 152-55
알 그린(Al Green) 200
앨버트 핑컴 라이더(Albert Pinkham Ryder) 186
어거스틴(Augustine) 121
엘드리지 클리버(Eldridge Cleaver) 194
엘리엇(T. S. Eliot) 65, 66, 70, 71, 79, 95, 99, 179
엘리자베스 제닝스(Jenings Elizabeth) 104
영가(spiritual) 198
영혼(Soul) 38, 62, 119, 120, 121, 126, 167, 168, 208
예레미야(Jeremiah) 170
예수 그리스도(Jesus Christ) 24, 45, 83, 86, 110, 115, 139, 146, 166, 208, 221, 222, 233
    예수 그리스도의 세례(bamtism of) 203, 216
    예수 그리스도의 체현(embodiment of) 132-33
    예수 그리스도의 인간 체험(human experience) 130-31
    이미지와 성상으로서의 예수 그리스도(as Image and Ikon) 141-43, 145
    예수 그리스도의 이미지(images of) 149
    임마누엘(Immanuel) 143
    예수 그리스도의 불멸성(immortality) 134-35, 137
    예수 그리스도와 주지주의(and intellectualism) 112
    예수 그리스도의 탄생(nativity of) 156
    예수 그리스도의 본성(nature of) 119, 222-24
    예수 그리스도의 개체성(particularity of) 86-90
    예수 그리스도의 부활(resurrection) 109
    예수 그리스도와 조각품(and sculpture) 171
    예수 그리스도의 시험(temptation of) 189, 195-97, 202-3, 208-11
예술(art) 51, 59, 62, 78, 171-74
    예술과 책임(and accountability) 45-47
    미술(fine) 36
    예술 형식(form) 55
    순수 예술(high) 190-91
    문학 예술(literary) 63, 75
    범죄와 불법으로서의 예술(as of fence and transgression) 25-28
    대중 예술(popular) 190-91
    포스트모던 예술(postmodern) 176
    종교 예술(religious) 146
    재현 예술(representative) 30-31
    예술 작품(works) 53-54
오든(W. H. Auden) 81
오스로엔의 왕 아브가(King Abgar of

Osroene) 141
올리버 메시앙(Oliver Messiaen) 134, 137
요하임 피터 케스트너(Joachim Peter-Kaster) 169
움직임(movement) 114-16, 129-30
　움직임의 부재(absence of) 116
　움직임의 언어(language of) 114-15
워커 퍼시(Walker Percy) 175
윌리엄 블레이크(William Blake) 46
윌리엄 셰익스피어(William Shakespeare) 32, 77, 78
윌리엄 워즈워스(Wordsworth, William) 14, 93
윌리엄 카를로스 윌리엄스(William Carlos Williams) 91
유대인(Jews) 72, 117, 159, 179
유물론(materialism) 38
유세비우스(Eusebius) 141, 146
은유(metaphor) 103-7, 119, 130, 230
음악(music) 제7, 8장
　아프리카계 미국 음악(Afro-American) 198
　가스펠(Gospel) 198-99, 203, 206
　대중 음악(popular) 189-218
　리듬 앤 블루스(R&B) 198
　록(rock) 193, 199
　소울(soul) 198, 199
이단(heresies) 58, 61, 99, 147, 159, 222, 224
이사야(Isaiah) 51, 156
에단 에이커스(Ethan Acres) 178, 180
이성(reason) 23

이슬람교(Islam) 148
이신론(deism) 226
이원론(dualism) 89, 112, 117, 123, 124, 127, 133, 137, 199
인간 지식(knowledge of person) 112, 113-15, 125
임마누엘 칸트(Immanuel Kant) 34-36, 39, 51

ㅈ

자연과학(natural sciences) 18
자유(freedom) 45, 47, 119, 128, 132, 153, 165, 179, 227, 240, 241
장 마리 르 펭(Jean-Marie Le Pen) 110
장엄(sublime) 172, 242
장 피아제(Jean Piaget) 114
재즈(Jazz) 198, 241
잭슨 형제들(Jacksons) 199
정체성(identity) 125, 126, 131, 181, 213
제1차 대각성운동(First Great Awakening) 198
제1차 세계대전(First World War) 78-79
제2차 대각성운동(Second Great Awakening) 199
제라드 맨리 홉킨스(Gerad Manley Hopkins) 95-97
제프 허스트(Geoff Hurst) 107
조각품(sculpture) 30, 134, 136, 159-87
조지 오웰(George Orwell) 72

조지 허버트(George Herbert) 93, 104
조지 스타이너(George Steiner) 72-73, 86
조토(Giotto) 57
존 칼빈(John Calvin) 24, 59
존 키츠(John Keats) 95
존 헐(John Hull) 230
주관성(subjectivity) 35, 39, 176
중세(Middle Ages) 90, 118, 120
지미 헨드릭스(Jimi Hendrix) 107

ㅊ

찰스 레이(Charles Ray) 184
창조(creation) 49
  개체성(particularity in) 96, 102, 106
  창조와 조각(and sculpture) 168
창조성(creativity) 49, 50, 81, 85, 106, 128, 141, 165-66, 185-86
  예술의 창조성(artistic) 39, 41
  하나님의 창조성(of God) 43-45
천사(angel) 153, 156, 158-60
하나님의 체현(embodiment of God) 133
초대 교회(early Church) 88, 117, 146, 222
  동방 교회(estern) 141
  동방 정교회(Orthodox) 140, 143, 148, 150, 155, 157, 160
  서방 교회(western) 141-42
춤(dance) 제4장

ㅋ

카타콤(catacombs) 144
칼케돈공의회(Council of Chalcedon) 222, 223, 233
콘스탄티노플의 게르마누스 주교(Patriarch Germanus of Constantiople) 148
콜리지(S. T. Coleridge) 16
콜링우드(R. G. Collingwood) 32-5, 39, 51
크리슈나(Krishna) 86
크리스토퍼 칵스워스(Christopher Cocksworth) 196, 214
키케로(Cicero) 117
킴 딩글(Kim Dingle) 163

ㅌ

탄생 성화(icons of Nativity) 140, 155-58
탈무드(Talmud) 117
테드 휴즈(Ted Hughes) 97
테르툴리아누스(Tertullian) 146
테야르 드 샤르댕(Teilhard de Chardin) 81
테오토코스(Theotokos) 157
토랜스(T. F. Trrance) 90, 109
토마스(R. S. Thomas) 98
토마스 머튼(Thomas Merton) 144
토마스 탤리스(Thomas Tallis) 242

ㅍ

포스트모더니즘/포스트모던 이론
(postmodernism, postmodern theory)
175-77, 190-92
프로메테우스(Prometheus) 25-8, 42, 47
포에시스(poesis) 23, 27-28, 32
플라톤(Plato)   23, 25, 28-31, 38,
    46, 87, 89, 108

ㅎ

하와(Eve)   154, 157, 196
하퍼 리(Harper Lee)   74
한스 베르텐스(Hans Bertens)   192
헨리 무어(Henry Moore)   18
현존(presence)   91-2, 95-101
    그리스도의 현존(of Christ)   89
형상의 영역(realm of Form)   28, 31, 87
형식주의(formalism)   36
형이상학적 시인(Metaphysical poets)   93
호모우시오스(homoousios)   53, 89
호쿠사이(Hokusai)   186
황제 레오 3세(Emperor Leo III)   148
황제 레오 5세(Emperor Leo V)   151
휘트니 휴스턴(Whitney Houston)   200
히브리인(Hebrews)   165, 186
히폴리투스(Hippolytus)   130

작품

1. 성삼위일체(The Holy Trinity)

2. 그리스도의 탄생(The Nativity of Christ)

3. 예수님과 나의 투쟁(My Struggles with Jesus)

4. 칠하지 않은 조각(Unpainted Sculpture)

5. 서양 문명(Western Civ.)

6. 파도(Breaker)

1. 성삼위일체(The Holy Trinity), 루브레프.
   ➤ 소장: 트레티아코프갤러리(Tretiakov Gallery, Moscow).
   ➤ 사진: 브릿지맨아트도서관(Bridgeman Art Library, London).

2. 그리스도의 탄생(The Nativity of Christ).
   ➤ 15세기 노브고로드학파(Novgorod School).
   ➤ 사진: 크리스티스(Christie's, New York).

3. 예수님과 나의 투쟁(My Struggles with Jesus), 킴 딩글, 1995.
   ➤ 소재: 밀랍, 면, 모헤어, 가죽, 유화 물감, 유리, 플라스틱.
   ➤ 소장: 아티스트앤블룸포갤러리(The Artist and Blum & Poe Gallery, LA).

4. 칠하지 않은 조각(Unpainted Sculpture), 찰스 레이, 1997.
   - 소재: 유리섬유, 물감.
   - 소장: 리젠프로젝츠갤러리(Regen Projects Gallery, LA).

5. 서양 문명(Western Civ.), 린 올드리치, 1995.
 ➤ 소재: 종이접시, 아교풀
 ➤ 소장: 아티스트앤사드로니레이갤러리
    (The Artist and Sandroni Rey Gallery, Venice).

6. 파도(Breaker), 린 올드리치, 1999.
   - 소재: 강철, 유리섬유, 정원용 호스.
   - 소장: 아티스트앤사드로니레이갤러리
     (The Artist and Sandroni Rey Gallery, Venice).

예술을 통한 신학: 예술로 표현되는 성육신

Beholding the Glory: Incarnation through the Arts

2017년 2월 10일 초판 발행

| 책임편집 | 제레미 벡비 |
| 옮 긴 이 | 최정숙 |

편 집	전희정, 이종만
디 자 인	서민정, 신봉규
펴 낸 곳	사)기독교문서선교회
등 록	제16-25호(1980. 1. 18)
주 소	서울시 서초구 방배로 68
전 화	02) 586-8761~3(본사) 031) 942-8761(영업부)
팩 스	02) 523-0131(본사) 031) 942-8763(영업부)
홈페이지	www.clcbook.com
이 메 일	clckor@gmail.com
온 라 인	기업은행 073-000308-04-020, 국민은행 043-01-0379-646
	예금주: 사)기독교문서선교회

ISBN 978-89-341-1467-3 (93230)

※ 낙장 · 파본은 교환해 드립니다.

이 도서의 국립중앙도서관 출판시 도서목록(CIP)은 서지정보유통지원시스템 홈페이지(http://seoji.nl.go.kr)와 국가자료공동목록시스템(http://www.nl.go.kr/kolisnet)에서 이용하실 수 있습니다.
(CIP제어번호: CIP2015014916)